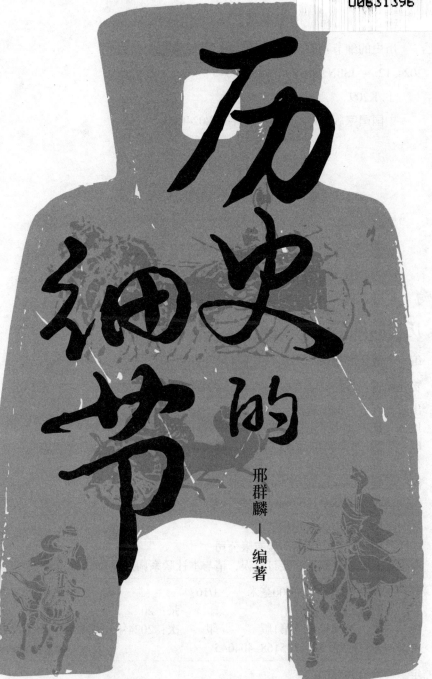

历史的细节

邢群麟——编著

台海出版社

图书在版编目（CIP）数据

历史的细节 / 邢群麟编著 . — 北京：台海出版社，
2024. 12. — ISBN 978-7-5168-4040-5

Ⅰ . K209

中国国家版本馆 CIP 数据核字第 2024CB2487 号

历史的细节

编　　著：邢群麟		
责任编辑：曹任云		封面设计：于　芳

出版发行：台海出版社

地　　址：北京市东城区景山东街20号　　邮政编码：100009

电　　话：010-64041652（发行，邮购）

传　　真：010-84045799（总编室）

网　　址：www.taimeng.org.cn/thcbs/default.htm

E - m a i l：thcbs@126.com

经　　销：全国各地新华书店

印　　刷：三河市龙大印装有限公司

本书如有破损、缺页、装订错误，请与本社联系调换

开　　本：710毫米×1000毫米　　1/16

字　　数：256千字　　　　　　印　　张：20

版　　次：2024年12月第1版　　印　　次：2024年12月第1次印刷

书　　号：ISBN 978-7-5168-4040-5

定　　价：58.00元

前　言

　　某一天，你偶然拂去历史厚重的尘土，会惊异于它背后的新奇、灵动与熟悉。角色面孔各异，生旦净末丑，你方唱罢我登场，端的热闹。历史不是沉寂的，而是鲜活的。历史不是史书上冷冰冰的文字记载，而是灵动地活跃于舞台上的真实事件。

　　历史的真实让人为之神往，没人敢说自己对历史不感兴趣，历史深处的细微真相往往会令人无比震惊。在历史事件中那一处处偶然或必然的交叉点，每一个读史的人都能感到历史强大的震撼力。

　　追寻历史真相的工作是坎坷艰难的，用理性的眼光将历史层层挖掘出来，让后人能够回顾千百年前真实发生的事件，是一件艰巨的事情。

　　你知道康熙登基原来还仰仗一位德国人吗？你知道皇子们每日的生活有多苦吗？你知道中国历史上最响的一个"马屁"是谁拍的吗？你知道皇帝吃饭有多少讲究吗？……

　　这种种谜团都在本书中一一为你讲解。本书生动有趣，雅俗共赏，读者既可休闲阅读，又可开阔眼界。在这本书里，你可以从难懂的学术论文中解脱出来，走入一个活生生的历史大观园，浏览一幅幅生动有趣的历史画面。

《历史的细节》搜集了许多被遗忘或是鲜为人知的史料，将其还原本色，让你在阅读的过程中感受真实的历史，从湮没的风尘中，重新体会到古人的生命与追求。这里有历史学家没有讲到的细节，也有你想都未曾想过的血腥残酷。

　　随着本书，一起走进历史深处，笑看历史的云谲波诡，也去细品历史的百味杂陈。

CONTENTS | # 目　录

第三篇　龙椅上的奇闻

第七篇　历史的疑案

第八篇　冤假疑案

第十二篇　另类史料

第十五篇　文化钩沉

第十六篇　世人的误解

第一篇

朝堂风云

古代官员在年龄上造假

从史料记载来看，秦汉时期，官场上还并不存在年龄造假这个问题。著名例子便是甘罗十二岁因为出使赵国有功，便官拜上卿。可见，当时的官员年龄制度并不是十分严格。

到汉武帝时期，因为官官相护，官员队伍日趋年轻化，全都是官员子弟。这种情形的产生，令当时的统治者不得不采取行动，到汉顺帝时期，尚书令左雄上书说："郡国每年举孝廉，都是马上就要授职施政、教化民众的，应该选取那些老成可用之人。孔子称：'四十不惑。'《礼记》称：'四十曰强，而仕。'请从现在起规定：年龄不满四十，不得察举。"

"察举"制度，其实就相当于举贤任能的一种推举制度。这个制度可以破格提拔人才，但也有弊端，便是上面提到的，会让一些官员相互勾结，互相推荐亲信，结党营私，对皇权很不利。这个建议很快便得到了汉顺帝的采纳。

不过上有政策，下有对策，既然对当官的年龄进行了限制，只要更改年龄，不是照样可以为官吗？官员制造假年龄，这便是肇始。后来到唐朝时期，唐玄宗开元二十一年（733年）六月发布了一个新规定："凡人三十始可出身，四十乃得从事。"官员的年龄再次被列入规章制度之中，所谓"出身"，是指做官的资格。要想做官，必须经过一层一层的考核，这个过程可不短暂。通常过个三五七八年都很正常，例如韩愈二十五岁及第，到正式被授予官职时已经三十五岁了。

为了求得及早当官，许多人便想起了办法。在唐代科举中，有为早期教育设置的童子科，而且考试题目也相对简单，只是考一些基本入门的知识点，毕竟对孩童还是十分宽松的，于是，许多大龄男子便冒充孩童，虚报年龄，只求能够通过此捷径走入仕途，不用再去白费那好几年的时光。

唐朝时期举童子的年龄多限制在十岁以下，一旦通过考试，那上岗工作的时间就大大提前了。为了能够走上仕途，许多人便贿赂官员，修改自己的年龄，这样便能提前入仕。当然，这只是官员隐瞒年龄的一方面。另一方面，一旦考中科举，免不了会有富贵人家、达官贵人前来说亲选婿，选婿当然是年纪越年轻越好，为了能够顺理成章地攀龙附凤，这些人也会将自己说得越年轻越好。

还有人选择隐瞒年龄，则是和朝廷规定有关。在宋太祖时期，有规定考够一定次数，年满六十却依然没能中第的人，可以从宽赐予官职，当时称之为"特奏名"或"恩科"。很多才学平庸、没有什么大志向的人希望早日做官，便谎报年龄，将自己的年纪说大，这样就可以及早为官。所以官员的年纪归根到底，是与朝廷政策挂钩的。

《儒林外史》中的范进便是一例，他一出场便坦言道："童生二十岁应考，如今考过二十余次……"怎么算，也应该是个年过半百的人了，可是他却对外说自己只有三十几岁，这样虚报年龄，正是当时社会的一种映射。

古代名士出世入世难抉择

仕与隐的矛盾一直是中国古代文人志士的一大困扰，由此产生的隐逸心态也随之盛行。其实，生长于古代名士身上的"隐逸之风"一直存在，他们或身归于山林，或朝野于庭而隐于内心。而封建社会历代王朝无不对文人墨客施以暴行逆施，隐逸之风之所以盛行，归根结底还是政治矛盾激化的结果。

魏晋时期政局极不稳定，战乱导致生灵涂炭，士人的性命更是朝不保夕。生长于战乱年代的魏晋文人将何去何从？魏晋风流们又能在怎样的境界与状态之中找到自己的归宿？

在黑暗的政治形势逼迫之下，在连性命都不可保的日子之中，魏晋名士不可能强烈地持有儒家积极入世的观念。但由于对仕途文化长期的耳濡目染，魏晋名士也不会完全采取老庄的无为之思。中庸之举，是将积极入世与无为之思相结合，身在山野而心向国泰民安，抑或是身在朝廷而心归山林。

"少有异才，文章冠世。伏膺儒术，非礼不动。"这是形容被钟嵘誉为"太康之英"的魏晋名士陆机的。由于受到父辈思想的灌输与熏陶，陆机一生执着于对功名的追逐，然而政治的黑暗却将他为国效劳的忠心一而再地打入牢底。他的这种不得入世的苦闷在多首诗歌中都表现了出来，如《遨游出西城诗》道："靡靡年时改，冉冉老已及。行矣勉良图，使尔修名立。"但同时，他矛盾的隐逸思想也掩盖不住，如《幽人赋》中道："世有幽人，渔钓乎玄渚，弹云冕以辞世，披宵褐而延伫，是以物外莫得窥其奥，举世不足扬其波，劲秋不能凋其叶，芳春不能发其华，超尘冥以绝绪，岂世网之能加？"

政治矛盾的激化是导致古代名士归隐的一个主要原因，为了保住身家性命，也为了在良明的政治势态到来之前能够暂时退却，魏晋名士多数选择了归隐山林。

鲁迅先生曾经讲过："据我的意思，即使是从前的人，那诗文完全超于政治的所谓'田园诗人''山林诗人'是没有的。完全超出人世间的，也是没有的。既然是超出于世，则当然连诗文也没有。诗文也是人事，既有诗，就可以知道于世事未能忘情。"

风云变幻，朝代更迭。昏暗的政治时局终不会持久，大一统的国富民强时代也终究要来临。骨子里的入世之心最终还是要显露于山水之中，而山清水秀的隐林生活也许只是多数名士想要大展宏图的一个过渡阶段。因此，虽然有名士终身归隐于此，却有更多的仁人志士最终还是走出了山林。

"指鹿为马"岂止辨忠奸？

赵高虽为一介宦官，在历史上却是一个饱受争议的人物，一是身世，二是生年，三是功过是非。此人精通律法，虽是宦官，却深得秦始皇的喜爱，可以说秦王朝的建立他也算有两分功德。然而他又是一个可以将善恶、是非、忠奸、美丑颠倒乾坤的邪恶人物，秦国可以说亡在了他的手上。

颠倒人的审美观念，是赵高无耻的地方，单只一个"指鹿为马"，就没有别人能够做到。当时秦二世胡亥年幼无知，因为他幼时一直依仗赵高，所以对于赵高的狼子野心根本毫无察觉，而赵高已经继李斯位列中丞，二世哪想到赵高竟然有篡政的打算？

为了辨识朝廷中谁对自己"忠"、谁对自己"奸"，赵高在秦二世三年（前207年）八月某日，于朝上叫人牵来一只鹿，对秦二世说："陛下，我献给您一匹好马。"秦二世一看这哪里是马，分明是一只鹿，便笑着说："丞相搞错了，这是一只鹿，怎么说是马呢？"赵高笑着道："请陛下看清楚，这分明是一匹千里马。"秦二世又看了看鹿，将信将疑地说："马的头上怎么会长角呢？"赵高道："陛下若是不信，可以问问众位大臣。"

大臣们顿时色变，不知赵高又要做什么，明知他胡作非为，颠倒是非，却敢怒不敢言，一时间都低下头。有些正直的人坚持认为是鹿而不是马，还有一些赵高的党羽则顺着赵高之言。此事没过几天，那些正直的大臣纷纷被赵高以各种名目治罪，甚至有满门抄斩者。

一段"指鹿为马"的风波，让赵高知道了哪些人依靠自己，哪些人反对自己，但他的目的哪里是如此简单？隔日赵高便派占卜者对胡亥说："皇帝您连鹿马都不分了，肯定是祭祀没有好好斋戒，以致脑袋昏聩。"胡亥不疑有他，遂去上林苑斋戒，但他毕竟年纪较小，耐不住寂寞，每日出去游玩打猎，一天一不小心射死了一个路人。其实这路人是赵高安排好的，于是赵高借着胡亥射杀活人的事情，对胡亥说："皇上您无故杀了一个人，上天恐怕会怪罪，应该躲起来才是。"胡亥心中害怕，立刻躲到咸阳城外的望夷宫。望夷宫中所有伺候的人都是赵高的亲信，已经深陷牢笼的胡亥犹不自知，就这样浑浑噩噩地丢掉了性命。

胡亥一死，赵高就撤下了他的玉玺佩上，准备登基为王。但他名不正言不顺，又是个宦官，根本没有人服他，他的皇帝梦就这样破碎了，只好临时改变主意，将玉玺传给了秦始皇之弟赵子婴。由于秦国实力已经大不如前，子婴只得取消帝号，复称秦王，随即便与自己的贴身太监韩谈商定了斩除赵高的计划，诛赵高于内宫，并夷其三族（父族、母族、妻族）。

晋王朝的"拼富"大事儿

深谙享乐之道的晋朝开国君主司马炎对酒色这两样事物很下功夫。当他夺取天下后，便日日想着方、变着法地享受。晋国大军征服吴国后，司马炎做的第一件事情便是广撒网、多捞鱼，将天下美女网罗进皇宫后院，供自己享乐。为了讨好新主，地方官们也把美女尽数送到洛阳皇宫里。

除了贪图美色，在吃喝玩乐上，司马炎也是花样百出，他甚至把官位拿去卖钱。俗话说"上梁不正下梁歪"，君主都这样恣情纵欲，贪图享乐，底下群臣就更不用说了。

晋国初期的宰相何曾就是一个典型的例子，他每天的饭钱要花一万钱，即便如此还愁没什么可吃的。他的儿子何劭青更是离谱，每天的伙食费是父亲的两三倍。他们一家的伙食费是三五千平民一个月的生活费。

而这还不算是最奢侈的，谈到晋国的奢华浪费就必须要提石崇，他和国舅爷王恺斗富的故事可谓是家喻户晓。

石崇通过打家劫舍发家后，便用钱买了个官位，从而开始了捞钱的日子，积攒下了更大的家业，成为当时京城里数一数二的大款。他不但住在高档豪宅里，还有着一百多个貌美如花的姬妾，而石崇每天的"工作"就是和达官贵人吃喝嫖赌，声色犬马。

王恺也不逊色，他仗着自己是皇亲国戚，地位比石崇尊贵，便一心要和石崇比个高下，于是二人的斗富从厨房开始：王恺用麦芽糖刷锅，石崇就用蜡烛当柴火用；王恺将几十里长的路铺满绸缎，石崇则用更长的绸缎将道路做成了一个锦绣长廊；王恺用花椒面漆房子，石崇则用赤石脂当涂料……

逢斗必败，王恺很不服气，便去找他的皇帝亲戚帮忙，而当司马炎听到王恺斗富这种荒唐的行径时，居然还给予了支持。他让人从国库中取出一株价值连城的珊瑚树，高约二尺，让王恺拿去斗败石崇。

得到外邦进贡的宝物，王恺信心倍增，岂料石崇看到那株珊瑚后，一言不发将其打碎，然后将王恺领到自己的库房中，让他任意挑选，用来赔偿他的损失。石崇库房中的珊瑚树，每一株都高大丰满，似乎王恺所展示的是最次等的货色。这次的失败让王恺彻底认输，灰溜溜地离开了。

这次斗富之后，石崇的名气更大，夜夜都有客人到他府上喝酒联欢，石崇也是热情招待。客人吃饱喝足后，要上"洗手间"，结果发现男厕所里有十多个美女手捧托盘，上面放着锦衣华服，还有香料、洗漱用品、化妆护肤品等等。

客人想上厕所，就需要换上新衣服，解手完毕后，还需用高档的护肤品擦手擦身，以防身上沾有臭气。

石崇只不过是晋国一个中级官僚，就如此铺张浪费，可想而知那些高级官员和皇亲国戚是怎样的行径了。有一次司马炎到官员王济家去吃饭，有一道烤乳猪令司马炎赞不绝口，王济便对皇上透露了自己这道菜肴的秘诀：他家里用于做菜的小猪全是用人奶喂养的，所以才肉味鲜嫩异常。这个王济还喜好跑马，当时他看中一块价钱高昂的地，于是他就把跑马场一样大小的地方铺满了钱币，买下了那块地。

疯狂的奢靡最终只能换来更为疯狂的报复，在这些达官贵人沉迷享乐的时候，百姓们却在经受着天灾人祸、食不果腹的日子。终于在毫无活路的情况下，奴隶出身的石勒带领着大批饥民起义。整个晋国逐渐陷入混乱之中，到公元 304 年的时候，全国发生了可怕的饥荒，不但平民吃不上饭，就连那些一顿饭花费一万钱的贵人也是吃了上顿没下顿。

和人比富的石崇不但被起义军抄了家产，还丢了性命，富得流油的晋国就这样随着巨富们的烟消云散，在历史的长河中毁灭了。

魏征身后的凄惶下场

唐太宗李世民和魏征的故事曾被世人所称道，并传为千古美谈。唐太宗曾说："以铜为镜可以正衣冠，以古为镜可以知兴衰，以人为镜可以明得失。"魏征死时他还很伤心地说我失去了一面宝贵的镜子。可是谁又能想到，魏征死后不久李世民就亲自砸了魏征的墓碑。

魏征，河北人，曾是太子李建成的重要谋士。"玄武门之变"以后，李世民在审问魏征时问道："你为什么给李建成出谋划策，与我作对？"魏征神情自若地说："如果太子早听从我的意见的话就不会有今日之死。"李世民听后非但没有怪罪于他，反而还对他委以重任。

唐太宗初登基，踌躇满志，励精图治，常常把魏征带到寝殿里，跟他讨论自己为政的得失。魏征原本就有经国济世之才，此时喜逢知己之主，当然竭诚辅佐，知无不言，言无不尽。唐太宗也欣然采纳魏征的意见，还夸奖魏征说："人家都说魏征举止粗鲁，我看这正是他光明磊落的地方！"魏征性格耿直，敢于犯颜直谏，前后共劝谏唐太宗二百余次，为唐初社会经济繁荣局面的出现，做出了重要贡献。

有一次，唐太宗准备对关中地区 16 ~ 18 岁的男子实行大规模征兵。魏征极力反对，他说："如果把水抽干而捕鱼，今年是能捕到好多鱼，可是到明年就捕不到鱼了。如果把森林烧了抓野兽，那么到第二年就没野兽可抓了。如果现在连 16 岁的青年也要征来当兵，那么势必会造成将来劳动力减少、农田荒芜、赋税无源、财政空虚的后果。"唐太宗采纳了魏征的谏言。

还有一次，唐太宗在群臣的怂恿下，准备到泰山封禅祭天，以炫耀自己的德行。但这种行动不仅浪费人力、物力，还将给沿途百姓带来沉重的负担。魏征很明确地劝告唐太宗："隋末以来，全国战乱频繁，大片土地荒芜，各地受到的严重破坏到现在还没有恢复过来。如果皇帝去封禅，必然会带大批官吏和卫队，那么一路上将给老百姓造成多大的负担呀！"唐太宗由此想到隋朝灭亡的教训，立即取消了封禅计划。

又有一次，唐太宗问魏征："为什么历史上的君王有明君和昏君之分呢？"魏征说："兼听则明，偏信则暗。"他还列举了历史上尧、舜贤君和夏桀、秦二世等昏君的例子说，"治理天下的君王，如果能够采纳来自下面的意见，那下情就能上达，就不会受到蒙蔽。"魏征还经常劝谏唐太宗要居安思危，自始至终保持兢兢业业的治国态度。后来，他觉得唐太宗不像早先那样节俭朴素、体恤百姓、勤于治国了，就写了一份谏书提醒唐太宗。唐太宗看后，觉得他提得很对，就把他的谏书贴在墙上，时时观看，以便提醒自己不要松懈。

公元 643 年，魏征病死。唐太宗非常难过，流着泪对身边的人说："魏征就是我的一面镜子，他总是告诉我哪儿做错了。现在他死了，我从此失去了一面镜子！"

可是在魏征死后不久，又发生了让人瞠目结舌的变化。由于魏征死前曾秘密推荐的杜正伦因罪被罢免、侯君集参与谋反被斩首，于是李世民就开始怀疑魏征有结党营私的嫌疑。

后来，唐太宗又得知魏征曾把谏书给记录历史的褚遂良观看，更加怀疑魏征是故意博取清正的名声，心里很不高兴，下旨解除了魏征长子魏叔玉和衡山公主的婚约。到后来他越想越恼火，竟然亲自去砸掉了魏征的墓碑，一段君臣佳话，竟以此为终，让人叹息。

王安石变法的负面影响

公元 1067 年，二十岁的宋神宗掌管了大宋朝的全权事项。在权力的巅峰，这个年轻人俯视自己的国家，赫然发现已经走过一百零八年的北宋显得步履蹒跚，停滞不前，犹如一个体态臃肿的中年人，活力越来越小了。

和平的日子过久了，宋朝人口增长幅度过大，开支也大了起来，还有官员和军队的冗杂臃肿问题日益严重，宋神宗显然不愿意接受这样一个烂摊子，他多次对大臣说道："天下弊事至多，不可不革。"

至于谁能担当改革的重任，那非王安石莫属。作为志向非凡的人，宋神宗和王安石可谓是惺惺相惜，早在仁宗时期，王安石就上过万言书，期望改革，但可惜石沉大海，没了消息。而宋神宗这次抛出的"橄榄枝"，无疑让王安石的事业迎来了第二春。

宋神宗和王安石都属于志向非凡的人，志向非凡的人总是血气方刚，踌躇满志，摩拳擦掌，想做出一番大事业的。但现实往往与设想大相径庭，在王安石的改革中，免役法是一出重头戏，这是针对沉重赋役想出的一项改革。

但令王安石没有想到的是，改革不但阻力重重，到最后更是一败涂地，不但各地大小官员反对，就连那些贫苦的百姓，也是集体上京城告状，在王安石家门口抗议。

王安石还是继续坚持他的改革，他认为："天变不足畏，人言不足恤，祖宗不足法。当世人不知我，后世人当谢我。"在他看来，百姓的利益暂时受到损失，是为了日后得以增加，但他怎么也想不到，自己改革本来是一片好心，居然会帮了腐败的"大忙"。

举变法中的一个小例子：青苗法。青苗法是让老百姓在春天这个青黄不接的季节，能够吃到粮食而设立的。当时的百姓为了缓解困顿，会去找有钱人家借钱借粮，到有了收成的时候，再加倍偿还。

为了保障农民和国家的利益，青苗法由国家代替个人来完成这个工作，利息比富人定得低一些，本想着这样一来既能减轻农民的负担，又能增加国家的财政收入，一举两得，但没想到实施起来却是不尽如人意。

在王安石看起来较低的利息落实到民间，经过中间官员的层层盘剥，实际上比原来的富户所定的利息还要高，而由于青苗法的实行，使得这种行为成为一种官府垄断的行为，老百姓只得向官府借钱。

而官府的手续总是特别麻烦，要一层层地通报审核才可以成交，这样下来，等到粮食下发，很多百姓早就饿死了。即便能等到粮食的百姓，也要忍受更为残酷的剥削。

王安石的变法演变成了帮官府做生意，这样在官官相护的情况下，自然就造成了腐败大行其道。不但百姓没有减轻负担，那些地方官个个中饱私囊，油水添了更多。而王安石不但没有意识到这一点，反而变着法地"推波助澜"。

为了顺利推行新变法，王安石给各地都下达了硬指标，规定了每年必须贷出的数量。这样一来地方官便只得硬性摊派了，许多不需要借贷的百姓也得奉旨贷款，百姓们自然是苦不堪言。

而官员们可不管这些，他们好不容易逮住了这么好的"商机"，自然不会轻易放过，贪官们借着推进新法为由，以为朝廷完成指标为己任，大肆吞食百姓的钱财，从中渔利。王安石的变法非但没有减轻百姓的负担，反而增加了百姓的怨言，也没有为国家增加财政收入，白白便宜了那些贪官污吏。最终导致变法失败。

财神沈万三败亡探秘

沈万三在民间的知名度不亚于白蛇娘娘，据《明史》记载，他当年帮朱元璋修筑了三分之一的南京城，功不可没。后来又自告奋勇要出资犒劳军队，结果朱元璋认为他是故意展示财富，有谋反之心，要杀他，后在马皇后的求情下，才免了死罪，将他发配云南。

《明史》中记载了朱元璋与沈万三这样一段对话：

朱元璋问："朕有百万军，汝能遍济之乎？"

沈万三说："每一军犒金一两。"

朱元璋说："此虽汝至意，不须汝也！"

有真相有细节，似乎沈万三真的是在朱元璋的打击下才被流放至死的，但事实上沈万三与朱元璋却是八竿子打不着的人，早在明朝还未建立时，沈万三便病死了。一个已死的人是不可能出资修建京城，更不可能被流放的。

虽然沈万三与朱元璋没有关系，但沈家是遭到朱元璋的打击而没落的却是千真万确的事实。明朝初期，朱元璋大肆屠杀开国功臣，令沈家倒了霉。在"胡惟庸案"上，沈万三的女婿陆仲和被扣上了"胡党"的罪名满门抄斩。

这一点在朱元璋亲手编写的《大诰三编》里有着记录：这位做了十八年粮长的超级大富翁，不但谎报灾荒，还出钱收买官吏。帝王圣明，查明真相后便严惩不贷，将他斩草除根了。

而在洪武二十六年（1393年）的蓝玉谋反案里，沈家遭到了毁灭性的打击。之所以斩杀蓝玉，朱元璋最初的动机是保护年幼的皇长孙朱允炆登基后不受那些豪杰的威胁。所以，他一面铲除最有威胁的功臣，一面斩断民间富豪的根，不幸的是，沈家被朱元璋列入了名单之内。

沈万三一手创下的巨大家业就此画上了一个句号。虽然沈万三与朱元璋之间的纠葛是伪造的传奇，但依附在这些传奇上的历史却是真实可循的。沈万三帮助朱元璋修筑南京城的传说之所以会一直流传，那是因为它与朱元璋大肆强行迁徙江浙地区的富户来"充实都城"有关。

朱元璋为了修筑自己的帝国，强行对富户们采取迁徙手段，将苏州、杭州、嘉州、湖州等地四千多家富户集体迁往南京，美其名曰是为"京城繁荣"，实际上是将大批富豪连根拔离本乡，变相地掠夺他们的财富。

沈万三的典故便是出自这个背景。至于说沈万三充军云南，也是因为朱元璋自洪武十五年（1382年）云南平定后，便不断将内地居民迁往云南。这项行为实际上也是对富户变相的打击报复，因为这些移民当中，百分之六十都是富户。

明代人谢肇淛的《滇略》一书，就对此有过记载："高皇帝既定滇中，尽徙江左良家闾右以实之……故其人土著甚少，寄籍者多。衣冠、礼法、语言、习尚，大率类建业……"可见在传说中，沈万三只是这些富豪的一个影子而已。

沈万三作为一个毫无身份地位，靠自己双手白手起家的平民财神，被杜撰到这样的故事中，无疑表露了明朝人当时对朱元璋的极大不满，从故事中的沈万三就可以看到当时明朝富豪们的悲惨命运。

而对于这些历史，当时的记载却是不痛不痒："当是时，浙东、西巨室故家，多以罪倾其宗。"一句话便将受到牵连的富户打发了，而沈家也正是在这样的不公正待遇下，走向穷途末路的。

这个农民皇帝认为富人们会损害他的统治，妨碍他对帝国的掌控。所以，沈万三的败亡探秘到最后，揭晓出来的不过是皇权制度下的"潜规则"罢了。

宰相中的厉害人物

宰相这个职业，比较特殊，上要辅助君王，下要安抚群臣，可谓是责任重大。许多人坐上宰相的高位，却结局悲惨。

所以说，做宰相除了要能力卓越，胆识过人之外，在为人处世方面也要能处事不乱，变事不惊。这方面，五代十国的冯道可谓是第一"高人"，他历经十位皇帝，均能进退得当。

冯道有一首诗就表达了他的为人之道："莫为危时便怆神，前程往往有期因。终因海岳归明主，未省乾坤陷吉人。道德几时曾去世，舟车何处不通津。但教方寸无诸恶，虎狼丛中也立身。"

从冯道的诗中可以看出他是一个"灵活"的人。在唐朝末年，他曾做幽州刘守光的参军幕僚。刘守光败后，他转事大宦官、监河东军张承业。到了明宗的时候，他拜端明殿学士，后来又做了宰相。

冯道从不盛气凌人。在后晋、后梁隔河而战时，冯道在军中就住在一个茅草屋里，当时有个将士抢了一个民间女子送给他，没想到他将那名女子安置在别的房间里，并不招惹。

对待皇帝，冯道也很懂得分寸。有一次，水运军将在临河县得到一个玉环，玉环玲珑剔透，上刻"传国宝万岁环"六个字，于是他们便把这个玉环进献给了明宗。

明宗十分喜爱，常拿出来和众大臣把玩。当冯道看到时，他说道："这是前世遗留下的有形之宝，不足为奇；陛下身怀无形之宝，才是旷世罕见。"

明宗不解，问他缘由，他便慢慢道来："仁义者，帝王之宝也。大宝曰皇位，何以守位则曰仁。"他的意思是说，明宗才是这个国家的无价之宝，这话让明宗心里美滋滋的。

后来，明宗死了，他再相愍帝。不久，潞王李从珂在凤翔反叛，愍帝领兵奔了卫州。而愍帝前脚一走，冯道就率百官将潞王迎入，李从珂继续用他为相。

公元 936 年，石敬瑭灭了后唐，建立后晋。作为后唐的宰相，冯道竟然亲自找到了石敬瑭谈判，最后居然被石敬瑭任为司空。在石敬瑭死后，石重贵继位。冯道仍然为相，并且加太尉，封燕国公。

但这个短暂的王朝仅仅保全了冯道十一年，之后不久，契丹大军直攻开封。朝廷一片大乱，唯有冯道方寸不乱，面对契丹王耶律德光的训斥时也毫无惧色。耶律德光斥责他几次易主，是不忠不孝的人，不能被信任，这样的人居然还敢来上朝，简直是活腻了。

冯道却说："无城无兵，安敢不来？"

耶律德光又讽刺他："你是何等的老儿？"

冯道说："我是无才无德的痴顽老儿。"

耶律德光听完后觉得冯道有几分意思，便问道："倒也乖巧。我再问你，天下百姓如何救得？"

冯道答道："此时佛出救不得，唯皇帝救得。"

耶律德光听后便封冯道为太傅。

后来，后汉建立，冯道又归附了后汉，被封为大师。四年之后，随着后汉被后周所灭，冯道又成为后周的太师兼中书令。

直到后周世宗柴荣即位后，冯道的官运才终止。柴荣有着雄才大略，他不喜欢这个曾历四朝，侍奉过九君的人，找了个借口，罢免了他的太师职位。

朱元璋 PK 贪官污吏

明太祖朱元璋大概是所有帝王里最为痛恨贪污的一个，这不难理解，若不是官吏贪污，腐败横行，朱元璋也不会因为走投无路，家破人亡而走上造反道路。所以，朱元璋的痛恨心理可以理解，可是他的做法极为偏激。

财富，在朱元璋眼里是有着原罪的。

自明朝开国以来，朱元璋就不断地诛杀贪官。据统计，因贪污受贿被杀死的官员高达几万人，到洪武十九年（1386 年），从中央到地方的官员，已经很少有人能做到任满，大部分都被杀掉了。

在朱元璋手底下干活，很多官员每日忍受煎熬，每次上朝之前，总要和妻儿诀别，因为不知道下朝后还能不能囫囵个儿地回到家里。如果每天能平安无事下朝，那回到家中必定是要庆贺一番的。这不是危言耸听，朱元璋绝对算得上是中国历史上最为苛刻的皇帝了，他不但让他的官员做最繁重的工作，而且一旦发现哪个官员有一丁点儿贪污的痕迹，那铁定就是杀无赦了。

贪污的确是应当制止的，但在朱元璋当政时期，许多官员本想着寒窗苦读十余载，奋斗一生，做个小官能丰衣足食。却没想到，朱元璋开的工资已经不能用低来形容了，他发放给正一品官月俸米 87 石，正四品 24 石，正七品 7.5 石。也就是说，一个县令的工资合成银子不过就是 5 两。

一些官员开始琢磨捞钱的新花样，折色火耗和淋尖踢斛是其中两种。

折色火耗是官员们借口征集的税款银两有损耗，而将多余的钱留到自己口袋里的一种做法。

至于淋尖踢斛则是百姓在交纳粮食的时候，官吏用斛来装，当粮食堆放满的时候，官吏将斛猛踹一脚，令一些粮食流失到袋子外面，这流失出来的粮食就归官吏所有了。

朱元璋对此无话可说，只能将这部分钱财作为官员的合法收入。

但随着朱元璋不肯涨薪水，官员们不断从这些小地方着手获取利益而产生的矛盾日益激化时，事情便出现了质的变化。官员们为了自己的利益，必然要违反朱元璋制订的反贪计划，而朱元璋为了阻止这样的事情发生，也会采取更为严厉的打压办法，这样一来，矛盾得不到解决，愈演愈烈。

朱元璋对待贪官的方式越来越严厉，他定了一个新规定，只要发现官员贪污，就要送到京城的有关部门法办，而就算是百姓也有这样的权力，并且一路上的检查岗哨必须放行，如果有人胆敢阻拦，那不但要砍头，还要株连九族。

由此可以看出朱元璋反腐的决心有多大，但事与愿违，在如此大力度的反贪中，贪污不但没有绝迹，反而有愈演愈烈的趋势。还有因为朱元璋杀掉的官员太多，导致官府部门近乎瘫痪，这样不得不让在任的官员身兼数职，就连朱元璋本人也是牺牲了很多休息时间埋头苦干，可即便如此，政事还是忙不完。

于是，朱元璋又发明了一个新制度，便是戴死罪、徒流罪办事，即官员犯罪后判了死刑，先拉下去痛打一顿，然后就在官员以为自己要小命不保的时候，突然来人给他的伤口上药，保证他死不了，再拉出去送到衙门处理公务。

朱元璋绞尽脑汁就是想肃清贪污腐败，还大明朝一个清清白白的天下，可效果不佳，成效不好，应该说是朱元璋的某些政策在制定的时候出现了问题，反贪手法过激也是重要原因之一。

大明洪武年间的这场轰轰烈烈的反贪运动，无论是朱元璋，还是贪官，都没有赢得最终的胜利。

努尔哈赤脱颖而出的秘诀

一代英杰努尔哈赤是明末建州女真族的首领。他凭借十三副祖传铠甲闯天下，马上征战四十余年，于 1616 年建立后金，即汗位。努尔哈赤是如何统一建州女真各部落，脱颖而出建立后金政权的呢？

努尔哈赤本出生于建州女真一个贵族家庭，祖父和父亲都是建州女真的贵族，也是明朝封的建州左卫官员。努尔哈赤从小就骑马射箭，练得一身好武艺。十岁那年，母亲去世，他的继母待他不好，努尔哈赤不得不离开家庭，和当地小伙伴在一起，在莽莽林海里打猎、挖人参、采松子、拾蘑菇，然后将这些山货带到抚顺卖掉，挣钱过活。努尔哈赤就是在这里接触到了许多汉人，并且学会了汉文，他还特别喜欢《三国演义》《水浒传》等小说。

建州女真有好几个部落，总是互相攻杀，因此明朝驻军将领也利用建州各部的矛盾来加强这一地区的统治。努尔哈赤二十五岁那年，建州女真部有个土伦城的城主尼堪外兰，带引明军攻打古勒寨城主阿台。而阿台的妻子是努尔哈赤的妹妹。努尔哈赤的祖父和父亲去古勒寨探望她，不巧正碰上明军攻打古勒寨，在混战中都被明军杀害。

年幼的努尔哈赤悲痛不已，他跑到明朝官吏那里说："杀我祖父、父亲的是尼堪外兰，只要你们把尼堪外兰交给我，我也就甘心了。"然而明朝官吏只把他祖父、父亲的遗体交还他，却不肯交出尼堪外兰。由于念及自己的力量太小，不敢得罪明军，于是努尔哈赤满腔悲愤回到家里，翻出了他父亲留下的十三副盔甲，分发给他手下的兵士，向土伦城进攻。努尔哈赤英勇善战，尼堪外兰不是他的对手，狼狈逃走。努尔哈赤攻克了土伦城，继续追击，趁机又征服了建州女真的一些部落。尼堪外兰东奔西窜，最后逃到了鄂勒珲（今齐齐哈尔附近），请求明军保护。努尔哈赤又追到那里。明军看他不肯罢休，怕因此引起战争，就让努尔哈赤杀了尼堪外兰。

自从努尔哈赤杀死了尼堪外兰之后，就声名大噪。又过了几年，努尔哈赤统一了建州女真，这引起了女真族其他部的恐慌。当时的女真族共有三部，除了建州女真之外，还有海西女真和野人女真。海西女真中有个叶赫部最强。公元 1593 年，叶赫部联合了女真、蒙古九个部落，结成联盟，合兵三万，分三路进攻努尔哈赤。

努尔哈赤听说九部联军来攻，事先做好迎战的准备。他在敌军来路上，埋伏了精兵；在路旁山岭边，安放了滚木石块。一切安排妥当，他就安安稳稳睡起觉来。他的妻子看了很着急，把他推醒，问他："九部兵来攻打，你怎么睡起觉来，难道真的把你给吓糊涂了？"努尔哈赤笑着说："如果我害怕，就是想睡也睡不着。"

第二天，建州派出的探子回报，敌兵人数众多，将士们听了有点害怕。努尔哈赤就告诉将士们："别害怕，现在我们占据险要地形，敌兵虽然多，不过是乌合之众，一定互相观望。如有哪一个领兵先攻，我们就杀他一两个头目，不怕他们不退。"

九部联军到了古勒山下，建州兵在山上严阵以待，先派出一百骑兵挑战。叶赫部一个头目冲来，马被木桩绊倒，建州兵上去把他杀了，另一头目看到这情景也吓昏过去。这样一来，九部联军没有统一指挥，四散逃窜，努尔哈赤乘胜追击，击败了叶赫部。又过了几年，基本统一了女真族各部。

统一女真之后，努尔哈赤将女真人编为八个旗。旗既是一个行政单位，又是军事组织。每旗下面有许多牛录，一个牛录三百人，平时耕田打猎，战时打仗。这样既推动了生产，又加强了战斗力。八旗子弟在后来努尔哈赤建立后金乃至建立大清朝的过程中，都起到了极其重要的作用。从此八旗制度作为大清的一种军事制度固定下来，并长期存在。

史上最惊人的财富单

嘉庆四年（1799 年）正月初三，八十九岁的乾隆驾崩了，尸骨未寒之际，嘉庆便以迅雷不及掩耳之势对他的宠臣和珅进行了铲除。根据当时的《殛珅志略》一书记载："初三日，纯皇帝殡天，初四日，上于苫次谕统兵诸臣，初五日，御史广兴疏劾和珅不法，初八日，奉旨革和珅职，拿交刑部监禁。"

嘉庆算不得有为君主，但对付和珅，却是拿出了十二分的魄力和智慧。初三当夜，嘉庆便宣布让和珅留在宫中为乾隆守灵，并且还"不得任自出入"。所以，这名为尽忠，实则是断绝和珅与外界的联系，将他控制了。

靠山已倒，和珅失去了话语权，明知是陷阱，也只能硬着头皮往里跳。他心里明白得很，这次他是彻底到尽头了。

大清王朝似乎有一种传统，每次易帝，新主都会发动一场对前朝重臣的残酷清洗运动。例如顺治对付多尔衮，康熙对付鳌拜，雍正赐死年羹尧，乾隆密谋除掉讷亲……

轮到嘉庆也不例外，他将刀子对准了和珅。乾隆死后，嘉庆不能饶了和珅主要有两个原因：一是和珅位高权重，党羽众多，如果不铲除，只怕后患无穷；二是和珅家大业大，腰包鼓得要命，而国库却是一穷二白。最终嘉庆还算是对和珅网开一面，让他在牢中自尽，也算是为他保存了最后的一点颜面。

和珅死后，嘉庆便全权接管了他的家产，那份天大的财富粗略计算大概有八万万两白银，从当时的清人笔记中，大概能找到有关和珅家产的三种说法，基本是差不多的：

第一，《清稗类钞》："和珅在乾隆朝，柄政凡二十年，高宗崩，仁宗赐令自尽，籍没家产，至八百兆有奇，时人为之语曰'和珅跌倒，嘉庆吃饱'。"

"八百兆"，便是八亿两银子，清代的一两银子，大约相当于现今五六十元，算下来，和珅的家产总值应该有 40 亿～50 亿元的样子。

第二，《庸庵笔记》："前令十一王爷、盛住、庆桂等，查抄和珅家产，呈送清单，朕已阅看，共有一百零九号，内有八十三号尚未估价……

已估者二十六号，合算共计银二万二千三百八十九万五千一百六十两。"二万二千三百八十九万五千一百六十两并非全部家财，仅仅是已经估价的物产，而那些尚未估价的财产，大概三倍还要多，所以，算下来，总数大概有八万万两白银。

第三，《枢近志》将和珅的家财说得更为详尽："其家财先后抄出凡百有九号，就中估价者二十六号，已值二百二十三兆两有奇。未估者尚八十三号，论者谓以比例算之，又当八百兆两有奇。甲午、庚子两次偿金总额，仅和珅一人之家产，足以当之。政府岁入七千万，而和珅以二十年之宰查，其所蓄当一国二十年岁入之半额而强。虽以法国路易第十四，其私产亦不过二千余万，四十倍之，犹不足当一大清国之宰相云。"

从公元 1755 年到公元 1799 年，和珅得宠把权到死，仅仅二十多年，就搜刮了不下八亿两银子的天大家业。

根据《清史稿》，以乾隆五十六年（1791 年）计，岁入银四千三百五十九万两，岁出银三千一百七十七万两。以嘉庆十七（1812 年）年计，岁入银四千零一十三万两，岁出银三千五百万两。而和珅一个人的家产，就相当于大清国每年 GDP 数的二十倍以上。

皇帝之死

齐桓公的离奇下场

齐桓公，姜姓，吕氏，名小白，公元前 686 年与公子纠争夺君位取得胜利，做了齐国国君。即位后的齐桓公在管仲的辅佐下苦心经营四十年，使齐国一跃成为春秋时最富有的国家。在外交上，齐桓公首先打出"尊王攘夷"的旗号，借以团结中原各诸侯，受到中原各诸侯的信赖。他曾九次召集诸侯会盟，任盟主达四十年之久，成为春秋时期最有实力的第一个盟主，文治武功盛极一时。

本以为作为一代霸王的齐桓公荣华富贵且不论，善始善终应不是奢望，但是，谁能料到，最先成为霸主的齐桓公，下场竟然是被活活饿死的。

公元前 643 年，管仲病重，齐桓公到他病榻前探望并询问国家未来之事。管仲交代说："易牙、竖刁、开方这三个人绝不能接近和信任。"这三人是齐桓公身边的宠臣，齐桓公问："易牙把他亲生儿子烹了给寡人吃，表明他爱寡人超过爱他儿子，为什么不能信任？"管仲说："人世间最大的亲情莫过于爱子，他对亲生骨肉都不珍惜，怎么会爱国君呢？"齐桓公又问："竖刁割自己的皮肉进宫侍候寡人，证明他爱寡人超过爱自己，为什么不能信任？"管仲说："他对受之于父母的皮肉都不爱惜，怎么会爱国君呢？"齐桓公再问："卫国公子开方放弃太子之尊到我手下称臣，他父母死了也不回国奔丧，这表明他爱寡人超过爱父母，为什么不能信任？"管仲说："最亲近的莫过于父母，父母死了都不回国奔丧，这样对待父母的人怎能奢望他对您忠诚？"

齐桓公虽口头应承，但是行动上却没有遵从，继续让这三个小人在宫中主事。公元前643年，齐桓公患重病，易牙、竖刁等认为机会到了，便以桓公的名义张贴了一张布告，禁止任何人入宫，并堵塞齐宫大门，在大门前建起一道高墙，不准任何人进出。

齐桓公病在床上，没有一个人过问，连想喝口水都不能，这时，卫公子开方却带了千户齐民降归卫国。齐桓公的五个儿子为了争夺权位互相残杀，谁也不管父亲的死活。最后，这位称雄一世的霸主竟然被活活饿死在宫内。尸体在寿宫中整整搁置了六十七天，生了蛆也无人收葬，一代霸主竟落得如此可悲的下场。

秦始皇死亡之谜

公元前210年，千古一帝秦始皇死于第五次东巡途中。关于这位帝王的死因，历史上争议颇多。目前在史学界有两种截然不同的观点，一种说死于疾病，另一种说死于非命。

第一种说法认为，《史记》中关于秦始皇死因的记述很多，死因已明，病死无可置疑。据《史记》记载，秦始皇从小就患有疾病，体质较为羸弱。可是他为人又刚愎自用，事无巨细都要亲自裁决，所以工作极度劳累，加以巡游中遇七月高温，以上诸因素并发，促使他在途中病发身亡。

那么他死于何种疾病呢？郭沫若先生根据《史记·秦始皇本纪》记载"秦王为人蜂准，长目，鸷鸟膺，豺声，少恩而虎狼心……"推测，秦始皇幼时患有软骨症，又患有支气管炎，后来由于政务繁重，引发脑膜炎和癫痫等病症。秦始皇在渡黄河时，癫痫病发作，后脑壳撞在青铜冰鉴上，加重了脑膜炎的病情，人处于昏迷状态。当车赶到沙丘后第二天，赵高、李斯发觉秦始皇已死去多时。

持第二种观点的人从几篇有关秦始皇死亡情况的史书中推敲，认为宦官赵高在秦始皇病重和死后的种种表现，使人不得不怀疑秦始皇的死与他有莫大的关系。

此次始皇出巡，随从人员主要有赵高、李斯、胡亥等人，将军蒙毅也在随行之列。可是当秦始皇在途中病重时，蒙毅却被遣返回边关。从突然的人事变动来看，这似乎是赵高等人的计谋。大将军蒙毅是公子扶苏的亲信，而突然间将其从秦始皇的身边遣走，不仅去掉了扶苏的耳目，也为赵高等后来计谋的实施清掉了一块绊脚石。

随后，赵高假冒秦始皇的旨意指责扶苏为子不孝、蒙恬为臣不忠，让他们自杀，不得违抗。在得到扶苏自杀的确切消息后，胡亥、赵高、李斯这才命令车队日夜兼程，迅速返回咸阳。为了继续欺骗臣民，车队不敢径直回咸阳，而是摆出继续出巡的架势，绕道回咸阳。当时正值七月高温，秦始皇的尸体在途中开始发出阵阵恶臭，为了掩饰尸体的味道，赵高竟然将咸鱼放在秦始皇的车上。回到咸阳后，赵高便开始对李斯下毒手，将李斯给逼死了。

然而赵高为什么要谋害秦始皇呢？主要原因就是赵高唯恐扶苏继承王位。赵高曾对李斯讲："长子（即扶苏）刚毅而武勇，信人而奋士，即位，必用蒙恬为丞相。"蒙恬是扶苏的亲信，赵高曾被蒙毅治罪而判死刑，后被秦始皇赦免，从此赵高对蒙恬、蒙毅恨之入骨，不希望蒙氏得宠，所以必须阻止扶苏即帝位。但是秦始皇宠爱长子扶苏，只有伺机杀掉秦始皇，才可拥立胡亥。秦始皇平时居于深宫，戒备森严，赵高根本无法下手，现在他在旅途中病倒，赵高劝胡亥果断行事，他说："狐疑犹豫，后必有悔，断而敢行，鬼神避之，后有成功。"所以他果断对重病中的秦始皇下毒手，提前结束其生命，这完全有可能。

秦始皇到底是病故还是被害呢？这两种观点至今尚无定论。不过，人们对解开此谜是充满信心的。根据考古研究和调查，秦始皇陵没有被盗掘和破坏，再加之检测出地宫中可能存在水银，水银形成的水银蒸气对遗体有冷凝防腐作用，所以秦始皇的遗体可能还存在。等到秦始皇陵发掘的时候，秦始皇死亡的原因就可以被世人所知晓了。

萧衍为何饿死宫中？

南北朝时期，天下混战，百姓生活困苦，民不聊生。佛教在这一时期传入中国，并在一片混战的局势中迅速传播开来。佛教不仅在民间传播，更被当时的帝王所推崇，梁朝梁武帝萧衍就是一个典型崇佛人物。

萧衍，曾任齐国雍州刺史，镇守襄阳，后乘内乱，起兵夺取帝位，建立梁朝。萧衍夺取帝位后，励精图治，南梁初期，社会获得了比较好的发展。但是这种局势并没有维持下去，梁武帝安顿好江山社稷，消除种种后患之后，很快便沉溺于佛教中不能自拔。他下令广建寺庙，全民奉佛，并亲自主持修建了大爱敬寺、大智禅寺、同泰寺等，耗费无数钱财，座座都规模宏大，极尽华丽。在他的带动下，举国上下争相修造，到处都是寺院。他还下诏优待僧尼，出巨资资助各地僧尼研习佛法、聚众讲经。不仅如此，梁武帝还身体力行。公元527年，萧衍舍身进入同泰寺，当了三天和尚，回宫后，下令大赦天下，并改元大通。公元529年，萧衍第二次进入同泰寺。这一次他脱下御衣衮服，在寺中沐浴，洗去凡尘后穿上法衣袈裟，长住于寺中，自号三宝奴，并亲自主持法会，向五万善男信女讲解《涅经》。萧衍执意要出家，朝中大臣十分惶恐，便一起跪于同泰寺外反复磕头，叩请皇帝还宫理政。在寺中和尚的劝请下，他才极不情愿地回到朝廷。此后萧衍反复四次舍身寺院。然而就是这么一个崇信佛教的皇帝，最后却饿死于内宫，不禁让人惊诧万分。

梁武帝早年无子，于是便过继侄儿萧正德为嗣子做太子。可是后来梁武帝生了个儿子，取名萧统，随即被立为太子，而侄子萧正德被改封为西丰侯。这让萧正德心里愤愤不满。加上后来梁武帝一心崇佛，荒废朝政，于是萧正德便勾结侯景发动政变，这就是所谓的侯景之乱。

侯景原来是东魏大将，因与政敌高欢不和从而转投梁朝。侯景本是奸诈小人，众人劝阻梁武帝不可用他，可武帝执意接受侯景来投，并授他大将军，封河南王，督河南诸军事。侯景看到皇族矛盾重重，认为有机可乘，于是同萧正德勾结，起兵发动政变，答应事成之后让萧正德做皇帝。

最后叛军攻进建康城，困住宫城，引玄武湖水去漫宫城。梁武帝这位和尚皇帝被困在宫里成为瓮中之鳖，又被侯景囚禁于台城净居殿，不许人接近。刚开始的时候，侯景还派人送些粗茶淡饭给萧衍吃，后来连粗食也不给他送了，这时萧衍已经八十六岁，被囚困的时候仍然诵经念佛、斋戒不辍，由于没有足够的食物营养，被活活饿死了。一朝君王，竟然被活活饿死，下场可谓凄惨矣。

被做成木乃伊的皇帝

一提到木乃伊，很多人一下子就能想起古埃及的木乃伊，殊不知，中国古代也有木乃伊国王。此人就是辽太宗耶律德光。

公元927年，二十五岁的耶律德光成为契丹国的第二代可汗，此时，中原地区正是五代十国的混乱时期，连年战乱，民不聊生。野心勃勃的耶律德光养精蓄锐，一心想要吞并中原。

九年后，机会终于来了，后唐皇帝李嗣源的女婿石敬瑭为了取后唐而代之，以割让幽云十六州、岁绢三十万匹、认比自己小十岁的耶律德光为父等为条件，换取耶律德光出兵帮他消灭后唐，并建立了后晋小王朝。石敬瑭死后，他的侄子石重贵继位。因为不甘心后晋财富源源不断流入契丹国库，石重贵向耶律德光提出了"称孙不称臣"的要求，耶律德光大怒，并以此为借口发兵南侵中原，很快就灭了后晋，在开封建立大辽，自立为帝。但是中原的百姓并没有屈服，各路武装纷纷抗击契丹侵略者，小股辽兵不断遭到歼灭，耶律德光不得不下令撤退。

公元947年，四十五岁的耶律德光在撤离中原途中染上一种热疾，又因纵欲无度，在走到栾城杀胡林时口吐鲜血，一命呜呼。这时，远在辽国都城上京的述律太后传来懿旨："生要见人，死要见尸。"当时正是炎炎夏日，气温极高，保存尸体谈何容易？这着实难坏了伴驾的文武大臣。

正在文武大臣和太医们束手无策的时候，一位御厨出了个主意：把皇帝做成"羓"。"羓"是什么呢？原来北方游牧民族多喜食牛羊肉，有时候杀了一头牛或羊后，一时又吃不掉，碰上夏天，牧民就把牛羊的内脏掏空，用盐卤上，做成不会腐烂的"羓"，即相当于中原地区的"腊肉"。

文武大臣和太医们采用厨师的方法，把皇帝做成"羓"运回上京，所以，耶律德光就成了中国历史上唯一的"帝羓"——木乃伊皇帝。

年纪轻轻的唐穆宗为何死于非命？

唐穆宗是唐宪宗第三子，最初名李宥，被册封为皇太子后才改名为李恒。公元821年，二十六岁的李恒登基，然而这位风华正茂的皇帝还没有在龙椅上坐多久，便在公元824年驾崩于自己的寝殿，时年三十岁。为什么唐穆宗年纪轻轻就猝死了呢？

穆宗壮年登基，对于一个皇帝来说，正是在政治上有一番作为的时候，然而穆宗却没有励精图治、在政治上有所建树，而是纵情享乐，毫无节制。宪宗治丧期间，穆宗仍毫不掩饰自己对游乐的喜好。当宪宗葬于景陵后，他越发没有节制。

他带着亲信随从狩猎取乐，还在兴庆宫大摆筵席。他在宫里大兴土木，修建了永安殿、宝庆殿等。除此之外，他还用重金整修装饰京城内的安国、慈恩、千福、开业、章敬等寺院，甚至还特意邀请了吐蕃使者前往观看。

重阳节快到时，他又想大宴群臣，担任拾遗的李珏等人上疏劝谏：陛下刚刚登临大宝，年号尚且未改，宪宗皇帝园陵尚新，如果就这样在内廷大举宴会，恐怕不合适。穆宗根本不听。在重阳节那天，他还特意把朝廷贵戚、公主驸马等都召集到宣和殿饮酒高会。

对于穆宗的"宴乐过多，畋游无度"，大臣们进行谏言，穆宗虽表面上虚心接受，但实际上根本不拿臣子的话当回事，转过身依旧是我行我素。穆宗这种近乎疯狂的游乐，到了长庆二年（822年）十一月才算有了收敛。

原因是这样的：唐穆宗是一位超级马球迷，公元822年，一天穆宗围猎后回宫，就与宦官内臣打起了马球。这时，忽然有一位内官坠马，惊马直奔穆宗而来，幸好有左右护驾，穆宗才避免受伤。由于发生了意外，这场马球赛早早收场，而穆宗也回到大殿准备休息。就在这个时候，他突然一阵头晕目眩，然后便昏了过去。之后整整三日他都卧病在床，不见众臣，御医对他病情的描述则是类似现在的中风。

虽说穆宗并没有在这次意外中一命呜呼，但身体却是再也没有好起来。在这种情况下，有术士建议他服用金石丹药来延年益寿。于是为了长生不老，穆宗和他的父皇宪宗一样，迷恋上了金石之药。处士张皋曾经上疏，对穆宗服食金丹一事提出过劝阻："神虑淡则血气和，嗜欲胜则疾疢作。药以攻疾，无疾不可饵也……先帝信方士妄言，饵药致疾，此陛下所详知也，岂得复循其覆辙乎！"穆宗虽表面上纳谏，实际上却没有停食丹药，以致身体严重受损。长庆四年（824年）正月二十二日，穆宗病死在他的寝殿之中，时年三十岁。

正是因为疯狂游乐、贪生之心太甚，唐穆宗才在大好年华猝然死亡，何其悲哉！

赵匡胤猝死的背后

赵匡胤是一个踌躇满志的皇帝，他登基建立北宋时，中国还没有完全统一，在灭掉南唐之后，赵匡胤希望借着北征的机会，灭掉北汉，实现全国统一的愿望。开宝九年（976 年）八月，他以党进、潘美、杨光义为先锋大将军，兵分三路北上，到十月底，赵匡胤的部队就已经攻到了北汉都城太原城北。

眼看北汉就要覆灭，中国统一大业完成在即，赵匡胤却突然暴毙身亡。关于他死亡的原因，在史册上并没有留下太多记载，只是说他死时五十岁，于万岁殿逝去。作为北宋的开国皇帝，就这样不明不白死去，不能不说是北宋的一大疑案。

于是，关于赵匡胤的死亡便有了许多的说法，其中最为流行的一个，便是"斧声烛影"的传说。不过这个传说也有几个不同的版本。

据传当夜天气不错，满天星斗，赵匡胤便找来他的弟弟赵光义喝酒谈心。不料酒喝到一半，突然狂风四起，突降冰雹，赵匡胤和赵光义便将酒席搬进屋子里继续进行。

当时侍从都在门外等候，屋子里一直亮着烛光，后来侍从们看到烛光下有闪烁的身影，还有斧头砸在地板上的声音。过了片刻，又听到了赵匡胤的呼噜声，等到五更时分，便没了声息，赵光义走出，突然宣布，赵匡胤去世了。

另外一个说法是赵光义对赵匡胤的妃子花蕊夫人垂涎已久。一日，赵匡胤病重，赵光义晚上去探望的时候，赵匡胤正昏睡不醒，赵光义便起了色心，调戏起了花蕊夫人，结果惊醒了赵匡胤，盛怒之下，他拿起斧头要去杀赵光义，不过力不从心，反而被赵光义杀死，夺了江山。

还有一种说法，即赵匡胤被赵光义下毒杀害。兄弟二人从陈桥兵变开始，到创立北宋，一直是互相帮助。作为赵匡胤的得力助手，赵光义一直希望在赵匡胤死后，能继承皇位。但赵匡胤并没有传位给他的意思，反而想传给自己的儿子德芳，于是赵光义就趁赵匡胤出兵北汉的时机，下毒杀害了他，夺取了皇位。

此外有一种说法则为赵光义平反。说是当时赵匡胤在世时，就已经按照母亲的吩咐，决定将皇位传给赵光义，而且他还将诏书放于密室里，这就是所谓的"金匮之盟"。如果是这样，那赵光义根本没必要杀死赵匡胤，赵匡胤应当是因病猝死的。

这种说法有明显的偏袒意味，很可能是史官按照赵光义的意思填写的。若从情理上来说，赵匡胤被杀的可能性更大。赵匡胤去世的时候已经有了儿孙，按照传统的皇位继承习惯，没有传弟不传子的理由。

而且赵匡胤死时不过五十岁，死前还在指挥北征北汉的事，身体丝毫不见有不舒服的征兆，关于赵匡胤的身体状况也没有正式的史料记载，猝死一说难以让人信服。

"斧声烛影"这个故事有着诸多的疑点，赵光义虽然是赵匡胤的弟弟，但自古君臣有别，赵匡胤是否愿意将他留在宫中过夜值得推敲。故事中谈及的斧声，其实就是一柄杖头饰有玉片的金权杖发出的声音，这个东西难以杀人，最大的可能，还是赵匡胤被打算篡位的赵光义毒杀了。

唯一被老婆气死的皇帝

北魏孝文帝拓跋宏一生雄才伟略，功绩显赫，却偏偏在最后被自己出轨的老婆气死。说起拓跋宏来，他也算是吃尽苦头才登上帝位的，皇室中的帝位争夺战十分激烈，虽然拓跋宏最终坐到了龙椅上，但他还要听命于当时的冯太后。冯太后为人精明，善权术，对权力把持得十分严苛。

在冯太后掌权的那些年里，北魏四处安插着她的党羽，而且国计民生也都是冯太后一个人说了算。不过冯太后的管理井井有条，对北魏日后的发展产生了长远的影响，也为拓跋宏日后管理北魏做了一个良好的铺垫。

在拓跋宏长大成人后，冯太后为他娶了皇后，便是冯太后的侄女冯媛。拓跋宏与冯媛一开始感情很好，但冯媛却不知道珍惜，毁了这段感情。说起缘由，跟拓跋宏掌权有关。太和十四年（490年）九月，冯太后死后，拓跋宏掌握大权，他当即开始大刀阔斧地改革。

首先是迁都，将北魏的首都从平城迁往中原洛阳。为了能够顺利迁都，拓跋宏对外说，决定御驾亲征，荡平南齐，统一中国。御驾亲征自然要带着大军和满朝文武了，于是，浩浩荡荡的三十万大军便向洛阳开拔。

等到了洛阳，大臣们想回也回不去了，只得留在中原，拓跋宏顺利迁都。迁都后，他又推行汉化改造，不但衣食住行全部汉化，语言也要学习汉语，但冯媛却不肯这样做，她坚决不说汉语。这件事情让拓跋宏十分恼火，经过几次沟通无效后，他于太和二十年（496年）七月，废掉冯媛的后位，将她降为庶人，在瑶光寺养老。废掉皇后后，拓跋宏很快又选出了新的皇后，便是冯媛同父异母的姐姐冯润。

冯润小名妙莲，当年是和冯媛一起进宫服侍拓跋宏的，她当日之所以没有成为皇后，只是因为她的母亲不是正房。冯润与拓跋宏的感情非常好，但可惜自身有着一种顽疾，是一种传染性很强的皮肤病，为了不被传染，拓跋宏不得不让她远离皇宫。拓跋宏一直对冯润念念不忘，废掉冯媛后，正巧冯润的皮肤病调理得差不多了，拓跋宏便将她接进了皇宫。

冯润早年虽善解人意，知书达理，但她离开皇宫这几年，拓跋宏并不了解她的变化。冯润回宫后，看到当日对自己一往情深的拓跋宏后宫多了许多宠妃，自然无法忍受，她设计除去了拓跋宏身边的妃子，让拓跋宏专宠自己。

可是拓跋宏志在大业，很少有时间陪冯润，时间一长，冯润便寂寞难耐，开始寻觅合适的情郎。她先是找到了一个假太监高菩萨，二人勾搭成奸后，冯润又四处拉帮结派，利用手里的权力四处为自己寻觅更好的情人。

满足了自己的欲望，冯润还要帮自己人做坏事。她的弟弟北平公冯夙一直垂涎拓跋宏的六妹彭城公主，冯润便自作主张让彭城公主嫁给自己的弟弟。彭城公主不从，便逃离洛阳，去向在前方作战的拓跋宏告状。

听到皇后如此胡作非为，拓跋宏自然是非常生气。正巧那时他因为劳累过度，疾病缠身，冯润的事情更让他病情加重。班师回朝后，拓跋宏便处置了冯润，将其关押起来。一直到几年之后，拓跋宏因为久病未愈，即将离世之前，才下令将冯润赐死。

不过拓跋宏十分念旧情，仍以皇后身份厚葬冯润，没败坏冯家的名声。但从某种角度来讲，拓跋宏的早逝，与冯润的胡作非为有着一定的关系，正是冯润的出轨，使得拓跋宏心情郁结，疾病恶化，最终病逝。

成吉思汗猝死六盘山之谜

一代枭雄成吉思汗，带领蒙古族人四处征战，是一个拥有雄图霸业的征服者。毛泽东称赞其为"一代天骄"。然而如此伟大的征服者，在他死后也给后世留下了许多未解之谜。其中，最大的历史悬念就是成吉思汗到底是怎么死的。

公元 1226 年，成吉思汗亲自率十万大军进攻西夏。公元 1227 年正月，蒙古军队包围了西夏都城中兴府。同年六月，成吉思汗到六盘山去避暑。西夏都城中兴府发生了强烈地震，房屋倒塌，瘟疫流行，粮食也没有了，西夏国不得不向成吉思汗投降。然而就在西夏投降后，成吉思汗却猝死在六盘山。

据明太祖朱元璋称帝后下诏修改的《元史》记载："（公元 1227 年）秋

七月壬午，不豫。己丑，崩于萨里川哈老徒之行宫。"但是，这些文字看似言简意赅，实则语焉不详，因此后世一直不知成吉思汗到底是怎么死的。关于成吉思汗的死因，后世大概有四种说法，且多与西夏有关。

一是"坠马说"。这一说法是几种说法中最为人所知的。据蒙古国官修的《元朝秘史》记载，1226年秋天，成吉思汗带着夫人也遂去征讨西夏国。冬季时，在一个叫阿儿不合的地方打猎。不想骑的红沙马被一匹野马惊着了，导致没有防备的成吉思汗坠落马下受伤，当夜就发起了高烧。于是也遂便询问随从的将领该如何是好，有人建议反正西夏城池都在，一时半会儿也跑不了，干脆回去养伤，等好了再来攻打。但是成吉思汗十分要强，害怕被西夏人笑话，加之正好西夏一个叫阿沙敢不的大臣讥笑他，成吉思汗听后，更加不愿退兵，遂挺进贺兰山，将阿沙敢不灭了。但此后，成吉思汗的伤病一直未好，反而加重，到1227年农历七月十二日终究病死了。

二是"中毒说"。这种说法来源于《马可·波罗游记》。马可·波罗是十三世纪的意大利商人，于1275年到达中国，和元朝有十七年的交往。在其游记中他这样记叙：成吉思汗在进攻西夏围攻太津（今吉州，古要塞）时，膝部不幸中了西夏兵士射来的毒箭。结果可想而知，毒箭攻心，伤势益重，成吉思汗一病不起。但是民间对"中毒"却有另一种说法：成吉思汗是让被俘虏的西夏王妃古尔伯勒津郭斡哈屯在陪寝时下毒害死的。

三是"被刺说"。这种说法与上面被俘的西夏王妃有关。说这位王妃在陪寝的时候，趁成吉思汗放松警惕，刺死了他。这一说法源于清康熙元年（1662年）的《蒙古源流》。此书是蒙古喀尔喀部亲王成衮扎布进献给乾隆皇帝的礼物。乾隆命人将其译为满、汉两种文本，并题书名《钦定蒙古源流》，收入《四库全书》。应该说，这一说法也具有很高的可信度。

四是"雷击说"。出使元朝的罗马教廷使节约翰·普兰诺·加宾尼在其所写文章中透露，成吉思汗可能是被雷电击中身亡的。"在那里却有凶猛的雷击和闪电，致使很多人死亡。"因为这原因，蒙古人很怕雷电。南宋彭大雅所著《黑鞑事略》记载："鞑人每闻雷霆，必掩耳屈身至地，若躲避状。"但是这种说法并没有直接的证据。

明末后宫三大悬案

"明宫三案"悬而未解，成为历史上的疑案。"明宫三案"指："梃击案""红丸案"和"移宫案"。

"梃击案"的"梃"就是木棍，"梃击"就是以木棍打人。这个案子之所以能成为明末的疑案，记入史册，是因为打的这个人不是普通人，而是皇太子，他就是万历皇帝的长子朱常洛，下一任皇位的继承者之一。

朱常洛的母亲是名宫女，万历皇帝并不喜欢她，所以，朱常洛也得不到万历的喜爱。虽然他比朱常洵年长，理应被立为太子，但因为朱常洵是万历皇帝宠爱的郑贵妃所生，万历想将朱常洵立为太子，不过怕违反祖制，又受到朝臣的反对，万历皇帝便迟迟没有立太子。

在群臣的压力下，朱常洛直到万历二十九年（1601年）二十岁才被立为太子，但他依然处在阴影之中，怕被万历废除。就这样战战兢兢生活着的朱常洛，在万历四十三年（1615年）五月初四日经历了"梃击案"，这一年他三十四岁。

那天傍晚，蓟州男子张差手拿木棍，从东华门直奔内廷，打伤守门的太监，闯入太子居住的寝宫，直到前殿才被捉住。后来万历命人审理此案，张差居然供出，是郑贵妃手下的太监庞保和刘成命令他去打太子的。

案情一下子便牵扯到了郑贵妃，为求自保，郑贵妃找到皇太子朱常洛号啕大哭，请求太子宽恕。因为郑贵妃是自己父亲的宠妃，朱常洛没敢深究，不过是把张差处死，把两个太监庞保和刘成在内廷秘密打死，将此事草草了结。案子虽然结了，这看似是皇帝的家事，但实质上是国事，反映出了当时的政治斗争，到底这攻击太子的人从何而来，是否真的就是郑贵妃派的人，谁也说不清楚。

这件事情始终疑云重重，但一波未平一波又起，在"梃击案"之后，又发生了"红丸案"。万历四十八年（1620年）七月二十一日，万历皇帝病死。太子朱常洛终于继位，他改国号为泰昌，减轻赋税，大赦天下，还为军队补发军饷，一时之间，朝野感动。

本以为新皇帝会有大作为，但没想到朱常洛才登基十天，便一病不起了。朱常洛病重，御医为他多次诊断，却没有起色。据说朱常洛得的是急性胃肠炎，一天要腹泻好几十次，后来，鸿胪寺丞李可灼自称有仙丹妙药，朱常洛就派人将他叫到宫里。

李可灼诊断了一番，就给朱常洛吃了一颗红丸，此丸药据说是能治百病的灵丹妙药，是李可灼的心头最爱。这番话听起来有些虚假，但吃过红丸的朱常洛，病情的确是有所好转了。于是，为了巩固药效，到了下午的时候，他又吃了一颗红丸，结果第二天却死了。继位一个月的朱常洛因为吃了两颗药丸，莫名其妙地死掉了，死因一时之间扑朔迷离，这个因"红丸"引发的宫廷案件，史称"红丸案"。

朱常洛的突然驾崩引得朝野上下议论纷纷，有人说是吃红丸死的，有人说是劳累过度死的，还有人说是纵欲过度死的，总之争争吵吵，一直争吵了八年，成为明朝的第二大后宫疑案。

泰昌帝尸骨未寒，又发生了"移宫案"。

朱常洛死后，长子朱由校继位，那年他十六岁。所谓"移宫"，便是从一个宫殿搬到另一个宫殿，前后分为两个阶段，即"避宫""移宫"。

"避宫"是朱由校为了夺回皇权，与西李进行的一场争夺住所大战，朱常洛有东李、西李两位选侍，朱由校被托付给西李选侍照管，西李为了利用朱由校年幼的机会把持政权，要求他与自己同居乾清宫，但朱由校不同意。最后西李被迫迁移至哕鸾宫，而朱由校则前往乾清宫举行即位仪式。这就是后来的"移宫"之说。

"明宫三案"——梃击案、红丸案、移宫案，牵涉到了万历、泰昌、天启三代皇帝，是宫廷斗争引发的朝堂之争，这三件案子加速了宦官专权，还成为党争主题，令整个大明朝廷乌烟瘴气，一步步走向坟墓深处。

因藏私房钱而丢掉性命的皇帝

1627 年，明思宗崇祯皇帝朱由检十七岁受遗命继承皇位。即位初年，崇祯帝为了减省国库的开支，便下令大幅度地裁撤边防驿站、免官税。他带领全国上下进行了一场轰轰烈烈的勤俭节约大运动。

作为倡导人和带领人，崇祯皇帝起到了很好的带头作用，衣服破了舍不得换新的，让宫女缝补一下接着穿，以至于有一天他在听讲官讲书时，觉得内衣的袖子破损不堪，有损颜面，便不得不时不时地将袖子塞回去掩饰一下。皇帝一般吃的都是山珍海味，喝的是琼浆玉液，崇祯皇帝却是家常便饭，十分简朴。但就是这样一位事事从简的皇帝，私藏的小金库数目却非常惊人。

甲申年（1644 年）正月，李自成起兵后，在西安建立了政权，随后便有无数百姓蜂拥而至投靠他，不多时便召集了百万人马。李自成带着这百万大军攻陷了平阳和太原后进逼北京。面对声势浩大的起义军，崇祯皇帝慌了手脚，他当时赶忙召见了吴三桂的父亲吴襄等户部、兵部的要员们，商量如何将关外的吴三桂调入关内。

面对恐慌的崇祯，吴襄先给他算了一笔账：如果要调吴三桂入京来保卫京城安全，就需要一百万两白银作为军费。但国库空虚，账面上显示的银子只有四十万两，远远低于需求。所以，他恳请崇祯慷慨解囊，从自己的小金库里拿出部分银子，当作军费，以解燃眉之急。

但令所有大臣没有想到的是，崇祯皇帝居然拒绝了这个请求，他不愿意拿钱出来去做这护国护家的大事。满朝文武全都上疏恳求，希望崇祯皇帝拿出自己的皇银内帑以充军饷，但崇祯却向大臣们哭穷道："内帑业已用尽。"

皇银内帑，也就是皇帝的私房钱，对于节俭的崇祯皇帝来说，让他拿出自己辛辛苦苦积攒的银子来当作军饷，无异于剜他的肉，喝他的血。军饷窟窿巨大，但国库没钱，崇祯又不愿意自己掏钱，在这个六十万两白银的偌大资金缺口上，崇祯动起了歪脑筋，他想让大臣们出这笔钱。

为了起到表率作用，他决定率先做好榜样。他派太监徐高通知周皇后之父、国丈嘉定伯周奎，让他捐十万两白银，表示皇室出钱了。

谁知这位岳父也不肯伸出援手，声称自己没有钱，两厢僵持不下，最后还是太监徐高站出来说了句公道话："老皇亲如此鄙吝，朝廷万难措手，大事必不可为矣。即广蓄多产，后来何益？"

一个太监都明白朝廷危难近在眼前，作为皇帝的岳父应当勇敢承担起责任来，这不但是为皇帝解围，也是为了天下大事，一旦起义军攻入，即便有再多的银两，也是于事无补，还不是会落入起义军的腰包？

话都说到这个份上了，周奎无奈之下只好答应拿出一万两银子。万事开头难，既然有人开了头，那接下去就好办了。看到皇帝的老丈人都捐钱了，其他人也不好意思不掏腰包，于是各家都拿出几百几千两来用作军饷。

不过，虽然这军饷东拼西凑了一些，但吴三桂却迟迟没有来解救崇祯，反而做了清廷的内应，令大明王朝颠覆于一夜之间。李自成攻占了北京，他从崇祯皇帝的宫内搜出了许多白银。

这些白银的具体数额在工部员外郎赵士锦的《甲申纪事》一书中曾提

到过："贼载往陕西金银锭上有历年字号，闻自万历八年以后，解内库银尚未动也。银尚存三千余万两，金一百五十万两。"

崇祯皇帝在明朝灭亡前还对着文武百官感伤道："吾非亡国之君，汝皆亡国之臣。吾待士亦不薄，今日至此，群臣何无一人相从？"

也许崇祯想不通为何自己对待旁人不算薄情，却笼络不到人心，但从他藏私房钱这件事情就可以窥得其吝啬一二吧。

雍正帝暴死之谜

公元 1735 年一个清冷的早晨，清朝皇帝雍正突然暴死在圆明园离宫中。

关于他的死因，始终笼罩着一层神秘的色彩，雍正刚驾崩时，京师中便谣言迭起，猜测纷纷，后世对其死因说法各异，终成一大奇案。综合各家观点，对雍正之死有三种解释。

一是正常死亡。官方记载说雍正是忽然发病身亡。作为第一手资料的《起居注册》中是这样记载的："八月二十一日，上不豫，仍办事如常。二十二日，上不豫。子宝亲王、和亲王终日守在身旁。戌时皇上病情加重，急忙在寝宫发布遗诏给诸王、内大臣及大学士。龙驭上宾于二十三日子时。由大学士宣读朱笔谕旨，着宝亲王继传。"由以上史料看，雍正的病应当是一种急症，有人推测雍正可能是中风而亡。

二是被刺身亡。这也是民间最广为流传的一种说法。例如《清宫遗闻》《清宫十三朝》等记载说吕留良的孙女吕四娘刺杀了皇帝。传说吕留良的孙女四娘以宫女身份混入皇宫侍奉皇上，伺机行刺。还有传说四娘在吕案发生后逃亡外地，四娘练就一身功夫潜入宫内，以飞剑砍去清帝脑袋。还有传说除四娘外还有一位名为鱼娘的女子做帮手。

虽然这些仅为传说，但即使下笔谨严的学者，在提到世宗死时，也会提及这些传闻。有人认为行刺之说纯属谣言，并举出例证。1. 吕案发生后，其家人皆受罚，无漏网之鱼。2. 四娘根本不可能混进宫。吕氏的孙辈在宁古塔成为奴隶，犯大罪的人犯多是这种下场，所以四娘不可能混入宫内。3. 圆明园内戒备森严，设护军营，一个女子根本不可能飞檐走壁，穿过昼夜的巡逻和森严的戒备，轻易地就进入寝宫，刺杀皇帝。因而，雍正遇刺身亡的说法便受到了一定的质疑。

于是就有了第三种说法，认为雍正是服丹药中毒而亡。这能从宫中档案等资料中推出结论。雍正生前崇佛信道，迷信鬼神，"所交多剑客力士"，在宫中也曾蓄养了一些僧道异能之士，甚至于结交为兄弟。雍正从雍正四年（1726 年）开始服用道士炼制的既济丹，雍正八年（1730 年）得大病后，又命道士为他炼制丹药疗疾，及至雍正十三年（1735 年）八月，他传旨在圆明园用牛舌头黑铅二百斤炼煮丹药。照这种情况看，很有可能是由于丹药中有毒成分在体内长期积聚，或者是那两百斤牛舌头黑铅，使雍正帝中毒死去。

上述这些都是可以找到佐证的。首先，雍正死后第三天，乾隆登基后忽然下谕旨将炼丹道士驱逐出宫。让人疑惑的就在这里，新君刚登基，尚有众多事务待理，为什么急于驱逐数名道士呢？乾隆还说其父视僧道如俳优，未听一言，未服一药，这显然在为父亲辩解。如果雍正不信道，不服药，宫里的道士和丹药是如何而有？他又说这几个道士早就该受驱逐，但为何世宗容忍他们在宫中？乾隆如果为的是崇正道、黜异端，就应该加以排斥，然而他却沾沾自喜地称："朕崇敬佛法……仰蒙皇考嘉奖，许以当今法会中，契超无上者，朕为第一。"而且，还善待超盛、元日两僧，让他们来京瞻仰梓宫。

其次，乾隆在雍正死的同日，另下谕旨告诫内监、宫女不许妄行传说国事，"恐皇太后闻之心烦"，"凡外间闲话，无故向内廷传说者，即为背法之人"，"定行正法"。明显可以看出来此事与世宗横死有关，否则为何皇太后闻外间闲话会心烦？

雍正帝的死因因各种流传而蒙上了神秘的面纱，变得更加扑朔迷离，让人难辨真假。看来，雍正的死还会继续引起人们探讨的兴趣。

同治帝死因之谜

同治皇帝，是叶赫那拉氏（慈禧）于咸丰六年（1856 年）所生。同治六岁时登基称帝，同治十二年（1873 年）亲政，却于同治十三年十二月初五日，即 1875 年 1 月 12 日病逝，此时距其亲政时间不到两年。对于同治的死因，朝野上下说法各异，至今仍然是个谜。

有人说同治是死于天花。翁同龢是同治的授读师傅，曾多次奉两宫太后之命前往探视。他在日记中记录下了亲眼看见的同治帝的病情："十一月初二日，入至内务府大臣处，……见御医李德立、庄守和脉案言：天花三日……"又记："初八日，伏见天颜，……花极稠密，目光微露。"就在同治帝病逝当月，慈安太后之女也因患天花而死于宫中，说明当时宫内确实流行天花病毒，同治帝不幸感染，不治身亡。近来，学者在清代档案中发现了属于清代皇帝脉案档簿的《万岁爷进药用药底簿》，查阅了自同治发病来，召御医李德立、庄守和入宫请脉的脉案、处方及服药记录，肯定同治帝是死于天花无疑。

这些记载只是宫廷里的片面记载，而民间的传闻大多却说同治帝是死于梅毒。在一些正规学术著作里都记载着同治帝微服出宫，嬉戏游乐，甚至出入烟馆妓院的故事，如萧一山所著《清代通史》中就有同治因出游而患梅毒终致死亡的记载。

据记载，同治帝十分敬爱端庄娴静的阿鲁特氏皇后，但慈禧太后不喜欢阿鲁特氏。因为皇后文静、不爱热闹，每次看到男女私情，则面壁而坐。慈禧本来对皇后就不满意，这样就更加不喜欢她了。皇后多次受责怪，依旧我行我素，慈禧便觉皇后故意不给她面子。而皇后对同治帝则是笑脸相迎，慈禧更认为她狐媚惑主，于是限制同治帝宠爱皇后。加之慈禧特别喜欢侍郎凤秀的女儿，强迫同治宠爱她，想册立其为皇后。可是凤秀的女儿人虽漂亮，举止却特别轻佻，因此同治帝不喜欢。在生母慈禧的干预下，婚姻不幸福的同治与太监佞臣常常微服外出寻花问柳。但同治怕臣下看见，不敢去京中较大的妓院名楼，专门找隐蔽的小妓院、暗娼等处。起初，人们对他的身份毫无所知，后来知道了也佯装不知。一些王公大臣注意到同治帝的这种行为，屡次劝谏却毫无成效。

同治染上梅毒后，开始时毫无察觉，后来脸面、背部显出斑点，才召太医诊治。御医一见大惊，不知如何是好。慈禧却传旨，向外界宣称皇上只是染上天花。御医们畏惧慈禧，于是按照出痘的医法开药，自然没有效果。皇帝龙颜大怒，问道："为何不按我的病医治我？"太医回奏："太后命之。"而且《翁同龢日记》中记载说："风声过大，且非两宫圣意。"同治愤恨不已。梅毒在当时是绝症，以天花治之，显然是为了掩盖丑闻，以免丢皇家脸面。所以同治后来就日益病重，下部溃烂而死。

虽然这些传闻的真实性还有待考证，但这些传闻传扬甚广，而同治帝又死得可疑，因此许多人怀疑他死于梅毒也就不奇怪了。

同治究竟是死于天花还是死于梅毒？上面的两种说法各有各的来源，各有各的道理，让人难以辨别是非真假，遂成清宫又一疑案。

光绪死因之谜

公元 1908 年 11 月 14 日，光绪帝突然"驾崩"于北京中南海，死时年仅三十八岁。11 月 15 日，掌控晚清政权达半个世纪之久的慈禧太后死在中南海仪鸾殿内，终年七十四岁。皇帝和太后一前一后死亡，相隔不到二十小时，轰动北京，震动中国。

光绪皇帝的死亡很不寻常，他年仅三十八岁，正当盛年，虽然从小身体羸弱，但并无性命之忧。最让人感到疑惑的是，光绪恰恰死在慈禧死的前一天，这惊人的巧合不得不让人怀疑，是慈禧从中作梗。

关于光绪帝的死因，历史上有许多不同说法，但大都与慈禧太后有关。

说法之一：慈禧知道自己将不久于人世，害怕自己死后光绪皇帝重新掌权，推翻自己的历史，于是派人毒死了光绪帝。这是最常见也是后人最认可的一种说法。据传清末名医屈桂庭多次给光绪帝看病，他在回忆录中说："光绪临死前三天，在床上不停地翻滚，并且不停地大叫，'肚子疼得不得了'。脸色发暗，舌头又黄又黑，明显是中毒症状。"根据这种说法，光绪是被毒死的，最大的嫌疑人是慈禧太后，她掌控政权，又严密控制光绪帝，为保政权最可能下毒。

说法之二：袁世凯曾在戊戌变法中出卖光绪帝，他怕慈禧死后，光绪报复自己，于是通过太监用剧毒药物害死了光绪帝。据末代皇帝溥仪回忆："我亲耳听到一个伺候光绪帝的老太监讲：'光绪帝死前一天，只是用了一剂药，才变坏的。后来才知道这剂药是袁世凯送的。'"

说法之三：太监李莲英胡作非为，罪恶滔天，在得悉光绪帝的日记中载有西太后死后将诛袁世凯和他的消息后，与慈禧一起毒害了光绪。

说法之四：光绪帝体质虚弱，据医学专家根据光绪帝生前的病历，结合当时的历史背景和现代中医学理论，推断光绪帝是因为严重肺结核病加上其他并发症而死的。

说法之五：光绪帝从小身体虚弱，而且肾病严重，他从年少时起就受慈禧的压制，长期生活在紧张之中，又遭受一连串的挫折和打击，导致病情逐渐加重，引起一系列呼吸道、消化道等并发病症，最后病亡。

然而，猜疑归猜疑，流言归流言，谁也无法提供光绪被害的确凿证据，究竟哪一个说法更接近于事实呢？光绪帝的确切死因到底是什么呢？史学界关于光绪死因的辩论从未停止，怀疑谋杀说和正常死亡说几经交锋，却一直没能形成学术定论。因此，光绪的死因似乎成为历史上一个无法破解之谜。

时间进入二十一世纪，随着科技的发展和考古工作的进展，光绪帝死因终于在他死后百年之际得到破解。科学家通过提炼光绪帝头发中的元素含量，经过科学测算，发现他摄入体内的砒霜总量明显大于致死量。

后来，又按照规范的法医检验要求和方法，提取了光绪遗骨及衣物样品测试，结果肩胛骨、脊椎骨和每件衣物的胃区部位、系带和领肩部位的含砷量很高；内层衣物的含砷量大大高于外层。再对光绪棺椁内、墓内物品和陵区水土等进行对比实验，结果表明光绪头发上的高浓度砷物质并非来自环境沾染。最后他们得出结论：光绪头发上的高含量砷是由光绪身体内含有高浓度砷的物质沾染所形成的；大量的砷化合物曾存留于光绪尸体的胃腹部，尸体腐败过程进行再分布，侵蚀了遗骨、头发和衣物。而砷化合物也就是剧毒的砒霜。因此，专家认为，光绪帝死于砒霜中毒。

可以肯定的是，光绪帝是被下毒谋杀的，那么谋害他的最大犯罪嫌疑人就是慈禧。光绪帝与慈禧太后之间积怨太久，仇恨太深，早已到了势不两立，有我无你、有你无我的地步。慈禧曾多次想害死光绪帝，慈禧极为害怕自己死后，光绪报复她，让她死后不得安宁、死不瞑目，所以她可能预先设计毒死了光绪。

光绪帝在死亡前一天，向全国发布诏令，命令各地总督巡抚寻找名医名方，推荐进京，为自己治病。这件事起码说明了两点，一是皇帝这时非常清醒，不像一个意识模糊的人；二是皇帝对治好自己的病充满信心。但是就在第二天突然死了，令人感到奇怪。

让人奇怪的是，就在同一天，朝廷以光绪帝的名义发布了两道诏令。第一道命醇亲王之子溥仪，在宫内教养，并在上书房读书。第二道授溥仪之父载沣为摄政王。光绪帝早已无权力，不可能任命自己的接班人，那么最有可能下这道命令的人就是慈禧。慈禧一定要光绪帝死在她之前。果然，诏令下达第二天，光绪驾崩。第三天，慈禧也驾鹤西去了。

　　当然，这只是光绪中毒最大的可能性，下毒之人或许永远也不能确定，因为一切关键人物都已经不在人世了，但是，有一点是可以确定的，那就是谋害光绪帝的阴谋一定与慈禧有关，最大嫌疑人就是慈禧。

第三篇

龙椅上的奇闻

不当帝王当和尚

不当帝王当和尚，听起来有些不可理喻，但古代还的确就有这么几位皇帝，脱下龙袍，换上僧袍，走下殿堂，走进庙宇。

身为一国之主，先后几次舍身佛寺为奴，再由臣僚用高价"赎"出。这种咄咄怪事的主角，乃是梁武帝萧衍。

萧衍，兰陵（今常州西北）人，501年发兵攻入建康（今南京），灭齐建立梁朝。他原来信奉道教，但称帝三年后，便下诏宣布自己舍道事佛。他广建佛寺，仅京城建康一处，寺院就多达五百余所，僧尼十万余人。他本人也被称为"皇帝菩萨"。

527年，萧衍到建康当时最大的、僧侣有数千人的同泰寺进香，忽然脱下龙袍，当起了和尚，说是舍身佛寺，为国家祈福。不过，三天后，他灰溜溜地回去了。

此后不到两年，萧衍第二次舍身同泰寺。他对大臣们的哀求置若罔闻。两个多月后，大臣们终于明白皇帝的心意：给同泰寺捐钱。于是，大臣在捐钱一亿万后，把他"赎"了出来。

再后，萧衍又去"舍身"了两次，每次都以身价一亿万钱让大臣"赎"回来。

546年，年近八十岁的萧衍又进了同泰寺去讲《三慧经》。这回是白天讲经，晚上回宫。一个月后，同泰寺着了一场大火，庙里的泥像和佛像画都被烧光了。

颇具讽刺意味的是，佛祖并没有保佑这个虔诚的弟子。548年，叛东魏降梁的侯景发动兵变，第二年，梁武帝在饥饿和疾病中凄凉地死去。

历史上，当过和尚的皇帝如梁武帝、明太祖，是众所周知的事。据说，还有一位鲜为人知的皇帝，那就是唐宣宗李忱。他究竟是否做过和尚，至今仍有争论。

唐宣宗较有作为，有"小太宗"之誉。野史载，李忱是唐宪宗李纯的小儿子，因为有才能，深遭他那两个做皇帝的侄儿唐文宗、武宗的妒忌。唐武宗登基后，曾派人将光王李忱抓来，浸在厕所里。有个叫仇公武的宦官借口已杀死光王，而将其送出皇宫。李忱削发乔装为僧，最后在浙江盐官（今浙江海宁）镇国海昌院（今安国寺）当了一个小沙弥，方丈齐安还替他取名为琼俊。几年后，武宗病死，李忱返京当了皇帝，他不忘方丈恩德，遂赐方丈以悟空大师的谥号，并将禅院扩建，改名为齐丰寺。

据康熙时《海宁县志》说，齐安亦系"帝子"，自幼落发为僧，为唐末一代宗师。李忱与齐安密切，缘本深远。

也有学者认为，唐武宗曾进行灭佛运动，引起僧人的愤恨。宣宗即位后，重兴佛教，这些僧人感激不尽，大造舆论，编出此事。

正史中也有些蹊跷。比如在《旧唐书》中就记载有宣宗为光王时为了避祸假装痴呆，文宗、武宗常常在宴会上把他当作笑料等语句。接着又云："宣宗皇帝器识深远，久历艰难，备知民间疾苦。"让世人产生疑问：此话从何而来？武宗病死不几日，唐宣宗便即位，时间仅相隔十余天，宦官们为何那么容易就将他找到？此外，宣宗恩怨分明，他即位后，为何不对武宗进行任何报复？

如此看来，唐宣宗是否当过和尚一事，仍需一番探究。

这些皇帝放着好好的龙椅不坐，为啥非要去打禅问佛？其实他们并非是真心向佛，不过是为了满足自己的私心。

历史上其实有三位女皇帝

在人们的记忆中，中国历史上第一位女皇帝就是武则天，她在位时，继贞观之治，启开元盛世，政绩斐然，一生唯我独尊、敢作敢当，死后又为自己立了一块没有任何文字的"无字碑"。这些都给我们留下了深刻的印象。

但严格说起来，武则天只能位列第三。那么，前两位会是谁呢？

历史上第一位女皇帝是北魏孝明帝的女儿元姑娘。元姑娘即位时还是个女婴，她的登基完全是她的祖母——宣武帝之妃、孝明帝之母胡太后一手安排的。

幼主孝明帝登基后，胡太后则母以子贵被尊为太后，并因孝明帝年幼而临朝听政。胡太后在政治上恣意专权，生活上又十分淫乱，引起朝臣不满。侍中元义、中侍刘腾等曾将胡氏幽禁于北宫。后来，胡氏重新临朝听政，更加肆无忌惮，"为四方所秽"，当然也引起孝明帝的不满，于是母子之间嫌隙屡起。

据《北魏后妃》记载，公元 528 年，孝明帝之妃生下一个女儿，当时胡太后谎称生了一个皇子，并设计毒死了明帝，拥立"皇子"为帝。几天后，胡太后又忽然宣布襁褓皇帝原来是个女婴。当然，出尔反尔都是为了宫廷斗争的需要，元姑娘只不过是胡太后手中的一枚棋子。小女婴虽然只做了几天的皇帝，但是，却是中国历史上第一个女皇帝。

第二位女皇帝是陈硕真，浙江睦州青溪（今浙江淳安）人，自幼父母双亡，和一个妹妹相依为命，历经风风雨雨，尝尽人间辛酸苦辣。

当时，唐高宗即位，由于唐太宗统治后期奢侈之风盛行，劳民伤财，使部分地区的百姓受到了较重的剥削和压迫。青溪位于今天浙江西北部，这里山高谷深，物产十分丰富。正因如此，统治者对其也格外关注，搜刮无度，使得这一地区的百姓负担十分沉重，怨声载道。

有一年，当地发了大洪水，百姓们流离失所，民不聊生。陈硕真看在眼里，急在心里，于是，她不顾自己的安危，毅然打开东家的粮库救济灾民，不料被管家发现，打得她死去活来，当夜被乡人救出，逃入山中隐蔽起来。

在此之后，当地百姓不断听到有关陈硕真"得道成仙"的传言，她的亲戚也到处宣传陈硕真已经成仙从天界重回人间，现在法力无边，变幻莫测，能够驱使鬼神。于是，乡民们都寄希望于她能为民除害造福。

永徽四年（653年）十月初六夜，她率领民众在淳安田庄里举行起义，乡人纷纷响应，起义队伍迅速扩充到万余人，陈硕真自立为"文佳皇帝"，带领百姓连续攻克桐庐、睦州等地，并逼近歙州、婺州，对封建统治者造成威胁，一时间威名大震。

朝廷闻讯后，即派扬州刺史房仁裕带兵前往镇压，婺州刺史崔义玄也赶紧征集兵力对起义军进行打击。由于义军缺乏实战经验，几经浴血奋战，死伤无数，最终全军覆没。

陈硕真从起兵到兵败身亡，不过一个多月时间，但是震动东南，影响极大。她自称皇帝，在中国历史上还是第一次。她被我国著名历史学家翦伯赞评价为"中国历史上第一位女皇帝"。

按历史时间推算，当时武则天还是唐高宗的昭仪。陈硕真自立皇帝的第三年，武则天才被立为皇后。一直到公元690年，武则天才自称"神圣皇帝"，改国号为周，所以只能是位列第三。但是她掌握了政权，并且在位整整十五年的时间，所以，她是中国历史上"标准"的女皇帝。

朱元璋和慈禧的形象塑造

故宫南薰殿中，共收藏了历代皇帝、皇后肖像七十五幅，其中画像最多的是明太祖朱元璋，他一人就有十三幅。让人迷惑不解的是，这些画像一种相貌堂堂，另一种丑陋不堪。朱元璋到底长什么样呢？

朱元璋出身草莽，又当过和尚，其长相如何在民间有多种版本。传说他额头和太阳穴隆起、颧骨突出、长下巴、大鼻子、粗眉毛、金鱼眼、满脸麻子等。甚至有传说他曾召集三名画师为其画像，前两位据实画像的画师都为他所杀，第三位在形似的轮廓上刻意美化才博得朱元璋欢心。

民间朱元璋画像中，常有阔长宽广的大嘴巴，有些甚至比例不当地在其脸上画上斑点，以突出民间传说的"三十六颗红麻子"。这些画像线条粗陋，有的服饰冠带不合明朝规制，显然是民间艺人的信手涂鸦之作。

真正的朱元璋长相极有可能是面貌一般但有些特征较为独特，譬如大嘴巴等让人印象深刻。民间画像只不过夸大了这一特征而已，就像现代人的漫画。

有学者虽然认同民间传说的"脸面有皱纹而痘点斑斑，颚部突出"，但也对民间丑化朱元璋的那些画像表示了质疑，认为那些画像是基于画师的故意丑化，提出"太祖和其他皇帝一样英俊"。

从故宫所藏历代明朝皇帝的长相看，从成祖到崇祯皇帝面貌大抵相若，而他们和故宫所藏的朱元璋像也都有几分相像。从明朝世系相传的面貌特征看，朱元璋并非丑得吓人。

统治者都想给后人留下一个好印象。朱元璋不愿意自己在后人眼中成为一个丑陋的皇帝，而慈禧也不愿意被后人认为是一个凶残霸道的人。慈禧人前的一些举动，说明了她这个心理。在一些侍从的描述中，慈禧不但是一个有血有肉的老太太，而且对身边的人非常照顾。

河南永城人苏勋丞曾在皇宫站岗，慈禧和光绪外出时，也跟随保驾。

他曾回忆过关于慈禧的几件事：

一个冬夜，苏勋丞和另一名士兵在宫内站岗，此时已是夜里 11 点左右，是慈禧进夜膳的时候。天刮着寒风，他们感到又累又饿。没想到，两个宫女奉慈禧之命，给他们端来了馒头和肉。

1903 年冬季的一天，宿卫营的士兵们将外省进贡的鲜蜜桃抬往万寿宫后，列队觐见慈禧。当时，士兵们都穿大号夹制服，为了美观，一律将棉袄塞在裤腰里。慈禧就问：张勋哪，大兵怎么没穿小棉袄呀？张勋赶紧说：回老佛爷，兵士的棉袄穿在里面呢。慈禧似乎不太相信，就向苏勋丞胸前夹制服里面摸了摸，摸到了棉袄才算数。

一次，苏勋丞与一名叫王保清的士兵在皇极殿东边站岗，慈禧路过，站在王保清面前，问王的姓名、籍贯、家中人口等。听完回答后，慈禧用怜惜的口吻说：可怜你们这些孩子，抛家舍业地保护咱家，好好地干，将来给你们个官做。

慈禧和光绪出宫时，銮舆卫轮流换班，抬一里轿后，可以骑几里马，士兵们则往往跑得汗如雨淌。但光绪为了赶路，总是拍着轿子，一个劲地催促。1902 年夏天，慈禧和光绪去东陵，士兵们跑得太久，相继晕倒了一些人，光绪见此情形后，乐得拍手大笑。到了东陵后，慈禧便对光绪大加申斥，谴责他不知下人甘苦。

除了朱元璋和慈禧，其他历代的统治者也希望以一个完美英明的形象流传后世，但历史会给出一个公正的评价。

最忙碌的皇帝的日程安排表

明朝的永乐皇帝朱棣，于 1424 年驾崩，他自从 1402 年登基以来，在 8062 天的在位时间里，一直都是处于忙碌的工作状态，从未浪费过一天。从 1423 年 2 月 23 日这天的日程安排，便能看出永乐大帝的生活形式和内容。

四更的时候，朱棣起床，然后开始沐浴更衣，让人梳理他的头发，修剪他的胡须，随后便喝点茶，吃点司礼监掌印太监监督下的厨师所准备的早斋。这一天作为国家祭祀的日子，朱棣必须十分隆重而庄严。

早餐之后，朱棣会在奉御净人的协助下，穿上他的服饰、头饰、围巾、龙袍，还有尚衣监特别裁制的鞋子。当一切准备妥当之后，他就要前往华盖殿举行早朝，但在这祭祀即将来临之际，他只需要在奉天门举行小型的早朝就可以了。由十二个人高马大、身体强壮的太监护驾，朱棣进入一顶黄色的皇轿之中。

一路往南，前往奉天殿，而文武百官早已排成一条直线，在那里等候多时了，当五更的鼓声减弱到听不见的时候，早朝便开始，伴随着仪式而行的叩头举行完毕，就会有一位司礼官员大声宣布朝会结束。

这时的朱棣要继续向南前行，进入五凤楼围绕的巨大午门里，在其中的一间休息房内脱掉他的晨袍，穿上一套特别为祭祀典礼裁制的华丽服装。然后再走出午门坐上龙车，继续向南走，走向祭祀的地方。

一路上会有典乐官演奏许多队列的进行曲，直到朱棣进入大明门，从正阳门一路前往梯形的天坛，走到最上方的露台上，那里摆放着代表风、云、雷、雨、山川诸神的牌位。还有一些容器，盛放着酒和食物，这是祭祀品。

当号角、鼓和二十三种其他的乐器共同奏起，形成一种庄严的韵律时，祭天献礼大典便正式拉开帷幕了。当这些繁文缛节通通结束后，便从祭祀地返回宫中，朱棣会在文华殿下轿子，进入御药房。

这时便马上会有两名御医为朱棣把脉诊断，象征性地问他几个问题，然后进行传统的"望、闻、问、切"诊断。最后开出一些药方，在看守的严密注视下，那些司药人员开始抓药配药，然后煎药。

当药熬好后，由一位御医和一位太医分别喝下一碗，很长一段时间过后，朱棣才能喝到这碗本该是他喝的药。用过药后，朱棣会进行短暂的午休，午休完毕，朱棣就会进入御酒房用午餐。

正午时分，朱棣会在右顺门举行午朝，事无巨细地处理国家大事。这场朝会大概会进行到下午两点左右，当一切都处理得当后，朱棣会告诉官员接下去该做哪些工作，然后就走向东安门，那里有一个叫作东厂的秘密监察机构。

在东厂，朱棣会问一些他关心的隐晦问题，大概到下午三点，朱棣会离开这里，巡视御马监、内承运库。这些活动大概会花掉朱棣一个半小时，到下午四点半的时候，他要回到御药房喝下另一碗药。而后还要看望一下钟爱的子孙是如何读书学习的，并对他们进行一番指导和教诲。

随后就到了晚餐时间，但朱棣通常会利用就餐时间，与几个重要大臣讨论国家大事，还会批阅一些奏折。当晚餐结束后，朱棣还会召开一个小型会议，请六部主事官员、五军都督府都督，以及少数几位公侯，到午门内的会议室开会。

这个会议的时间会很长，结束会在半夜了，到二更天的时候，太监们提醒朱棣用药，然后回到住所，这一天的工作才算结束，朱棣开始被人服侍着宽衣解带，准备休息睡觉了。

当然，这时朱棣会选择一位妃子侍寝，而此时基本上已经快十一点了。朱棣晚上会和妃子做什么、说什么，甚至要读哪些东西，打发临睡前的漫漫长夜，这些都会有随行太监做出详尽的记录。

朱棣的一天就这样过去了。

晋武帝为何传位给傻儿子？

晋武帝司马炎英明神武，纵横沙场，为晋王朝耗尽了自己的心血。然而果敢英武的晋武帝却做了件让后人跌破眼镜的事，居然将辛苦打下的江山交给一个傻儿子来继承，致使西晋王朝昏暗动荡，最终成了一个短命王朝。晋武帝为何如此做？

公元259年，司马炎的夫人杨艳生下他们的第二个儿子司马衷。因为大儿子夭折，所以眼前这个儿子可以说是他们实际意义上的长子。司马炎很高兴，曾私下对夫人承诺将来一定让其继承大统。

但晋武帝一直觉得这个儿子有点不对头，等司马衷长大了一点后，才发现他有点傻。司马炎对此很发愁，担心司马衷会丢了祖宗开创的家业。所以晋武帝并没有盲目地兑现当年的承诺立司马衷为太子，他要再观察观察。谁知道观察之后，晋武帝的心更凉了，于是便和杨皇后商量更易太子。杨皇后并不是不知道儿子傻，也不是不清楚立傻儿子为太子将意味着什么，但她坚决反对丈夫的意见，说孩子还小，到底傻不傻也要等他长大了才能知晓，现在下定论显得太早。她还说自古以来立太子都是立嫡立长不立贤，怎么能够因为儿子稍微笨了一点就随便更改规矩坏了祖宗的制度呢？晋武帝想想皇后的话倒有几分道理，于是就把这件事暂时搁下了。

然而杨皇后却害怕夜长梦多，天天缠着晋武帝。晋武帝耳根子软，被缠得没办法，心想不管怎么说儿子也是亲生的，傻点没关系，给他找个好师傅好好教育，说不定长大了就成才了。于是，晋武帝在司马衷九岁那年立他为太子。

晋武帝之所以决心立傻儿子为太子，除了杨皇后软缠硬磨，还有一个心理上的原因。作为司马昭的长子，晋武帝一向不太受父亲看重，甚至数次险些丢掉储君的位置，因此对晋武帝来说，同样作为长子的司马衷自然得到了他下意识的维护。

公元290年，晋武帝司马炎病逝，傻儿子司马衷即位，就是后来的晋惠帝。这个傻皇帝，此后完全被皇后贾南风所控制。一年后，皇后发动政变，杀死辅政大臣杨骏，接着又发生了"八王之乱"。公元 316 年，刘渊的侄子刘曜攻破长安，俘获末代皇帝司马邺，西晋就此亡国。而这距离司马炎病逝才二十五年，西晋在中国的浩瀚历史上成为一个短命的王朝。

北魏开国皇帝真是个精神病患者吗？

拓跋珪，北魏开国皇帝，一位不折不扣的传奇人物。年少时，白手起家，奋勇拼搏，一路策马扬鞭，从西北边缘地区挺进中原核心地区，北魏帝国就此诞生。为了稳坐江山，长久不倒，他继续开疆拓土，北征西讨，纵横驰骋，功绩显赫。同时，拓跋珪还积极效仿中原的各种社会制度和生活方式，对国内的整个社会体系做了次"大手术"，包括政治、经济、文化诸多方面，以便彻头彻尾地、由内至外地来一个大转身。最后，他成功了，北魏帝国一统中国北方。

然而，"天有不测风云，人有旦夕祸福"，就是这样一代盖世英雄，三十岁以后却全然变成了另一番模样。

三十岁后的拓跋珪精神有点异常，常常焦虑不安，闷闷不乐，严重的时候接连几天水米不进，连续几夜不睡觉。平日嘴里还念念有词，时而笑，时而怒，时而哀，不知道在和谁说话。他还开始不相信任何人，就连他以前的亲信都加以怀疑和猜测，而且变得极度敏感，身边的人稍有一点点异常举动，像面部表情变化、打喷嚏、哈欠、话语不清等，他都认为是他们对自己怀恨在心的"证据"，对他们大骂，弄得人心惶惶，气氛异常紧张。一位横扫天下的英雄怎么突然间就变成这样了？

有人认为拓跋珪的行为异常并无其他原因，而是因为他后期患上了严重的精神分裂症，并且还对拓跋珪为什么会患上精神病做出了进一步分析和说明。

魏晋南北朝时期，玄学和道教盛行，几乎人人都希望能长生不老，北魏帝拓跋珪身为一国之君，集钱、权于一身，就更是如此了。为了使自己活得更长，拓跋珪服食了大量当时流行的一种名为五石散的药物。这种药中含有铅、汞、锰、硫、砷等有害元素，长期服食此药物，容易造成药物中毒，引起精神障碍。拓跋珪之所以会精神失常，可能就是因为服食了大量的五石散。此外，拓跋珪患病还与其当时的处境严重刺激到其精神有关。建立北魏后，拓跋珪虽然已入主中原，但是原有的风俗却一时难以完全戒掉，严重阻碍了他的政治统治，政权不断受到中原汉人的威胁，皇位难保。面对这种困难境地，拓跋珪极其苦恼，无计可施，过分焦虑的心情也导致了他精神上的分裂。

以上猜测始终归猜测，北魏开国皇帝是否真是一个精神病患者，仍然是一个历史未解之谜。

皇帝吃饭不但"摆谱"，还验毒

皇帝既然贵为九五之尊，那所享受到的待遇自然也就不同凡响了，穿的是龙袍，住的是宫殿，坐的是辇车，吃的是佳肴。说到这吃饭，皇帝与普通人家吃饭是不一样的，皇帝如何吃饭，各个朝代不同，但基本来说，有一个宗旨是不变的，那就是皇帝喜欢"吃独食儿"。

皇帝会在一个专门的桌子前单独进餐，虽然吃的时候就他一个人，但身后伺候的宦官、宫女却是一大堆。因为菜太多，桌子上摆得满满的，如果皇帝够不到，那些太监就会将远处的菜夹给皇帝。

当皇帝吃饭的时候，不远处会站着听赏的人，如宠臣、妃子、皇子。如果皇帝高兴，他就会将美食赏赐给这些人，而这些人会在另外安排的桌子前站着吃完，还要表示味道好极了。

皇帝每天吃的食物都有记载，例如《清宫档案》中就写到皇帝每天的食材是：盘肉二十二斤，汤肉五斤，猪油一斤，羊二只，鸡五只，鸭三只，白菜、菠菜、香菜、芹菜、韭菜等共十九斤，萝卜六十个，包瓜、冬瓜各一个。苤蓝、蕹菜各六斤，葱六斤，酱和清酱各三斤，醋二斤，玉泉酒四两，饽饽八盘、每盘三十个，乳牛五十头、每头牛日产乳二斤，玉泉水十二罐，乳油一斤，茶叶七十五包。

还有其他零零碎碎的加起来，需要花费银子五十两，如果赶上逢年过节，还要增加开支，所以皇帝一年吃掉几万两银子是很正常的事情。

清朝末代皇帝溥仪的自传《我的前半生》里也对此有过证实，他写道："由几十名穿戴齐整的太监们组成的队伍，抬着大小七张膳桌，捧着几十个绘有金龙的朱漆盒，浩浩荡荡地直奔养心殿而来。进到明殿里，由套上白袖头的小太监接过，在东暖阁摆好，平日菜肴两桌，冬天另设一桌火锅，此外有各种点心、米膳、粥品三桌，咸菜一小桌。"

可见皇帝吃饭是多么隆重的一件事，所谓的"摆谱"是指摆菜谱，清朝的标准是每顿饭有一百二十道菜，要摆三张大桌。此外还有主食、点心、果品等。后来的皇帝觉得太浪费，便将菜谱逐渐减少，在咸丰年间，减为了三十二道，可到了慈禧当政时，又恢复了每顿饭百道大菜的老规矩，一顿饭少说要花二百两银子。

饭菜讲究，那餐具就更不得不讲究了，主要以金银器为主，即便是陶瓷器，也是上好质地，造价不菲的方可端上餐桌。

除此之外，皇帝吃饭摆谱还有另外一层意思，便是要将菜名、大厨的名字在盘子前表明，这样万一饭菜出了问题，追究起来也方便。皇帝每天要吃这么多道菜，安全工作一定要做到位，所以，除了表明菜的出处之外，还要做好防御工作，这就需要对盛放菜品的器具进行严格要求。

在清朝的宫廷中，除了一些金器，银器在皇帝的餐具中也是占了很大一部分比例的。例如乾隆二十一年（1756 年）十一月初三，《御膳房金银玉器底档》所记的餐具如下：

金羹匙一件、金匙一件、金叉子一件、金镶牙箸一双、银西洋热水锅二口、有盖银热锅二十三口、有盖小银热锅六口、无盖银热锅十口、银锅一口、银锅盖一个、银饭罐四件、有盖银铫子六件、银镟子四件、有盖银暖碗二十四件、银盖碗六件、银钟盖五件、银錾花碗盖两件、银匙两件、银羹匙十三件、半边黑漆葫芦一个、内盛银碗六件、银桶一件、内盛金镶牙箸两双、银匙两件、乌木筷十双、高丽布三块、白纺丝三块、黑漆葫芦一个、内盛皮七寸碗两件、皮五寸碗两件、银镶里皮茶碗十件、银镶里五寸五分皮碗一件、银镶里罄口三寸六分皮碗九件、银镶里三寸皮碗二十二件、银镶里皮碟十件、银镶里皮套杯六件、皮三寸五分碟十件、汉玉镶嵌紫檀银羹匙、商丝银匙、商丝银叉子两件、商丝银筷两双、银镶里葫芦碗四十八件、银镶红彩漆碗十六件。

可以看出，乾隆所使用的餐具中，大部分都是银器，这主要是为了防止别人在饭菜中下毒。

皇室为了保障食品安全，一般采用两种办法，一是让别人先品尝，这差事一般都是侍膳太监的分内事，叫作"尝膳"。

另一种是用银来验毒，在装食物的器具外头挂一个小银牌，当食物端到皇帝面前时，太监会将这个小银牌放进汤菜里试验，如果有毒，银牌就会变黑，因为银器测毒很灵验，所以皇室多用银器装菜肴，也正是这个道理。

作为一国之君，皇帝的任何举动都不能有所闪失，所以，每日的三餐也要以头等大事来对待。普通人吃饭是为了填饱肚子，但皇帝吃饭，就要复杂许多。

大力帮助康熙登基的德国人

中国历史从秦始皇开始，就从来没有在皇位继承的问题上被外国人干涉过。但当历史的脚步前行到清朝的顺治十八年（1661年）时，该谁当皇帝，这件原本该是中国人自己拿主意的事，却被一个德国人硬生生地横插一杠子。

这名德国人的插手居然改变了中国的历史，让本来排不上号的三阿哥玄烨成为下一任帝王，这才有了长达六十一年的康熙王朝，有了康乾盛世。这个德国人历经明清两朝的更替，先后侍奉过崇祯、顺治、康熙三位帝王，并且康熙的名字还是他起的，他就是传教士汤若望。

汤若望之所以能影响到玄烨的继位，主要得益于他杰出的口才。顺治皇帝被他说服，信奉天主教，从而影响顺治的思想。

汤若望与皇室的渊源可以说是一个传奇。明朝末年，西方国家走上了全球殖民扩张的道路，扩张之前，他们先派传教士到国外去探路，打探情况，汤若望就是在这样的背景下进入中国的。

说起这位传教士，就不得不提他的出身背景。1592年，汤若望出生于德国科隆的一个贵族家庭，他从小就接受了良好的教育，而且成绩优异，后来被保送到罗马的日耳曼学院研修神学，从而成为"上帝的使者"，做了一名专业的传教士。

1619年，汤若望在法国神父金尼阁的带领下到达澳门，三年后进入广东，过了一年，又转到了北京。他所掌握的西方科学知识，深得明朝的户部尚书张问达赏识，被聘任为官府专员。

明亡清始，顺治皇帝对汤若望宣讲的知识颇感兴趣，不但尊称他为"玛法"（"玛法"在满语里是爷爷的意思），还对汤若望言听计从，并成为虔诚的天主教徒。

为了支持天主教的传播，顺治皇帝拨款又拨地，在宣武门外建造了一处天主堂，即北京南堂。不但顺治对汤若望尊崇有加，就连当时的老祖宗孝庄太后也将汤若望视为座上宾，这个外国人就这样获得了皇宫的高度信任。

顺治十年（1653 年），汤若望被顺治皇帝赐予"通玄教师"封号。顺治十四年（1657 年），顺治皇帝又为汤若望御撰《天主堂碑记》一文，赐予了"通玄佳境"的堂额。顺治十一年（1654 年）三月十八日康熙出生。在康熙出生前后几年，"玄"字在顺治皇帝的心目中十分重要，给汤若望的赐物里两次带有"玄"字，自己的儿子名字里也带有"玄"字。"玄"这个字的意思包含汤若望所讲授的天文、历法、机械等在内的一整套学说。

顺治十八年（1661 年），皇帝病重，继承人成了关键问题。虽然大皇子已死，但还有二皇子福全，康熙作为顺治皇帝的三皇子，按照长幼排序，继承人无论如何也轮不上他。但此时汤若望说出来一个谁也无法反驳的理由——玄烨出过天花，对这种可怕的疾病有了终身免疫力，再也不会出了，而福全还没出过，难保以后不会出，为了保证国家将来不会因为皇帝突然病逝而出现动乱，应当选择玄烨来当皇帝。

汤若望的这番话彻底改变了中国的历史，让本不该登基的玄烨登上宝座，至于汤若望为何力保玄烨，则是个谜团，应该说，没有这个外国传教士，有可能便不会有后来的康乾盛世。

皇子们的悲哀

"父为皇，子为王"，很多人都会以为皇帝的儿子生下来就必定能封王，实际上这是对历史的误解。封建王朝君臣之分十分严格，就连父子也要分清楚，君主只能有一个，而为了防止龙位被夺，自古以来，帝王们更是小心提防一切外界敌人，连儿子也不例外，虽然都是至亲骨肉，但碍于权力，也只能严加防范。

历代帝王为了防止皇子们掌权篡位，从一开始就防范他们碰到权力，最有效的做法就是不对他们封王，让他们手中无法掌握权力。

秦始皇扫平六国以后，自封为"皇帝"，但却没有封他的任何一个儿子为王。就连他的嫡长子扶苏、最宠爱的儿子胡亥也只是"诸公子"的身份。

东汉时，光武帝刘秀有十一个儿子，长子刘强，初立为太子，后被废，改封东海王；次子刘辅，封沛王；三子刘英，封楚王；四子刘庄，初封东海王，后立为皇太子，并继承皇位，即汉明帝；五子刘康，封济南王；六子刘苍，封东平王；七子刘延，封阜陵王；八子刘荆，封广陵王；十子刘焉，封中山王；十一子刘京，封琅琊王；九子刘衡的最高爵位是临淮怀公，并未被封王。

南北朝时期，南朝刘宋国有二十七个皇子，却有十一个皇子未被封王，并且十一人中获得的最高爵号只是"皇子"。南梁时，简文帝之子萧大训的爵号是"皇子"，元帝萧绎之子萧方等和萧方诸的爵号分别为"皇子"和"忠壮世子"，并未被封王。

北朝、北魏时期计有皇子六十三人，有三人仅是"皇子"，未获封王，他们分别是：道武帝拓跋珪之子拓跋深和拓跋聪，孝文帝元宏之子元恍。

后唐时庄宗李存勖之子李继潼、李继嵩、李继蟾和李继峣四个人不但未获"王"号，而且连其他任何一种爵位都未获得。明宗李嗣源之子李从审和末帝李从珂之子李重吉也未被封王。

后晋高祖石敬瑭的儿子石重睿为忠武节度使，忠帝石重贵的儿子石延煦为镇宁节度使、石延宝为威信节度使，都没有被封王。

后汉有皇子五人，高祖刘知远的儿子刘承勋为开封尹，世宗刘崇的儿子刘斌为武宁节度使，都没有被封王。

金代皇子只有两人未获封王，他们是：金宣宗完颜珣的太子完颜守忠和完全没有爵位的儿子完颜玄龄。

元代有皇子六十六人，有六十人未获封王。他们之中有的出任帝国下属汗国的"总督"（汗），如成吉思汗铁木真之子察合台为察合台汗国汗；

有的虽然一度被封为太子，但最终未获皇位，如太宗窝阔台之子阔端和阔出；但更多的则既不是"汗"，也不是太子。他们虽然都是皇帝的儿子，却没有任何爵位，如成吉思汗的儿子术赤、阔列坚、察兀儿、木儿彻、兀鲁赤，太宗窝阔台的儿子哈剌察儿、合丹、蔑里，世祖忽必烈的儿子朵儿只、忽都鲁贴木儿、铁蔑赤等。

明代有皇子一百零一人，十二人未获封王，他们分别是：明太祖朱元璋的太子朱标、"皇子"朱楠，明成祖朱棣的"皇子"朱高爔，明英宗朱祁镇的"皇子"朱见湜，明宪宗朱见深的太子朱祐极，明世宗朱厚熜的哀冲太子朱载基、壮敬太子朱载壑，明穆宗朱载厚的怀宪太子朱翊钘，明熹宗朱由校的怀冲太子朱慈然、悼怀太子朱慈焴、献怀太子朱慈炅，明思宗朱由检的太子朱慈烺。

清代有皇子一百多人，有二十人没有被封王，他们分别是：太祖努尔哈赤的儿子贝勒褚英、镇国公阿拜、克洁将军汤古代、和硕贝勒莽古尔塔、辅国公塔拜、镇国恪僖公巴布泰、和硕贝勒德格类、镇国将军巴布海、介直辅国公赖慕布和没有任何爵位的费扬果，太宗皇太极的儿子辅国公叶布舒、镇国公高塞、辅国公常舒、辅国公韬塞，圣祖玄烨的胤禔、简靖贝勒胤祎、恭勤贝勒胤祐、诚贝勒胤祁，高宗弘历的太子永琏、贝勒永璜。

从这些详细的历史资料中我们可以看出，并非皇帝的儿子就能被封王。除了太子之外，其他皇子往往因为皇帝对他们的宠爱程度或功劳大小分封，是有很严格的等级之分的，所以生在帝王之家的皇子也有自己的痛苦卑微之处。

秦始皇为何铸造十二个三丈高金人？

秦始皇是中国历史上第一个完成中原江山大一统的皇帝。他为中华民族开创了走向统一的局面，为后世所传颂；然其焚书坑儒的暴戾之举，又着实令人心寒；而收天下之兵以铸金人十二，更给世人留下了不解之谜。

虽谓之"金人"，实际并非纯金所铸。当时的兵器主要由铜铸成，古人也把青铜称为金，由此，十二铜人便成了十二金人。金人体型高大，饰以精致的花纹，铸造工艺相当高超。

关于秦始皇铸造这十二尊金人的缘由，民间主要流传着以下两种说法：

一说秦皇在群臣的陪同下观看杂耍，正高兴之时，忽见一队杀气腾腾、手执刀剑干戈的武士上场表演。此事触动了秦始皇的心病，他日思夜想，寝食难安。恰逢临洮一农民有消息来报，说见到了十二个巨人，并讲述了当地盛传的童谣："渠去一，显于金，百邪辟，百瑞生。"这正中秦始皇下怀，使其得以假托征兆，借助天意，下令铸造十二尊金人。

一说金人得以现世，源于秦始皇的一场怪梦。一日，秦始皇梦中遇到天象大变、昏暗无光，且鬼神作怪，遂惊恐不已。在此万般无奈之际，有一道人前来指点迷津："制十二金人，方可稳坐天下。"秦始皇惊醒之后，即刻下令铸造十二金人。

假传天意也好，借助梦兆也罢，都只不过是使之合法化的策略罢了，其真正的意图，已昭然若揭。

令北齐后主身死国灭的五件事

南北朝时期，北齐后主高纬有一贵妃名叫冯小怜。

冯小怜本是穆皇后身边的一名侍女，由于高纬宠爱弹得一手好琵琶的曹昭仪，于是穆皇后便将冯小怜送给高纬，以期转移高纬的感情。但是穆皇后万万没想到，冯小怜将高纬迷得神魂颠倒，最后居然因为她身死国灭。史书记载，冯小怜因为在军中干了五件事，导致北齐灭亡，让后主高纬做了亡国之君。

第一件事：当敌军北周的军队猛攻晋州的时候，北齐后主正在附近打猎，得到探子来报，本想调动军队给予增援，但是这个时候，冯小怜却玩兴正浓，于是和后主撒娇说："再杀一围。"于是后主就再杀了一围，等到这一圈游猎结束，晋州早已被北周攻破。

第二件事：冯小怜认为战争和狩猎一样好玩，看打猎还不如看打仗，于是她怂恿后主高纬亲自带兵反攻平阳。后主果然满足她的要求，并让冯小怜也戎装随行。平阳原是北齐的地盘，北齐为收复失地出兵，因此将士个个奋勇，人人争先。等北齐军到了平阳城，人马乘胜欲进城之际，后主忽然传旨暂停，请冯小怜观战。冯小怜对镜梳妆打扮，磨磨蹭蹭，等她到来时北周军已经修好塌垮的城墙，坚固无摧，结果北齐军功亏一篑。

第三件事：留守平阳的北周大将梁士彦虽然率士兵拼死守城，但在北齐军队奋不顾身的冲锋下已岌岌可危。眼看胜利在望，平阳即将重返北齐手里，冯小怜却认为天色已晚，她无法看到攻城之战的盛大场面，要求在第二天天明以后再行攻城。第二天天昏地暗，北风怒吼，初雪飘落，大地渐渐一片银白，冯小怜又认为气候不佳，看不清楚，要求暂停攻城。殊不知夜暗之际或天气不佳正是军事作战进攻的最佳时机，囿于妇人之见，北齐大军竟然平白无故地丧失了两次大好时机。等到雪化天晴，北周武帝已亲率大军赶到平阳，北齐军大败退入晋阳。北周占领平阳，后主居然说："只要小怜无恙，战败又有何妨！"

第四件事：平阳之战结束后，北周武帝准备乘胜追击，攻下北齐重镇晋阳。于是后主高纬命人在城中建了座高耸入云的天桥，时常与冯小怜登桥遥望，不是分析敌军情况，而是消遣。下得桥来，冯小怜为高纬献上脱衣舞，让高纬欣赏她的舞蹈，以消愁解闷。高纬居然厚颜无耻地说："看了能够头脑清醒，精神百倍。"有一天，木架搭成的天桥忽然垮了下来，冯小怜认为这是不祥之兆，一再要求后主放弃晋阳返回邺城。高纬就真的听了冯小怜的劝告，回到邺城，于是北周轻而易举地夺得北齐重镇晋阳。

第五件事：北周越战越勇，于是北周武帝决定直扑邺城。其实高纬退守邺城后，还有精兵十万，是可以奋力抵抗，甚至卷土重来大获全胜的，但是两军交战正激时，冯小怜忽然害怕起来，大叫："军队败了！"高纬这位不爱江山爱美人的皇帝居然"病急乱投医"，一面祈求菩萨保佑，一面将皇位传给太子高恒，自己想带着冯小怜逃跑，于是北周顺利地取得了邺城。然而后主高纬和冯小怜都没有能逃走，最后都被擒获，北齐由此灭亡。

可笑的是，后主高纬在国破家亡之后，向北周武帝提出的唯一要求就是"乞还冯小怜"。不过高纬最后既没有要回心爱的女人，连自己的性命也赔进去了。

唐宣宗真是痴呆吗？

唐宣宗李忱，是唐宪宗的儿子，武宗的叔叔。他原名李怡，做皇帝后才改名为李忱。唐宣宗在位期间勤俭治国，减少赋税，注重人才选拔，体贴百姓，百姓生活日渐富裕，使腐败的唐朝呈现出"中兴"的小康局面。宣宗在位期间还曾经烧过"三把火"，"一把火"使"权豪敛迹"，"二把火"使"奸臣畏法"，"三把火"使"阍寺詟气"，遂被称为"小太宗"。

然而这样一代明君，直到他登基为王却一直被视为傻子，这是为什么？唐宣宗真的是傻子？

其实不然，唐宣宗虽外观看似糊涂，心里却如明镜一般。可他为什么要装傻呢？这还要从他的身世说起。

李忱是唐宪宗庶出的儿子，其母亲郑氏是一名身份卑微的宫女。由于庶出和母亲身份卑微的原因，李忱注定当不了皇帝。后虽被封为光王，却在一个无人注目的角落里孤独成长。他从小就显得郁郁寡欢、呆滞木讷，与其他亲王群居往往终日不发一言。在宫中，多数人都讥笑李忱呆笨，唯有他的哥哥唐穆宗知晓他的聪明，曾抚着他的背说："这是我家的英物。"

李忱长大后，"痴呆"情况愈发严重。人们纷纷猜测，这可能和他在穆宗年间遭遇的一次惊吓有关。当时李忱入宫谒见太后，不料刚好撞上有人行刺。虽然此事并未造成任何人员伤亡，但从此以后光王就变得更加沉默寡言。于是皇族宗亲们认定，这个本来就呆头呆脑的家伙这回肯定是吓傻了。此后无论大小场合，李忱就成了专门被人取笑和捉弄的对象。

其实李忱不傻，他知道自己的出身注定不能为帝，只有在乱世之中才有可能夺取政权。穆宗继位后庸庸碌碌，党派之争、藩镇势力和宦官势力使得唐王朝统治岌岌可危。李忱装傻让宦官对他放松警惕，他在等待时机，等待一个可以让他夺取政权的机会。

后唐武宗发觉这位皇叔有问题，要置他于死地。可就在这时，宦官仇公武救了他，并将他送出宫。

会昌六年（1846年），唐武宗病危，李忱在宦官仇公武、马元贽等人的簇拥下，出人意料地回到了长安。仇公武等人决定拥立李忱做一个傀儡皇帝，然后顺理成章地掌控朝政。但是当李忱开始着手处理政务时，忽然变了样。他神色威严，目光从容，言谈举止沉着有力，决断政务有条不紊，和从前判若两人。

直到此时，仇公武才恍然大悟，明白当年武宗为什么想置这个"傻子"皇叔于死地，那是因为在他愚痴木讷的外表之下，隐藏着常人莫及的才干和韬略。可惜仇公武明白得太晚了。

第四篇

夺权谜团

尧舜禹不为人知的禅让真相

中国古代所谓的禅让制度，类似于现在的投票选举，呼声最高的候选人将接任大权，成为下一任的领导者，这与血统和身份无关，是一种和平转让权力的方法。

《庄子·杂篇》中说："非卮言日出，和以天倪，孰得其久！万物皆种也，以不同形相禅，始卒若环，莫得其伦，是谓天均。天均者，天倪也。"

这里说的"相禅"就是替代的含义，权力的和平转移以尧舜禹禅让最为美谈，千古以来，人们提及这三位君主都是称颂不已，他们成为"托古改制"的原始依据，但真相却并不是儒士口中所传承的那样。

史书上有所记载。《尚书》的《尧典》《舜典》《大禹谟》等篇这样写道，尧在位七十年后，其子丹朱不成器，不得百姓爱戴，作为驸马的舜那时已然摄政，但仍保荐丹朱治理南河八年。直到朝臣和百姓认为丹朱不是治国之才，纷纷靠拢"贤明"的舜，让尧也了解到他的儿子朽木不可雕，舜才以一句"天也"结束了丹朱的政治生涯，坐上了帝位。这样看来，似乎并不是尧让位，而是舜自己取代了丹朱。所以，法家先人韩非子有这样的批语："舜逼尧，禹逼舜。"尧不得不传位给舜，实乃舜已经完全得到百姓的爱戴，近百岁的尧又能如何呢？

《尚书》中还有言：尧使舜嗣位，正月上日，受终于文祖，流共工于幽州，放谨兜于崇山，窜三苗于三危，殛鲧于羽山，四罪而天下咸服。

舜即位后，立刻除去了共工、终、鲧、谨兜等一干尧在位时的名臣，终使天下臣服。很显然，共工等人可能威胁到舜的顺利即位。不过舜的地位到最后也是胆战心惊地坐着，因为即将取代他的人，正是鲧之子大禹。

舜是禹的杀父仇人，此乃毋庸置疑的事情，所以禹治水成功后，能甘心为舜所用吗？此时再看韩非子的"禹逼舜"这句话，顿觉其中的精到之处。虽然《史记》上讲，舜南巡不幸病死途中，但魏国史书《竹书纪年》却这样记载，舜年迈体衰，禹于是迫舜去南方巡查，实则"放逐"，舜因此死于途中，两个妃子娥皇、女英都不在身边。舜死得如此孤独，于是便有了晋代张华《博物志》中记载的凄惨结局："尧之女，舜之二妃，曰'湘夫人'。帝崩，二妃啼，以涕挥竹，竹尽斑。"一出《湘妃斑竹》的戏目，在娥皇、女英哭死之后凄婉落幕。

不管是《史记》的记载更符合真实历史，还是被称为"野史"的《竹书纪年》更贴近现实境况，总之舜的死实则是有蹊跷的。今日无论如何推测，都不可能再现当时的情景，我们又如何知道舜传禹帝位是否有内幕的存在？

北魏儿当太子母必死

在古代宫廷，通常情况下都是母凭子贵，嫔妃的地位高低与能否为皇帝生下皇位继承人有很大关系。为了让自己的儿子当上太子，很多嫔妃之间都进行着你死我活的明争暗斗。若儿子当上皇位继承人，那嫔妃的地位必然迅速提高，成为令人羡慕的皇后、太后，如王政君、武则天、孝庄皇后、慈禧等。

但是也有例外，有的嫔妃并不愿意生太子，因为她们不但不能母凭子贵，而且还会因此惹来杀身之祸，如北魏时期就是一个典型。在北魏的法律里有一条很严格的立子杀母制度：立某皇后或嫔妃的儿子为太子后，即赐太子母亲自尽。

此做法始于汉武帝。西汉武帝年事已高，欲立年幼的刘弗陵为太子。但是刘弗陵的生母钩弋夫人正值盛年，武帝担心自己死后会出现女主专权的局面，便下令将她处死。钩弋夫人脱掉首饰向皇上叩头求恕。武帝命令将她拉下殿去，送入宫廷监狱，夫人临下殿时，还频频回首，希望皇上能回心转意。武帝却挥挥手说："赶快走，你活不成了！"钩弋夫人死时暴风扬起尘沙，百姓们都为她感到忧伤，但是汉武帝对周围的人说："从前国家之所以有变乱，大都是由于君幼母壮的缘故。女主骄慢放肆，无人能禁止，难道你们没有听说过吕后吗？"

到了北魏时期，立子杀母成为一项法律制度。从道武帝开始，凡是儿子被立为储君的嫔妃都要被赐死，并且此制实行了七代，历一个世纪之久，不知道牺牲了多少位无辜的母亲。

道武帝的宠妃刘氏，生长子拓跋嗣，拓跋嗣被立为太子后她即被赐死。拓跋嗣思念母亲，悲伤哭泣。道武帝安慰他说："过去汉武帝将立太子，先杀其母。现在你既为太子，为了避免女主干政的后患我也不得不效法汉武帝。"太子听后，仍然悲伤不能自抑，被气恼的道武帝赶了出去。

在北魏的历史发展过程中，"子贵母死"的制度达到了鼎盛。这跟拓跋旧制有很大的关系。当时北魏尚未确立一套父子传承的嫡庶长幼继承制度，储君的策立和登基往往依赖于母族的强大，可谓"母强子立"。到道武帝时，这种状况有了改变。道武帝先用战争手段强制离散母族贺兰部、妻族独孤部、祖母族慕容部等大部落，后来还先后逼死自己的母亲贺兰太后，赐死太子拓跋嗣的母亲刘皇后。立子杀母的旧制虽然换得了北魏稳定的君位传承秩序，促进了拓跋部的稳定，但却是以牺牲无辜的母亲换来的。因此当时的嫔妃都不愿意生太子，《宣武灵皇后》中说："椒庭之中，以国旧制，相与祈祝，皆愿生诸王、公主，不愿生太子。"

孝文帝拓跋宏的父亲信仰佛教，对政治不感兴趣。在拓跋宏才五岁的时候，就把皇位让给了拓跋宏。由于拓跋宏的母亲李氏在他被立为太子时就被赐死了，所以年幼的拓跋宏由冯太后抚养。可是冯氏对小皇帝非常不好，经常杖罚幼小的拓跋宏。有一次甚至在大冷天里，把穿着单衣的小皇帝关在一间空屋子之中，三天不给饭吃。

后来，孝文帝的爱妃林氏，因为生下的儿子拓跋恂被立为太子，也被赐死。妃嫔们"相与祈祝，皆愿生诸王、公主，不愿生太子"，使得孝文帝只留下孝明帝一根独苗。孝文帝曾求当权的冯太后废除旧法，但被拒绝。

宣武帝元恪，笃信佛教，不忍杀生，"立皇子诩，始不杀其母"，"子贵母死"终于被取消。后宫的妃子们不再因此而人人自危，"矫枉之义不亦过哉"！

杀光百名侄子的冷血皇帝

谈起十六国那段历史，北燕当属重点。这个本属鲜卑族统治的朝代，在后来的发展中却被一个姓冯的汉人统治了。慕容家统治北燕，一直到慕容云时期，发生了变故。慕容云原姓高，是高丽人。虽然他当了皇帝，但他认为自己并非鲜卑人，内心十分自卑，为了收买人心，让大臣们都对他服气，他便天天大开府库，赏赐文武百官，想着能够拿金钱来贿赂大臣们。

其中冯跋是慕容云的拥立者，但慕容云却对他心怀戒备，为了防止自己被刺杀，慕容云养了一帮武士在身边，成日与自己吃睡在一起。可没想到，这堆武士中有两个名叫离班、桃仁的人，却为了谋求皇位，将慕容云刺杀了。

慕容云被杀后，冯跋带领卫兵，将离班、桃仁立斩于殿前。而冯跋为众人所推，成为继任慕容云皇位的人选。从他开始，北燕便改姓冯了。冯跋继位后，依然没有得到安宁，他的堂兄冯万泥、侄儿冯乳陈两人不服，想要夺取皇位，幸好冯跋的二弟冯弘率兵将其镇压了下去。

冯跋看到冯弘功劳甚大，便任冯弘为骠骑大将军，晋封中山公。冯弘的权力从此与日俱增。冯跋在位期间，国泰民安，他轻徭薄赋，崇尚儒学，很是为国家做了一些好事情，让那个乱世呈现出了少有的安宁。

但在公元 430 年秋，冯跋病危之时，争夺君主之位的战争再次上演，冯跋宠妃宋氏为了立自己的儿子为君主，便想谋反。这件事情被冯弘得知，他率领卫兵冲入皇宫之中，囚禁了宋氏母子，控制了大局，而病重的冯跋便在一片慌乱之中惊吓而亡。

冯跋死后，冯弘自立为天王，废杀太子冯翼。他不念旧情，不但杀死自己大哥的儿子，还将大哥所有妃嫔所生的一百多个儿子通通杀光，以绝后患。无论是十几岁的少年，还是刚刚出生的婴孩，冯弘一个不留。自古篡位嗜杀前任后人的君主不在少数，冯弘却斩草除根，一个不留，是历史上罕见的血腥帝王。

杀掉冯跋的所有后人后，冯弘便霸占大哥的貌美妃子，如此绝情且又乱伦，冯弘一继位便失了人心。他众叛亲离，为了活命，他的几个儿子都逃亡北魏。当时北魏的太武帝拓跋焘便乘机发兵，想要一举歼灭北燕。

战争打响以后，冯弘连连败退，为求自保，他不得不向外人求救。他向南朝宋文帝求援，遣使称藩。有这样的好事，宋文帝当然愿意帮忙，他封冯弘为"黄龙国主"，并答应出兵助北燕。但因为南宋距离北燕路途遥远，远水解不了近渴，北燕在北魏的一次攻击下，城池被破，冯弘流亡到高丽，被高丽王安置在北丰。

从君主到寄人篱下的日子并不好过，高丽王与冯弘相处得并不融洽，后来冯弘又求助于宋文帝，求宋文帝将自己接走，但这件事情被高丽王得知，高丽王勃然大怒，当即下令诛杀了冯弘全家。

最倒霉的篡位者

《汉书·王莽传》中的王莽与历史中为人们所熟知的王莽大相径庭："莽群兄弟皆将军五侯子，乘时侈靡，以舆马声色佚游相高，莽独孤贫，因折节为恭俭。受《礼经》，师事沛郡陈参，勤身博学，被服如儒生。事母及寡嫂，养孤兄子，行甚敕备。"

即王莽做官后，严于律己，从不用特权，对以权谋私之人或他的亲人犯了罪，一样不容情，但可惜，这些都是他当皇帝之前的作为。

也正是因为如此，王莽才能有机会进入西汉末年朝廷的权力核心，获得最大的权力。当上皇帝的王莽，开始时是千方百计为国家富强、百姓富裕想办法。

王莽改制的第一个行为就是停止土地和奴婢的买卖，缓解当时社会日益尖锐的矛盾，但他的这些做法触犯了当朝达官贵人的利益。他们集体上奏，逼得王莽不得不中止这项举措，他托古改制的条例刚一实行就遭到了挫败。

不过王莽继续改制，他希望能振兴经济，于是又通过"五均六筦"节制商人们对农民的过度盘剥，制止高利贷者的猖獗活动。但同样地，这也触犯了富商巨贾的权益，他们极力阻挠，导致王莽后期推行的几次货币改革都没有成功，这些非但没有缓解社会矛盾，反而引起了更大的社会动乱。

与此同时，王莽新建立起来的政权也岌岌可危，最后在农民起义中垮了台。但历史上篡位的并不止王莽一个人，东汉末年的曹丕篡汉称帝，建立魏国，废汉献帝为山阳公，可后人并未对曹丕加以恶评；还有之后的司马炎夺取魏朝政权，建立西晋；唐朝李世民发动"玄武门之变"；宋朝赵匡胤"黄袍加身"；明朝永乐帝朱棣抢夺侄子的江山，这些人在历史上口碑并不差，唯独王莽却被污名化了，追溯根源，大体上有以下这三方面原因：

第一，封建历史中，传统的观念是皇家史观容不得篡位者的事迹载入史册。一般篡位者都是想尽办法为自己在历史上树立起一个光辉灿烂的形象，因为篡位者是会留下万世骂名的。同样，后人对其他朝代的篡位者也会给予丑化和贬低，例如司马迁在《史记》中，对凡是做过皇帝或具备同等地位的人，都传之以"本纪"，而王莽作为一个做了十五年皇帝的人，却被列入一般大臣名士的"传记"之中，不承认王莽的皇帝身份。可见汉代的统治者对王莽所持的态度。

第二，王莽所为之所以被后人肆意篡改，是因为王莽政权后继无人，王莽没有机会像李世民、朱棣等人那样，在篡位后巩固自己的政权并传之于后代子孙。他在位时，天下大乱，他被攻入京城里的起义军所杀，还没来得及巩固发展自己的政权，就一命呜呼。这样一来，自然没有人会为他扳回正名。

第三，被当作反面教材的王莽几乎成了每个朝代都要提的人物，代代相传，王莽被污名化的命运便逃不掉了，而且古人一向都很崇尚秩序。深受儒家教化的古人在思维上形成了一种定式，认为秩序不应当被打破，谁打破了这种秩序，谁就是罪人。

王莽篡位，被人们认为是打破了原有的秩序，不论他再有能力，也只能被钉在历史罪人的耻辱柱上。从王莽的种种表现来看，他并没有当皇帝的才能，虽然他一心想要将天下治理好，但最后的结果不但丢了天下，也丢了自己的性命，更是背上了千古骂名。

徐达墓碑竟高过朱元璋

徐达是明朝的开国功臣，朱元璋登基后，为了防止功臣们抢夺他的天下，便将功臣一个一个找理由杀死了。而徐达在一次生了背疽时，朱元璋特地送去御赐蒸鹅一只，表达慰问之情。据说，生背疽之人，吃蒸鹅立刻会死。但皇帝御赐蒸鹅，不得不吃，徐达只得当着使臣的面，泪流满面地将蒸鹅吃光，当夜便毒发身亡。

这个故事一直被当作真实的史料流传，《明史》中记载道："十七年，太阴犯上将，帝心恶之。达在北平病背疽，稍愈，帝遣达长子辉祖赍敕往劳，寻召还。明年二月，病笃，遂卒，年五十四。"

洪武十八年（1385 年），徐达死于背疽，成为板上钉钉的事实，但从现代医学的角度来分析，得背疽的人吃蒸鹅就会死亡，并无科学依据。蒸鹅的主要成分是蛋白质和脂肪，吃蒸鹅不但不会致死，反而会增加患者营养。

再者就是从史料文献角度来看，蒸鹅害死徐达也站不住脚。所谓的"朱元璋送蒸鹅"一事并未在《明史》中提到。徐达死于背疽似乎确有其事，但被蒸鹅加重病情，却是无稽之谈。在明初的一本笔记《翦胜野闻》中，略微提过朱元璋赐食徐达，但并未提到过赏赐的是什么食物。

后来清代《四库总目提要》说，《翦胜野闻》一书不可信，"书中所纪，亦往往不经"，反驳了徐达死于吃蒸鹅一说。而且徐达死后，朱元璋追封他为中山王，谥武宁，赐葬钟山之阴，配享太庙、功臣庙，位皆第一。死后享受如此显贵，朱元璋对徐达的器重可见一斑，赐蒸鹅一事，也不足信。

更主要的一点是，徐达的墓碑高 8.95 米，是明朝功臣墓碑中最高的一块，朱元璋亲自为他撰写碑文，可见朱元璋对徐达的情分还是不浅的。朱元璋死后，他的碑文为朱棣亲自撰写，这块碑位于大金门正北 70 米处，高 8.78 米，比徐达墓神道碑矮了 17 厘米。

皇帝的墓碑比臣子的矮，这实在让人想不通。加之民间流传御赐蒸鹅的故事，徐达与朱元璋之间的恩怨是非更是让人摸不着头脑，这其中的纠葛，还要留待日后探究。

明代宗为何不愿意登基？

明代宗景泰帝朱祁钰，是明宣宗朱瞻基的次子，明英宗朱祁镇的弟弟。

朱祁钰早年被封为郕王，过着平静的生活，但是土木堡战役之后，明英宗被俘，朱祁钰被迫临危受命，登基称帝。景泰帝在位一共才八年，后因生病，被复辟的英宗废黜软禁而气死，终年三十岁。

朱祁钰的一生命途多舛。按照封建等级制度来说，朱祁钰的出身是卑贱的。因为他的生母是汉王朱高煦府邸的一位侍女。宣德朝，宣宗皇帝征讨朱高煦，在返京途中，邂逅了吴氏，被吴氏的美貌与聪灵深深打动，于是便将她接回京城。

由于封建礼教的阻挠，身为罪人的吴氏不能被封为嫔妃，于是宣宗将其安排在紧贴宫墙的大宅院中，时常临幸。后来，吴氏为宣宗生下了次子朱祁钰，吴氏也因此被封为贤妃，但继续住在宫外。后宣德皇帝病重，将朱祁钰母子托付给自己的母后张太后，至此朱祁钰才被封为郕王，并在宫外修建王府，与母亲居住。

原本朱祁钰和母亲是可以这样平静地度过一生的，但是土木堡的狼烟却改变了他们的命运。土木堡战役，英宗御驾亲征，便让郕王朱祁钰奉命担任监国。然而土木堡败讯传来，英宗被俘，举朝大震，群臣聚哭，莫知所措。国家社稷的重任落到监国朱祁钰身上，朱祁钰却不愿意登基，由于朱见深才两岁，于是朱祁钰就被群臣推上了前台，在孙太后的授意下继承了皇位，遥尊英宗为太上皇，立英宗的长子朱见深为太子。

代宗登基还应该与于谦有一点关系。早在朱祁钰担任监国的时候，就爆发了关于"南迁"的争论，翰林院侍讲徐呈（即后来参与夺门之变的徐有贞）根据天象的变化首先提出了南迁，这一提议得到了一些胆小的大臣的支持。可是由于祖宗的宗庙、陵寝都在北京，于谦当即否决了徐呈的提议，并得到了朱祁钰的支持。朱祁钰非常欣赏于谦的能力与魄力，于谦也很欣赏眼前这位年轻人的当机立断，两人在内心深处都产生了对对方的倾慕。紧接着发生的午门血案，更加深了两人的这种感情。

明英宗宠信宦官王振，搞得整个朝廷乌烟瘴气，大臣凡是有不利于王振者，非死即贬，群臣的心中早已酝酿着一股洪流。英宗被俘，王振被杀，群臣的怨气得以倾吐，众大臣跪在午门哭谏，要求朱祁钰惩治王振的党羽，这时王振的死党锦衣卫指挥马顺出来阻挡，当即被愤怒的群臣打死。朱祁钰哪里见过这样的架势？平时弱不禁风的文臣，突然之间变得如恶魔般凶残，被吓坏了的朱祁钰唯恐发生哗变，准备逃走，根本就不想登基为帝。这时于谦站了出来，他拉住朱祁钰的衣袖，对他解释大臣们并不是冲着他来的，只要朱祁钰能够惩治王振的党羽，群臣甘愿辅佐他共创宏图大业。于谦的话让朱祁钰镇定了下来，于是便下令将宫内的两个王振死党带出来，交给群臣，这两人也被群臣当场打死，由此可见群臣积怨之深。至此，代宗和于谦之间建立了更深厚的感情，代宗登基，于谦应该是其推手之一。

景泰帝当了八年皇帝，却在 1457 年大病，于是王振余党曹吉祥等拥立英宗复位。英宗在天顺元年（1457 年）二月乙未，废景泰帝为郕王，将其迁到西宫，不久之后，景泰帝便薨于西宫，年仅三十岁。英宗毁其所营建的寿陵，以亲王礼将其葬于西山。同时英宗还废掉了他的帝号，赐谥号为"戾"，称"郕戾王"。其实这是一个恶谥，表示景泰帝终身为恶，死不悔改。

后来的一些臣子开始为景泰帝平反，认为英宗赐谥号"戾"给代宗是不公的。代宗临危受命，削平惑乱，使老百姓安居乐业，退外敌，迎回英宗，总的说来还是有一番作为的。后宪宗下旨恢复景泰帝帝号，但其谥号只有五个字，与明朝其他皇帝十七个字的谥号相比，规格较低，而且还没有庙号。直到南明弘光时期，才给景泰帝加上庙号"代宗"，并增加谥号到十七字。至此，景泰帝在礼仪规格上才与明代其他皇帝相齐平，他的历史功绩也稍稍为后人所知。

康熙后代的悲惨结局

康熙一共有三十五个儿子，二十个女儿，他孙子辈有人统计是九十七个，康熙子嗣众多，但他百年之后，却落到了几乎断子绝孙的地步。是谁将康熙逼迫到如此地步？堂堂一代明君，身死之后，却不能安宁，造成这种局面的正是康熙的儿子雍正。

雍正残暴血腥的一面，史书上记载得十分详细，他担着篡改诏书的罪名走上权力的巅峰，为了杜绝旁人的话语，便用杀戮解决问题。关于雍正的残暴传闻很多，一种说法是雍正自己的亲生母亲就是被雍正逼死的。

雍正生母乌雅氏生三个儿子：胤禛、允祚（早逝）、允禵。雍正继位后，他囚禁自己的兄弟，防止他们和自己争夺皇位，雍正的母亲思念儿子，想去探望，但雍正不准，乌雅氏一气之下，便撞死在柱子上，一死了之。

雍正逼死自己的母亲是传闻，可信度并不高，但雍正杀死自己的兄弟，却有史料可循。雍正在《大义觉迷录》一书中，就"谋父""逼母""弑兄""屠弟""贪财""好杀""酗酒""淫色""好谀""任佞"等十项大罪进行自辩，颁行天下。他自己并不承认进行的杀戮，但历史不是可以蒙混过关的，在尘埃不断落定下，雍正做过的事情都瞒不过历史的眼睛。

康熙驾崩的消息传出后，紫禁城上下顿时气氛紧张。京城九门关闭六天，诸王非传令旨不得进入大内。雍正为了保证自己登基后不被推翻，便在康熙死后，逐一进行了清除活动。当年年满二十岁的皇子共有十五人，除了雍正，其他十四人分别是：雍正的大哥允禔、二哥允礽、三哥允祉、五弟允祺、七弟允祐、八弟允禩、九弟允禟、十弟允䄉、十二弟允祹、十三弟允祥、十四弟允禵、十五弟允禑、十六弟允禄和十七弟允礼。

这十四人成为雍正眼中的肉刺，他想处之而后快。允禔因为早先在权力争斗中落马早已被囚禁起来，雍正当政后，他丝毫不放松对允禔的监禁。生不见天日，在抑郁中，允禔最终于雍正十二年（1734年）死去。二阿哥允礽、三阿哥允祉、五阿哥允祺都在被雍正囚禁，或是剥夺权力之后，接连死亡。死因记载为病故，但几位阿哥接连死去，说是病故，似乎显得太牵强了。

七阿哥允祐、八阿哥允禩、九阿哥允禟、十阿哥允䄉关系较好，交情较深，他们更是被雍正视为眼中钉、肉中刺。他们心里也明白雍正容不下自己，其中八阿哥允禩因为表达了对雍正的不满，更是饱受折磨，被禁闭迫害而死。其余几位皇子也没有善终，相传是被雍正毒杀而亡的。

皇子们纷纷死去，剩余的一些皇子自然也是怕了雍正的残暴，就算有所不满，也不敢流露。十二阿哥允裪、十四阿哥允禵和十五阿哥允禑境况也不比之前的那些皇子好，或囚禁幽闭，或守陵孤独度日，完全没有皇家子弟的风光。

值得一说的是十三阿哥允祥、十六阿哥允禄和十七阿哥允礼，他们可能因为隐蔽较深，没有被雍正抓到什么把柄，因此平安度日，但时刻提心吊胆，日子也并不好过。

康熙英明神武，却没能庇佑自己的后代平安无事。这就是皇家最大的悲哀之所在。

道光帝遗诏解密清朝灭亡原因

道光在六十九岁时，肺病加重，御医们无力回天。公元 1850 年 2 月 25 日的中午，道光帝逝世于圆明园的慎德堂。《清史稿》称"宣宗春秋已高，方有疾，居丧哀毁，三十年正月崩"。

皇帝死了，就要有新接任的君主，其实道光皇帝早在五年前就做出了决定，按照清朝当时秘密立储的方法，新接任的君主早就尘埃落定了。道光帝死前的六个小时，他有气无力地宣布了大清国下一任君主的人选。

当时，在慎德堂内，灯火辉煌，所有御前大臣、内务府大臣、军机大臣、近支亲贵、皇子皇孙们都守在道光皇帝身边，等待着最后谜底的揭晓。太监捧来了长 32 厘米、宽 16.7 厘米、厚 8.7 厘米的木匣，这是一个楠木匣子，里面放着的正是关于继承皇位的人选的诏书。

这个匣子没有上锁，只是贴着一个封条，封条上写着"道光二十六年立秋"八个字。这是道光亲手封上的，如今，这个匣子要在众目睽睽之下打开，撕掉封条，将封藏的秘密展露出来。

盒子里有两道用朱笔写成的十分简练的密旨，道光帝拿起其中一道注着满文的密旨宣读："皇六子奕䜣封为亲王，皇四子奕詝立为皇太子。"

而后他又宣读了第二道旨意："皇四子奕詝立为皇太子，尔王大臣等何待朕言，其同心赞辅，总以国计民生为重，无恤其他。"

奕䜣是有为皇子，他重用湘淮军阀，引进西洋长技，曾使得清王朝出现过短暂的"同光中兴"，这样一个皇子，却最终没能成为皇太子，其间到底缘由几何，耐人寻味。在立储之事上，道光皇帝也是十分为难的。他一共有九个儿子，这九个儿子都有可能继承皇位，继承大统。

但如果从年龄、样貌、德智等种种方面考虑，只有四子奕詝和六子奕䜣两个人能够胜任。二人均为庶出，在年龄上仅差一岁，同在一起读书习武，而且聪明的奕䜣更加受到道光的宠爱，但为什么最终奕䜣却没有成为皇位的继承人，对此，史料有一段隐晦的记载：道光二十六年（1846 年）三月，皇帝校阅南苑，"诸皇子皆从，恭亲王奕䜣获禽最多，文宗未发一矢。问之，对曰：'时方春，鸟兽孳育，不忍伤生以干天和。'宣宗大悦，曰：'此真帝者之言！'立储遂密定"。

奕䜣收获虽多，但奕詝却能够意识到生命的价值，认为春天是鸟兽孕育的季节，他不忍杀生。这正是一个君王需要的仁慈之心，也正是这一点，道光皇帝的天平便倾向了后者。不过，仔细分析，奕詝有可能是自己无能，打不到猎物，便说出这样一番强词夺理的论调，也有可能是奕詝性格软弱，不够强硬。

但不管怎么说，道光皇帝选择了奕詝继承大统，也让清廷日后的发展陷入了不可逆转的沉沦之中。奕詝的才华在清代诸帝里虽中等偏上，但是身体很弱又纵情声色，很快便在三十一岁的时候逝去。

而后的清朝便一直走下坡路，倒是奕䜣，虽然没有当上皇帝，但大权在握，之后的垂帘听政、帝后党争之类的事他都有参与，假使当日奕䜣当上皇帝，那么清朝历史或许会改写。

后妃档案

历代皇帝的选妃内幕

古代也有流行趋势，不同时期的古人对美女的鉴定标准也不是一成不变的。影响他们评断标准最大的应该是历代帝王的个人喜好，比如"楚王好细腰"，汉唐喜"燕瘦环肥"，李煜喜"三寸金莲"等，都是典型的例证。

先秦时期的皇帝大多数都崇尚自然之美，所谓的"清水出芙蓉，天然去雕饰"，便是喜好标准，到了春秋战国时期，偏爱"杏脸桃腮，蛾眉凤眼，体若春柳，步出莲花"的女子；秦汉时期，崇尚"端庄颀硕"的庄柔之美；魏晋时期，崇尚逸雅之美；隋唐又崇尚丰腴之美；明代讲究德才兼备；清代则是满汉不通婚，宫廷妃子只限制于满、蒙、汉八旗官员家中的女子。

除了对样貌要求严格之外，被选中的女子在入宫前都先要接受严格的体检。皇室会专门对这些女孩子的身体、年龄、心理、生理等各方面进行考查，不但要德才兼备，还要心理健康，无精神问题。

对于年纪要求，各朝各代各不相同，东汉要求十三岁以上，二十岁以下。三国时期要求十五六岁。北齐时期要求十四岁以上，二十岁以下。明朝朱元璋时期则要求十五岁以上，二十岁以下。

还有要求皮肤细腻，不能有一颗痣、一点斑，并且都得是月经初潮时期的处子，这个年龄段的女孩子含苞待放，正是花季年岁。

当然，也有皇帝强征幼女，许多十一岁以下的女孩子就被带入宫中，明世宗朱厚熜便干过这种十分缺德的事情。他听信道士的诡言，采集女孩子初潮时的经血炼制壮阳丹服用。有的女孩还没到自然来月经的时候，他便让人施催经术，强行采经血。当时的宫女妃子都很恨他，朱厚熜对自己的皇后都很残忍，三位皇后或被折磨死，或被打入冷宫，可想而知，对待征集来的女子他更不会留有情面了。在他当政时期，被他下令打死的宫女就有二百多人。

为了炼制长生不老丹，实现自己得道成仙的梦想，朱厚熜疯狂采集"秋石"和"红铅"。"秋石"是采用童男小便，去其头尾，收其中段，加药熬炼而成。"红铅"则是收取处女经血加药拌和、焙炼而成。为了炼制丹药，朱厚熜三次大规模地从民间选取幼女，一次数百人，"采阴补阳"而用。

也有的皇帝只要看中女子姿色，便不论年纪，都选入后宫。像北齐高洋、南北朝时期的前废帝刘子业等，只要是美女，自家亲戚都不放过。

当然，这些都是个例，皇帝选妃普遍的都还按照当时的既定流程和规矩来，例如东汉光武帝刘秀当政时期，就派朝中的大臣去民间为他物色妃子。在《后汉书·皇后纪》中有着记载："（刘秀）遣中大夫与掖庭丞及相工，于洛阳乡中阅视良家童女，年十三以上，二十以下，姿色端丽，合法相者，载还后宫，择视可否，乃用登御。"

这里所说的"择视可否"，便是指体检的程序。对于皇帝的妃子，马虎不得，一定要挑出最漂亮、最干净的女孩子给皇帝享用。于是便需要对这些女子进行裸体检查。

进宫当皇帝的老婆，表面上看起来风光无比，但背后的辛酸却鲜为人知。

夏妃妺喜：红颜乱政还是君王误国？

与妲己、褒姒、陈圆圆等人相比，妺喜的名气显然不够大，但每逢提到"祸国红颜"，她往往首当其冲。但著名作家柏杨先生却在《皇后之死》中这样介绍妺喜："施妺喜是个可怜的女孩子，她的身份是一个没有人权的俘虏，在她正青春年华的时候，不得不离开家乡，离开情郎（假如她有情郎的话），为了宗族的生存，像牛羊一样地被献到敌人之手。"

史书中对妺喜的记载极为有限，现有的材料只能证明她是夏朝有施氏部落的女子。当时夏桀率领军队攻打有施氏，无力以暴制暴的有施将领们只好用"美人计"止战，美女妺喜就成了这场战争中的关键人物。虽然史书并没有详细记载妺喜的容貌，但想必她一定非常漂亮，漂亮到让夏桀对她一见倾心，立即停战，左拥美女右率大军快乐地回了夏都。

为了讨得美人欢心，夏桀劳民伤财、大兴土木，造"琼室瑶台"。妺喜日日不离其左右，甚至连批阅奏章时，夏桀也会听从妺喜的意见。民间还有一种传说可以印证夏桀对妺喜的宠爱简直达到了无以复加的地步：据说妺喜有一种特别的嗜好，喜欢听"裂帛"之声，于是夏桀便命人从早到晚地撕扯缯帛，以博美人一笑。

《国语》中记载"妺喜亡夏"的罪证还与一个人有关：伊尹。伊尹是商朝初期的重臣，也是辅助商汤灭夏的关键人物，他是作为商汤的"间谍"被安插到夏朝内部的。按照《竹书纪年》的记载：夏桀曾经派兵攻打岷山国，岷山国无力抵挡，于是便效仿有施部落，将美女琬与琰献给了夏桀，从此夏桀对妺喜的宠爱大打折扣，妺喜被弃置在洛河流域。妺喜失宠落寞之时，伊尹乘虚而入，不仅博得了美人芳心，还探得了诸多军事情报，为商汤灭夏铺垫了一条明路。

但是这段记载也存在疑点：当时妺喜根本不在夏都，且备受冷落，如何得到军事情报？想必伊尹也不会把自己的"间谍"身份告诉妺喜，所以即使他从毫无防备的妺喜口中刺探到了什么，这也不能成为妺喜亡国的"如山铁证"。

当人们将亡国的罪责压在妹喜身上时，往往忽略了背后的真相——若不是夏桀昏庸好色，夏朝将相腐败无能，又何至于国破为奴呢？历史文献中的夏桀，横征暴敛，荒淫无度，极尽奢侈，重用的权臣又多是趋炎附势的唯诺小人。大臣关龙逢曾向夏桀进谏，指出夏桀若再不收敛，必然亡国。夏桀听闻大怒："日有亡乎？日亡而我亡。"夏桀自比永恒的太阳，并杀了耿直的关龙逢。很多家破人亡、走投无路的百姓痛恨无道的夏桀，他们指着太阳咒骂："时日曷丧？吾与汝偕亡！"

妹喜的出现不过是使夏桀为自己的贪婪与残暴找到了一个新鲜的理由，他无限制地征用民力，一心淫乐、荒废朝政，暴虐地屠杀反对自己的大臣，残酷镇压奴隶和平民。夏朝末年，每当有部落起来反抗，夏桀采用的唯一方式就是出兵镇压，他试图以武力解决王朝分崩离析的困境，反而促使各方部落更加离心离德。

当夏桀一味涂炭生灵以致众叛亲离时，商汤却在养精蓄锐，伺机而动。夏朝的灭亡是必然的，即使没有妹喜，换作一个叫"妹忧"或"妹愁"的美人，夏朝一样会亡。所以，夏朝的灭亡，与其说是"红颜乱政"，倒不如说是"君王误国"。

"毒妇人"吕后原本是贤妻

刚开始，刘邦与吕雉的感情的确不错，毕竟是结发夫妻，共患难走过来的，彼此之间也有着一份相濡以沫的情感。但事情往往就是在交好运的时候，开始急转直下的。

刘邦夺了天下之后，便开始广泛搜罗天下美女，进宫来为他服务，其中他尤为宠爱的是戚夫人。比起其貌不扬的吕雉，戚夫人可谓是年轻貌美，莺声燕语，颇让刘邦赏心悦目。就这样，渐渐地，刘邦开始嫌弃吕雉，虽然他立吕雉为皇后，但却放置一旁，不理不睬，反倒是对戚夫人，随时随地都陪同左右。

　　吕雉不甘被抛弃，便与戚夫人明争暗斗，展开了较量。开始的时候，戚夫人总是占上风，因为有刘邦的撑腰。作为正牌妻子，吕雉的儿子刘盈被立为太子，那本是天经地义的事情，但偏偏戚夫人想要让自己十岁的儿子如意当太子。

　　她仗着自己受宠，便在刘邦耳边说刘盈的坏话，渐渐地刘邦也觉得刘盈不像自己，不如如意聪明，有了废太子的念头。但当他将废太子的想法拿到朝中商议时，却遭到了大臣们的反对，这才作罢。

　　戚夫人的阴谋没有得逞，反而让吕雉心生戒备，她精心策划，巩固刘盈的势力。之后虽然戚夫人多次向刘邦提出立如意为太子的事情，但可惜刘邦年老力衰，而且吕雉的势力已经壮大，是他无法撼动的，也就无法办到。为了确保如意安全，刘邦只得将年幼的如意送到离京城三千里外的封地当王去了。

　　之后没多久，刘邦便去世了，刘盈继位，史称惠帝，吕雉便成为皇太后。没有了刘邦的庇护，戚夫人的性命变得岌岌可危。对于既是情敌又是政敌的戚夫人，吕雉一点没有手软，她让人用火钳将戚夫人的头发通通拔光，然后还罚她去做繁重的劳作，每天要舂一石的米，如果少半升就要打她一百棍。

　　戚夫人每天过着这样的生活，自然心中有所不满，想起之前的锦衣玉食，万千宠爱，不由得悲上心头。"子为王，母为虏，终日舂薄暮，常与死相伍，相离三千里，当谁使告汝？"戚夫人指望儿子来救她，却没想到这感慨被吕雉听了去。

　　吕雉听后又心生一条毒计，她将戚夫人的儿子如意召入京城，随后下毒药暗害了他，如意死的时候状貌恐怖，七窍流血。当时的皇帝刘盈看后于心不忍，但他也在吕雉的掌控之中，无法做出任何反抗，只得用王的礼仪将自己这个同父异母的苦命弟弟埋葬了，谥号为隐王。

害死如意后，吕雉依然难解心头之恨，她将戚夫人做成了"人彘"，还邀请刘盈去参观。不知道"人彘"为何物的刘盈随着太监走到一间茅厕里，只见一个没有四肢的血人倒在地上，眼珠被挖掉，只留下两个血窟窿，但人还没断气，身体还在抽搐着。

听到旁边的太监说这就是当日风华绝代的戚夫人时，刘盈差点被吓晕过去。看到戚夫人半死不活的样子，刘盈从此后再也不敢和母亲作对，也不再管理朝政，每天只是饮酒作乐，昏昏度日，就这样过了七年便死了。

这期间一直都是吕雉在把持朝纲，而她也一如既往地将狠毒用在治理国家上。吕雉之所以会变成恶毒的妇人，应该说和刘邦有着直接的关系。刘邦没有处理好夫妻之间的感情，而他本人又纵欲好色，让吕雉倍感人情冷暖。吕雉在夫妻感情失调之后，又遭受地位受到威胁的危机感，这些都可以算得上是吕雉变成"毒妇人"的缘由。

汉武帝后妃无一善终

汉武帝刘彻在位五十四年期间，将汉王朝推向了鼎盛巅峰，作为最有建树的中国封建帝王之一，刘彻也有着冷酷、淡漠的一面。他后宫佳丽甚多，但是最终却无一人能够善终，无论是被刘彻宠幸的，还是被刘彻打入冷宫的，最终都逃不脱凄凉的悲惨结局，于是，刘彻也被冠上了"无情郎"的称号。

班固在《汉武故事》中写道："数岁，长公主嫖抱置膝上，问曰：'儿欲得妇不？'胶东王（即刘彻）曰：'欲得妇。'长公主指左右长御百余人，皆云不用。末指其女问曰：'阿娇好否？'于是乃笑对曰：'好！若得阿娇作妇，当作金屋贮之也。'"

这是尽人皆知的"金屋藏娇"的故事，长公主是刘彻的姑妈，她将自己的女儿陈阿娇献给刘彻，刘彻在十七岁继位后，便立阿娇为皇后。二人之间的感情也曾十分深厚过，但可惜阿娇虽然貌美质丽，却无法生下子嗣，这在母以子贵的后宫，是最大的悲哀。

很快，刘彻便为此嫌弃阿娇，开始宠幸宫女卫子夫。卫子夫聪明伶俐，能歌善舞，很讨刘彻的欢心。但阿娇面对自己的失宠，难以接受，为了夺回自己的昔日宠幸，她让巫女在皇宫里开坛设法，想要诅咒卫子夫。

刘彻最为厌恶的便是巫蛊，阿娇的事情败露后，刘彻勃然大怒，他不但将巫女杀死，对一同牵连在此事中的三百余人，也都统统斩杀，而陈阿娇被废，打入了冷宫。据《汉书·外戚传》载："皇后失序，惑于巫祝，不可以承天命，其上玺绶，罢退居长门宫。"

昔日的恩情统统不顾，陈阿娇就此被刘彻遗忘。刘彻与卫子夫乐在温柔乡中，陈阿娇只得在长门宫中以泪洗面，最终被幽禁至死，年仅三十八九岁。陈阿娇的死并未换来卫子夫的幸福。

卫子夫本是刘彻姐姐平阳公主的侍女，只因歌舞了得被刘彻看中后带回宫中，从此便开始了富贵生涯。卫子夫入宫后，很快便生下了三女一男，刘彻喜得龙子，自然对卫子夫更是宠幸，他立卫子夫的儿子为太子，而同时，也将卫子夫立为皇后。卫家便在一夜之间势倾全国。当时一首民谣便唱道："生男无喜，生女无怒，独不见卫子夫霸天下。"

但是树大招风，好景不长。嫉妒卫家权势的人，设计陷害太子在宫中参与巫蛊作祟，为了不被刘彻缉拿，太子只得先下手为强，起兵去杀害诬陷他的人，但起兵失败，太子在被逼迫下自缢身亡。卫子夫这时已年老色衰，不再受刘彻宠爱，又出了这样的事情，她只能选择了结自己的生命，交出皇后的玉玺后，她在宫中悬梁自尽。

刘彻余怒未消，依然痛下杀手，不但斩杀了太子的幕僚，还将卫家三族都诛灭。一场血淋淋的屠杀，令数万人倒在了血泊中。

血腥并没有让刘彻停下寻美的步伐，他的乐师李延年为了讨得皇帝欢心，便将自己的妹妹进献给刘彻，刘彻看后很是欢喜，立即封其为夫人，升李延年为协律都尉。但可惜李夫人福薄命薄，为刘彻生下一子后，很快便病入膏肓，卧床不起。

李夫人深知刘彻的心，她知道刘彻只是喜欢自己的美貌，如果看到她病中憔悴的模样，定当厌恶，于是自生病之日起，便拒绝刘彻探视。果然，李夫人死后，刘彻为此茶饭不思，十分思念当日那个貌美如花的女子。可惜，这份思念并未延续很久，公元前95年，刘彻北巡时，遇见十七八岁的赵钩弋，见其貌美如花，光彩照人，便带回宫中，为她修建了"钩弋宫"。

赵钩弋不久后便怀孕了，十四个月后生下了男婴，也就是后来的汉昭帝刘弗陵，这时刘彻已经五十多岁了。老来得子，刘彻十分欣喜，将其立为太子。可是随着刘彻的年纪越来越大，他的疑心也越来越重，在公元前88年，刘彻找碴儿，杀死了赵钩弋。理由是自古以来，国家大乱，无非都是因为子少母壮，女主专权，为了避免这样的事情发生，不如及早将女主杀死，杜绝后患。

将草菅人命说得如此轻描淡写，刘彻的心真如铁石般硬。

解忧公主真实的一生

公元前121年，汉武帝任命霍去病为骠骑将军，率兵进攻匈奴右贤王部，霍去病在陇西一带大败匈奴，匈奴从此远遁大漠。为了进一步巩固战果，汉武帝派遣使者出使西域，以求联络西域各国共同对抗匈奴。当时，西域地区最大的王国是乌孙（在今新疆伊犁河流域），与匈奴相处最近，于是，张骞建议汉王朝下嫁公主，与乌孙联姻，以达到共同夹击匈奴的目的。

汉武帝接受了张骞的建议，公元前 105 年，汉武帝封江都王刘建的女儿刘细君为公主，下嫁乌孙国王昆莫（乌孙王号）猎骄靡，但仅仅过了几年，细君公主便因悲愁过度离世。为了继续保持这种政治联姻，汉武帝经过深思熟虑，决定再选派一位宗室女与乌孙和亲，于是，这个重任就落在了楚王刘戊孙女刘解忧的身上。

公元前 101 年，被封为公主的刘解忧告别了长安，告别了亲友，踏上了和亲之路。来到乌孙后，解忧公主成为军须靡的夫人，为了使自己能够尽快融入这个游牧民族，她努力适应当地的生活习惯，积极学习乌孙语言，并尽力和乌孙贵族打成一片。

几年后，军须靡去世，他的堂兄弟翁归靡即位，按照乌孙国的习俗，新即位的国王要继收上一位国王的夫人做妻子，于是，翁归靡娶解忧公主为妻。

公元前 87 年，汉武帝刘彻驾崩，刘弗陵继承皇位，史称汉昭帝。匈奴这时趁机卷土重来，接连进犯五原、朔方等地，而且还与车师国结盟，在公元前 74 年出兵乌孙，要求翁归靡交出解忧公主，并断绝与汉朝的一切往来。面对匈奴的挑衅，解忧公主毫不惧怕，她毅然上书汉昭帝，建议汉、乌联合出击匈奴。公元前 72 年，时值汉宣帝在位，汉、乌组成联军二十万，东西夹击匈奴，使匈奴元气大伤，从此一蹶不振，汉朝北边的威胁基本消除。

随后，翁归靡为了发展与汉朝的和亲关系，决定立他和解忧公主的长子元贵靡为嗣。公元前 64 年，翁归靡上书，为元贵靡求亲。汉宣帝答应了他的请求，封解忧公主的侄女相夫为公主，前往乌孙和亲。但是当和亲队伍行进到敦煌时，却突然传来翁归靡去世、军须靡的匈奴夫人所生子泥靡即位的消息，汉宣帝立刻召回了和亲队伍，单方面取消了婚约。

为了遵从乌孙习俗，更为了维护汉朝在乌孙的势力，深明大义的解忧公主做出嫁给泥靡的决定。但是，因为政见不同，泥靡和解忧公主之间的夫妻关系并不融洽，时常剑拔弩张，而且泥靡残暴凶狠，使乌孙子民怨声载道，为了使乌孙重新兴旺，解忧公主与出使乌孙的汉朝使者策划在接风酒宴上刺杀泥靡，可惜行刺武士利剑刺偏，只击中泥靡右膀，受伤的泥靡仓皇逃命，藏匿深山。

汉王朝几经调停，乌孙国最终一分为二：解忧公主的长子元贵靡任大国王；匈奴公主的儿子乌就屠任小国王。

解忧公主在乌孙生活了半个多世纪，共嫁两代三任国王，生育多个子女，除了四子鸥靡九岁夭折外，她的大儿子出任乌孙大国王，次子成为沙车国国王，小儿子当上乌孙大将；大女儿做了龟兹国王后，次女嫁给乌孙侯王，这加强和巩固了汉王朝与西域诸国的关系。

甘露三年（前51年），解忧公主回到汉朝，两年后病逝，终年七十二岁。因为解忧公主成功联合乌孙与汉朝夹击并大败匈奴主力，使得匈奴内部发生分裂，一部分人开始谋求与汉朝和亲，于是就有了后来尽人皆知的昭君出塞的故事。

隋炀帝皇后的战俘生活

公元582年，隋朝开皇二年（582年），本着父母之命，媒妁之言，十三岁的晋王杨广娶了十二岁的萧氏。而后他们一起生活，一直到了618年的春天，隋朝大乱，隋炀帝被部下逼迫，自缢身亡，而萧皇后便落入了当时的权臣宇文化及手中，成为战俘，被养在宫中。根据《隋书·列传》中的记载，这场婚姻被写为："化及于是入据六宫，其自奉养，一如炀帝故事。"

隋炀帝已死，萧氏的处境自然不会好到哪里去。萧氏虽然已经青春不再，但依然端庄、俊美，宇文化及对萧氏自然垂涎几分，619年，宇文化及带着萧氏，居然跑到魏县，关起门来当皇帝。

可惜好景不长，皇帝并不是那么好当的，尤其是动乱年代，除非足够强大，否则只有等着被推翻的命运。宇文化及还没来得及巩固自己的力量，就被窦建德率领着一支农民起义军杀上门来，窦建德自称"大夏王"，口口声声为死去的杨广报仇。

宇文化及与窦建德在聊城展开了一场恶战，窦建德的军队战斗力很强，他动用了自己的战车，将石头抛上城墙。这种十分原始的"土炮"令宇文化及难以招架，聊城最终失守，落入了窦建德手中，而一同被窦建德接管的还有萧氏。

萧氏再次落入别的男人手里，这次她虽然选择了自尽，但却被窦建德的部下抢救了过来，窦建德自称是杨广的拥护者，对萧氏一直以礼相待，《旧唐书》里说："建德入城，先谒隋萧皇后，与语称臣。"

虽然如此，但萧氏也并未获得真正的自由，她一直在窦建德的军中，虽然历史中并未记载她曾被窦建德强行霸占，但从一些古代文献中，似乎也可以对窦建德与萧氏的关系做出一些推断。

在《旧唐书》中有过一段记载："建德每平城破阵，所得资财，并散赏诸将，一无所取。又不啖肉，常食唯有菜蔬、脱粟之饭。其妻曹氏不衣纨绮，所使婢妾才十数人。至此，得宫人以千数，并有容色，应时放散。"

从这段历史中可以看出窦建德不会去霸占他人的妻女，而且最主要的是，窦建德的妻子曹氏十分彪悍，对窦建德看管严格，绝不允许他与别的女人有染，而且萧氏留驻时间并不长，约莫两三个月后，她又转到了突厥人的手里。之所以会去突厥，是因为突厥的义成公主从窦建德手上要走了她。

这位义成公主早年被杨坚嫁给了启明可汗。后来，她的丈夫死了，她便改嫁"儿子辈"的始毕可汗、处罗可汗和颉利可汗。对于这段历史，《隋书》一笔带过："突厥处罗可汗遣使迎后于洺州，建德不敢留，遂入于虏庭。"

去到突厥后，萧氏随同义成公主一起被纳入了处罗可汗的寝帐。后来，处罗可汗死了，姑嫂两个又嫁给他的弟弟——颉利可汗。

在突厥生活的萧氏早就断了回中原的念头，一直到公元630年，突厥大败，义成公主死了，颉利可汗遭擒，她这才回到长安。但此时的她依然是战俘的身份。回到长安后，虽然受到了大唐的礼遇，但她却深居简出，独自生活了十八年后，孤独终老。

《资治通鉴》里说："庚子，隋萧后卒。诏复其位号，谥曰愍；使三品护葬，备卤簿仪卫，送至江都，与炀帝合葬。"讲萧皇后死后，与隋炀帝合葬在了一起，夫妻二人也算是最终相守在了一起。

后宫里的"坏女人"

大明成化年间，后宫被一个名叫万贞儿的宫女一手遮天，搅得天翻地覆。作为皇帝朱见深的贴身保姆，她历经寒暑十七载，陪伴着这位比自己小十七岁的皇帝度过沉沉浮浮的无数个日夜，受尽旁人白眼，终于在朱见深十九岁登上帝位后，修成正果。

朱见深登基后，虽征选了不少妃嫔，但对万贞儿的宠爱依然是有增无减。此时的万贞儿将近四十，女人敏锐的自危感让她在后宫草木皆兵，自卑自怜又自哀。

为了保住在朱见深心中的地位，她常在朱见深枕边说妃嫔们的坏话，从小养成的依赖感让朱见深对她言听计从，朱见深不但废了皇后，还打算立她为皇后，如果不是皇亲大臣极力阻挠，只怕万贞儿一登凤座的愿望就会成真了。

得不到皇后地位的万贞儿为了彻底占据朱见深的心，开始串通宦官将眼线遍布后宫，一旦发现哪位妃嫔或者宫女得到宠幸，怀上龙种，便暗下毒手，必让孩子胎死腹中。所以，朱见深虽有着后宫佳丽数十人，却是一个子嗣也留不下。

作为元凶的万贞儿在顺利诞下一名男婴后，被朱见深封为贵妃，本以为母凭子贵，一帆风顺的日子到了，却没想到天有不测风云，孩子一年后死于疾病，而已经属于高龄的万贵妃，是不可能再生产了。

眼看着朱家就要绝后，万贞儿依然没有停下她罪恶的双手，朱见深的子女一个一个都被她暗杀在无形之中。

对于爱情来说，最大的威胁不是情敌，而是时间。万贞儿本来就年纪大了，再加上痛失爱子，郁结于心，不久后就一病不起，这对专情的朱见深来说，无疑是个沉重的打击。

万贵妃的好与坏，他都不在乎，只要有这个女人陪在身边，他便心满意足。最终万贵妃还是挡不住病魔的侵袭，撒手人寰。在万贞儿死后，朱见深食不知味，终日悲伤，一年后也紧随而去，大明王朝也变得更加摇摇欲坠。

后宫中最悲惨的女人

电视上总能看到宫女打扮艳丽，为主子们干着端茶送水的活计，其实在真实的历史中，宫女们却并非如影视剧中所表现的那样光鲜。宫女是从民间千里挑一选出的绝顶美女，但她们却因为自己的美貌而葬送了人生。这些闭月羞花、沉鱼落雁的美女一踏入宫门便算是走上了一条不归路，她们所背负的性虐待、杀戮、欺辱、殉葬等痛苦，都是十分深重的。

明朝的宫廷美女应该算是最凄惨的。她们需要经过层层筛选，还要再经过多重选拔，最后能进入宫廷的不超过一百人。

然而，这些宫女一旦进入宫中，便彻底失去自由，一辈子不能出宫，除了要在宫里干苦力之外，还要时时刻刻提防着会不会被心情不好的皇帝处死。宫女们大多住所简陋，衣食菲薄，终生从事繁重的工作，不但要遵守烦琐、严苛的礼节，还要在森严的等级制度下战战兢兢地生活，稍有不慎便会人头落地。而且不能和亲人相见，更不能成婚生子，一旦入宫便注定了她们要孤独终老。

在明朝的宫中，规矩十分多，宫女们更是被严格地控制着，除了每天要完成各种劳动外，还要在知书女内官的教习下读《女训》《女孝经》等书，接受"洗脑"教育。

如果宫女稍有违规，遭受的就会是严酷的惩罚，其中"墩锁""提铃"和"板著"最常使用。

"墩锁"就是囚禁，宫女会被关入牢中，几天不给吃喝，直到奄奄一息时才被带出。"提铃"是让受罚的宫女每天夜里从明宫的乾清宫门到日精门、月华门，然后回到乾清宫前，走着正步，高唱天下太平，声音要拖很长，与所带的铃铛声音相应和。"板著"是比前两种更为严酷的刑罚，被罚的宫女面向北方立定，弯腰伸出双臂，用手扳住两脚。身体不能弯曲，这种状态要持续一两个时辰不等，完全看女官的心情而定。被罚的宫女一般都会坚持不住，轻则头晕目眩，重则倒卧在地，呕吐至死。

除了这些残酷的规则，宫女生病还不能得到医治，完全靠自身恢复，明朝有条规定是："宫嫔以下有疾，医者不得入，以证取药。"妃嫔都是如此，宫女更是不用说了。根据《明宫史》记载："有掌司总其事者二三十人。凡宫人病老或有罪，先发此处，待年久方再发外之浣衣局也。"也就是说，宫女如果得了病，或者年老虚弱了，就如同戴罪之人一般，要被发配到一个固定的地方，靠劳作来养活自己，然后等死度日。当然也有些宫女被皇帝看中，封为妃子，如果再生下一儿半女，那地位才能略有改变，不过大部分宫女多是幽闭在宫墙之内，了此一生。

宫女生前不能出宫，死后同样不能出宫。明朝的宫女死后不允许埋入土里，都是火葬，骨灰会被撒入枯井之中。一直到明嘉靖年间，有一个贵妃捐钱买了几亩民地，一些不愿意尸骨被放入枯井的宫女便要求葬于此地。清朝的刘廷玑在《在园杂志》中说："墙固垒垒，碑亦林立……每于风雨之夜，或现形，或作声，幽魂不散。"许多宫女为了来生不再受苦，纷纷要求不要埋得太深，这样可以及早转世，能够重新投胎个好人家。

宫女生前在宫中过着最卑微的生活，死后依然不能有一块葬身之所，情何以堪！

萧皇后命丧《十香词》之谜

由于辽道宗听信小人谗言，相信萧皇后与人通奸，便命其自尽，造成了堪称辽国历史上最大的冤案，史称"十香词冤案"。

萧皇后原名萧观音，十六岁时嫁梁王为妃，次年，梁王登基为辽道宗，萧观音被册封为皇后。精通汉文化的萧皇后常常吟诗作赋，弹古筝，且写得一手漂亮书法。才貌双全的萧皇后深得辽道宗喜爱。

当时，有个叫耶律乙辛的人权倾朝野，萧皇后深感忧虑，于是劝说道宗不要将国事全部委托给耶律乙辛，以免发生"功高盖主"的事情。萧皇后的进言引起了道宗的重视，便下旨让太子参与朝政，取代耶律乙辛。得知事实真相的耶律乙辛对萧皇后怀恨在心，发誓要报仇，因此格外关注萧皇后的动向。

道宗毕竟是一国之君，岂能专心喜欢皇后一人？丈夫对自己的宠幸越来越少，深感寂寞的萧皇后便写了一首情意绵绵的《回心院》，希望被改编成歌曲唱给道宗听。当时，宫中伶官中只有赵唯一一人能把这首词谱成乐曲，而且他的嗓音条件最好。为了尽快让道宗知晓自己的心意，萧皇后常常命赵唯一进宫演奏。不想，这却给了耶律乙辛报仇的机会。一方面，他收买皇后身边的丫鬟单登；一方面，他派人写了一首感情真挚却很露骨的

《十香词》。

有一天，单登向萧皇后恳求道："这首《十香词》为宋国皇后所著，但笔记拙劣。如果皇后能抄写一份送与奴才，奴才将感激不尽。"萧太后答应了单登的请求。《十香词》全诗如下：

青丝七尺长，挽作内家妆；

不知眠枕上，倍觉绿云香。

红绡一幅强，轻阑白玉光；

试开胸探取，尤比颤酥香。

芙蓉失新艳，莲花落故妆；

两般总堪比，何似粉腮香？

蜻蛉那足并，长须学凤凰；

昨宵欢臂上，应惹颈边香。

和羹好滋味，道语出宫商；

定知郎口内，含有暖甘香。

非关兼酒气，不是口脂芳；

却疑花解语，风送过来香。

既摘上林蕊，还亲御苑桑；

归来便携手，纤纤春笋香。

凤靴抛合缝，罗袜卸轻霜；

谁将暖白玉，雕出软钩香？

解带色已颤，触手心愈忙；

那识罗裙内，销魂别有香。

咳唾千花酿，肌肤百合装；

元非噉沉水，生得满身香。

当《十香词》抄好后，受其内容感染，萧皇后又即兴写了一首怀古绝句：

　　　　宫中只数赵家妆，

　　　　败雨残云误汉王。

　　　　唯有知情一片月，

　　　　曾窥飞燕入昭阳。

　　见时机成熟，耶律乙辛让单登向辽道宗揭发萧皇后和赵唯一"通奸"的事情，物证就是《十香词》和《怀古》。尤其是《怀古》一诗，里面含有"赵唯一"三个字，这就成了"铁证"。况且，赵唯一已经被耶律乙辛屈打成招，对他与萧皇后"通奸"的事情供认不讳。

　　被怒气冲昏头脑的辽道宗，立即下令处死萧皇后。于是，宫人捧着一匹白绫，来到萧皇后寝宫。萧皇后死后，辽道宗仍未解气，命裸其尸体，裹以芦苇席，送回萧家。

　　一代皇后竟然被冤枉致死，不能不说令人扼腕叹息！

真实的香妃是否体有异香？

　　香妃，一个自异域而来、体带异香、美艳绝伦的女子，一个极具传奇色彩的女子，她到底是民间的演绎，还是真实存在过？

　　据传，乾隆时期，回部发生叛乱，清军入回疆，定边将军兆惠俘获一回部王妃，此女子天生丽质，更奇的是她通体会散发沁人心脾的异香，有人说是沙枣的香气，于是，人称香妃。乾隆帝对她大为倾心，执意纳之为妃，为讨其欢心，特在西苑建造了一座宝月楼，供香妃居住，并常亲临探视，希其顺从。然而香妃性格刚烈，誓死不从，并身藏利刃，表示不屈的决心，还时常因思念家乡而凄然泪下。

　　皇太后得知此事，召见香妃，问她："你不肯屈志，究竟作何打算？"香妃以"唯死而已"相答，太后说："那么今日就赐你一死。"香妃拜谢，于是太后趁乾隆帝单独宿斋宫之际，命人将香妃缢死。

香妃死后，乾隆帝悲伤不已，最后以妃礼将其棺椁送回故乡安葬。一百多人抬着她的棺木，走了三年，才把她送回喀什，葬归故里。

然而，传说虽引人入胜，但它与历史相去甚远。

史载，乾隆帝先后有嫔妃四十多人，只有容妃来自叶尔羌（今新疆莎车）回部，一般认为她就是传说中的香妃，但实际上容妃并不是被掠进宫的。当年容妃家族因反对叛乱，拥护朝廷，平叛有功而被乾隆皇帝召进北京，封官晋爵，容妃的父亲和哥哥为了感谢皇帝的恩德，也为表对朝廷的忠心，决定把聪明美丽的容妃送进皇宫，服侍皇上。

后宫上下对她的印象都很好。乾隆二十六年十二月三十日，即 1762 年 1 月 28 日，乾隆帝奉皇太后懿旨，晋封和贵人为容嫔。乾隆二十七年（1762 年）五月二十一日举行了容嫔的册封礼。第二年，容嫔的哥哥图尔都被晋封为辅国公。乾隆三十三年（1768 年）容嫔被封为容妃。乾隆三十年（1765 年）正月，皇帝第四次南巡，容嫔和图尔都随驾同行。皇帝的妃嫔很多，而外出陪驾的妃嫔只有几位。容嫔能够随驾，表明她在皇帝心目中的地位很高。一路上，容嫔兄妹第一次饱览了祖国的壮美山河，大开了眼界。

从这里可以看出，容妃深得乾隆帝的宠爱，不仅随乾隆帝南巡，还被特许在宫中着本族服装，并配备回族厨师。

在史籍与档案中，也未见容妃有体散异香的记载，更无被皇太后赐死的结局。可见，容妃并无传说中香妃的曲折经历，她不是香妃。

另外，有史料证明，乾隆帝下令在西苑建宝月楼不是为了容妃（或称香妃），乾隆帝在他的《宝月楼记》中讲得很明白，建宝月楼是因为每临台南望，嫌其直长鲜屏蔽。即它可起到屏障、遮挡之用。从时间来看，宝月楼建在容妃进京之前，即乾隆二十三年（1758 年），当时乾隆帝并不知道香妃进京并能为己所爱，所以，乾隆不会为了取悦香妃而建宝月楼。

　　原来，香妃只是一个人们心中的美丽女子，经过文人墨客和野史的绘声绘色的渲染，逐渐使人们相信她的存在，至于香妃体香引来翩翩蝴蝶，死而复生，最后被小燕子和紫薇救出宫闱，则又是琼瑶为野史续添的一笔。

第六篇

宫闱隐私

文姜的功过是非

文姜，姓姜，无名，因其以才华著称于当世，所以被冠以"文"。正所谓"一千个人笔下会出现一千个哈姆雷特"，对于这样一个才华绝伦，美艳惊人的女子，史书上也有着不同的记载。例如，在《诗经·有女同车》中，对她的评价是"彼美孟姜，德音不忘"，而在《诗经·南山》中，对她的评价却变成"鲁道有荡，齐子由归"。那么，历史上的文姜到底是一个怎样的人呢？

齐僖公出任齐国国君时，国力已经变得非常强盛，再加上公主的美艳绝伦，其都城临淄自然就成为诸侯王子必到的相亲之地。在众多的追求者中，能让文姜动心的只有郑国世子姬忽，两国也因此缔结了婚约。

但是，没过多久，姬忽却听信文姜生性淫荡的传言，以"齐大非偶"为由，单方面撕毁婚约。对于文姜来说，这个消息无异于晴天霹雳，从那时起，她开始变得自怨自艾，以现代医学观点来看，当时的文姜很可能患上了严重的抑郁症。

变故发生后，文姜同父异母的哥哥姜诸儿乘虚而入，每日对她嘘寒问暖，体贴入微，时间长了，两人之间的兄妹之情竟然逐渐转变为儿女私情。

纸终究包不住火，这段乱伦之恋很快就传到了齐僖公的耳中，让齐僖公伤透了脑筋。

恰在此时，鲁国国君鲁桓公派人来求亲，齐僖公大喜过望，立刻把文姜嫁到鲁国，并禁止她再回到齐国。

文姜在鲁国过了几年安分的日子，虽然心中对姜诸儿充满了思念，但是父命难违，她只能把无尽的思念深深地埋藏在心中。

到了鲁桓公十八年（前694年），文姜终于等来与姜诸儿重会的机会。在这四年前，齐僖公一命归西，姜诸儿以世子身份即位，史称齐襄公，这次他邀请鲁桓公到齐国赴会，文姜自然陪同夫君一同回到齐国。

在齐国，文姜和姜诸儿旧情复燃，却被鲁桓公察觉。为防止事情败露，齐襄公派出力士彭生击杀鲁桓公。因为私情，一国国君把另一国国君谋杀了，这在古代历史上恐怕是空前绝后的事情了。

得知鲁桓公的死讯后，鲁国宗室虽然怀疑其中有阴谋，却也不敢出兵攻打齐国讨一个说法。这主要有两个原因：一是他们目前只是怀疑，对于国君的死因查无实据，自然也就出师无名；二是鲁弱齐强，贸然出兵，无疑是鸡蛋碰石头。在万般无奈之下，鲁国只好先稳定国内局势，由世子姬同继位，史称鲁庄公。

丈夫死了，文姜却不愿扶柩回鲁，而是希望暂住在边境地区，日后再返回鲁国。出于孝道，鲁庄公只好派人在禚地建造宫室，供母亲居住。齐襄公听说后，也派人在禚地附近的阜建造离宫，供他来游玩，至于两个人为什么这么做，那自然是醉翁之意不在酒。

然而，两人在一起厮守的日子并没有维持多久。齐襄公十二年（前686年），大夫连称、管至父伙同公孙无知将齐襄公杀害，逃亡在外的公子小白返回齐国，被立为国君，史称齐桓公。

政治上发生巨变，心上人也死于非命，文姜不得不返回鲁国，辅助儿子处理国政。此后，她表现出不同的一面。她在政治上表现出敏锐的洞察力，在外交上显现出左右逢源的智慧，在军事上也表现出过人的才能，使鲁国从一个人见人欺的小国，逐渐变成军事、经济强国，在诸侯战争中屡战屡胜，甚至在长勺之战中，一举击溃了强大的齐国，使齐桓公在争霸斗争史上出现了一次少有的挫折。

曹操墓真与儿媳墓相连吗？

《彰德府志》记载，魏武帝陵在灵芝村。灵芝村位于铜雀台正南五千米。而铜雀台的南面就是曹丕之妻甄后的朝阳陵。公公与儿媳的墓为何离得如此之近呢？

甄后是三国时期著名的美女，原名为甄文昭，嫁与袁绍二子袁熙。甄后美名远播，曹操父子早有耳闻。曹操败袁绍于邺之后，曹丕先曹操一步入袁府，见甄后美貌绝伦，遂纳之为妻。曹操见曹丕娶走了甄后，虽无可奈何，却仍对甄后念念不忘。《后汉书·孔融传》记载，孔子的后人孔融，曾写过一封信给曹操，信中有"武王伐纣，以妲己赐周公"这样的话。孔融给曹操解释时说："以今度之，想当然耳。"而曹操一向以周文公自诩，孔融的话也就是在说曹操与甄后之间关系微妙，甚至有私情。这样的"侮谩之辞"其实是在揭露曹操的家丑，曹操在盛怒之下杀了孔融。

另外，《魏书》记载，曹操死后，曹丕对甄后的恩宠消失，甚至还因为甄后曾对曹丕的新宠说了一些不满的话，就对甄后百般虐待乃至赐死。此外，曹丕还在曹操死后不久就将其父的妃嫔全部召来，供自己玩乐。

但是也有人认为，曹操与甄后并无暧昧关系，是清代学者为了故意抹黑曹操而编造了曹操与自己儿媳有染的传闻。

关于曹操的埋葬之处，谯县也曾被当作其中之一。因为谯县埋葬了曹操祖父、父亲、长女等人，曹操墓也可能就在这里的"曹家孤堆"之中。《魏书》记载："甲午军治于谯，大飨六军及谯父老百姓于邑东。"曹操死于公元220年正月，死后两日下葬，曹丕这段时间来到谯县，说明了父亲曹操就是葬于此地，曹丕是为纪念其父而来。《魏书》记载："丙申，亲祠谯陵……"谯陵指的就是曹氏孤堆，曹丕生于谯县，曹丕来这里祭祀也主要是为了祭先王之陵。

曹操真正葬于何处仍是一个谜团，曹操与甄后之间是否真的有私情也没有确切的证明。2008年，河南省文物局拟对安阳境内一东汉墓进行抢救性发掘。后经河南省专家论证，确认此东汉大墓即为史籍记载中的高陵，也就是曹操之墓，但也有些考古学家对墓主的真实性存在疑问。这引发了考古学界的热烈探讨，只能等着进一步的考古发掘和研究才能对所有的问题做出定论。

李渊起兵过程

隋朝末年，天下动乱，英雄四起，太原的李渊也是蠢蠢欲动，准备伺机起事，去与群雄一起争夺天下。

李渊，静宁成纪（今甘肃静宁治平）人，他的祖父李虎是西魏时的太尉，父亲李昞是北周时期的御史大夫、安州总管、柱国大将军，隋时封唐国公，死后谥唐仁公。母亲是隋文帝的小姨子，可以说，李渊与隋炀帝是姨表兄弟，作为皇亲国戚，他一直深受隋炀帝的重视。

隋炀帝继位后，便将李渊任命为荥阳、楼烦二郡太守。后又任为山西河东慰抚大使，在太原留守。炀帝统治后期，全国陷入农民起义的混乱之中，李渊无力镇压，但又怕遭到隋炀帝的猜忌，为了自保，他想提前动手，而他的次子李世民也是支持起事的。

李世民作为从小随军长大的孩子，性格中充满叛逆、果敢，李渊虽然有谋反之心，但却迟迟未肯行动，李世民不想拖延时间，不想做大隋王朝的陪葬品，于是，李世民去找他的谋臣刘文静商量。刘文静因为与瓦岗寨李密联姻，曾被李渊关入牢中，但此人极富韬略，性情狂傲，有着过人之处，深受李世民的偏爱。李世民找到刘文静，二人对起兵谋反这件事一拍即合。

刘文静为李世民提出了三点建议：第一，要想造反不能大张旗鼓，那样会引人耳目，遭到其他起事者的反扑，这一切要在暗中小心完成，暗度陈仓最后方能水到渠成。第二，李渊虽然手中握有很多兵马，但兵马还是越多越好，成功的概率才能越大，所以还需要多招兵马，到时候攻取长安，将各地的兵马汇集一处，不怕不能成事。第三，吸纳人心，现在各地豪杰都纷纷起来造反，这些人手中的权力都可以为己所用，只要能让他们归顺，到时候矛头都指向大隋王朝，那江山必定就是李家的了。

听罢刘文静的一番分析，李世民成竹在胸，此刻他要做的只有一件事情，就是彻底地说服李渊。而这也是比较棘手的事情，李渊秉性固执，想要让他正式举起起义的大旗，实在是有些困难。

而李世民虽然是李渊的得力助手，但李渊并不是十分信任他，所以李世民便买通了李渊最信任的人——裴寂，请他帮忙。

裴寂时任晋阳宫副监，深得李渊的信任，二人同朝为官，关系十分要好，常在一起通宵达旦地饮酒、下棋、做游戏。李世民知道，只有裴寂能够说服李渊，但如何才能让裴寂帮他这个忙，李世民也是下了一番功夫的。

裴寂一直想飞黄腾达，不甘居于人下，他一直在寻找合适的机会，和李渊要好，也是他巴结权贵、攀龙附凤的一种表现。

李世民有个叫高斌廉的朋友经常和裴寂一起赌博，于是李世民就让高斌廉故意输给裴寂，这样一来，裴寂心里高兴，什么事都好说了。果然，当李世民向裴寂提出要求时，裴寂不假思索地答应了。

而裴寂并没有直接去找李渊，他先是找了两位美女，随后带着她们去找李渊，将她们送给李渊，并乘机向李渊讲出了李世民的计划。听到老友相劝，看到李世民的确是准备妥当了，李渊才终于同意起事。

隋大业十三年（617 年）三月，李渊起兵于太原，兵锋直指长安，随后唐朝建立，隋朝灭亡，不能不说是影响历史进程的重大事件。

永泰公主死因之谜

在唐高宗和武则天合葬墓乾陵东南约 1.5 里处，有一座特别引人注目的陪葬墓，埋葬着一位薄命公主——永泰公主。永泰公主李仙蕙，是唐高宗李治与女皇武则天的亲孙女，中宗李显的第七个女儿，死于武则天大足元年（701 年），年仅十七岁。永泰公主究竟死于何因呢？

关于永泰公主的死因，《新唐书》中说，大足元年（701 年）"九月壬申，杀邵王重润及永泰郡主、主婿武延基"。《资治通鉴》中说："太后春秋高，政事多委张易之兄弟，邵王重润与其妹永泰郡主、主婿魏王武延基窃议其事，易之诉于太后，九月壬申，太后皆逼令自杀。"

史书记载均为永泰公主与其夫武延基（武则天之侄孙）及其兄懿德太子李重润等议论武则天的男宠张易之、张昌宗兄弟胡作非为，触怒了武则天，被逼自杀。一千多年来，史学家对此观点没有异议。然而，1982 年在永泰公主墓中出土了《大唐故永泰公主志铭》墓石，让人们对永泰公主的死因起了争论。

根据《新唐书》《旧唐书》和《资治通鉴》等史书，永泰公主是被武则天杀害的；可是，有人考释"永泰公主墓志铭"后，竟发现永泰公主的死因与史书所说全然不同。从墓志铭中"自蛟丧雄锷，鸾愁孤影，槐火未移，柏舟空泛"来看，是隐喻武延基被杀，永泰公主为他守寡而孤独地生活着，并未同罹其害。墓志铭还有一段有趣的文字，说："（永泰公主）珠胎毁月，怨十里之无香，琼萼调春，忿双童之秘药。女娥篚曲，重碧烟而忽去。弄玉箫声，入彩云而不返。呜呼哀哉！以大足元年九月四日薨，春秋十有七。"这就清楚地告诉人们，永泰公主不是被武则天直接杀害的。

更有人根据永泰公主墓出土的十一块骨盆碎片，复原了永泰公主的骨盆，经科学测量与鉴定，认为"永泰公主骨盆各部位较之同龄女性骨盆都显得狭小，显然，如此狭小的骨盆，即使一般胎儿也难顺产"，并结合墓志铭"珠胎毁月"句，断定"永泰公主死于难产"。因此，旧史书的记载应予否定。

还有人基本上接受对墓志铭所做的考释，但仍坚持传统的观点，认为造成永泰公主死亡的首要原因是武则天的加害，而永泰公主怀孕患病则是次要原因。其理由是：一，史书记载武则天杀李重润、永泰公主及武延基于"九月壬申"，即九月初三，这个时间仅仅比墓志铭所记永泰公主死于"九月初四"早一天，故不能说永泰公主之死与李重润、武延基的事毫无联系。二，尽管唐代律法中有孕妇犯罪可缓刑的规定，但不等于惯用刑杀的武则天对永泰公主免于处死，至多也只是缓刑而已。这恐怕才是墓志铭中"槐火未移"的真正所指。三，永泰公主未遭杀害，却又突然死去，可能是由于其夫被杀，精神受到打击而小产病亡，或者是服毒堕胎而死，也有可能是武则天采取其他手段使她流产而丧生。

关于永泰公主的死因，说法种种，尚难判定。真相究竟如何？只能借助考古发现。

唐朝望族为什么不愿与皇室结亲？

唐朝风气开放，男女之间不像人们想象中的那么拘谨，但唐朝却有个比较独特的现象，就是士族们都不愿意娶公主为妻。

《旧唐书》中写道："（宪宗为长女岐阳公主选驸马）令宰臣于卿士家选尚文雅之士可居清列者。初于文学后进中选择，皆辞疾不应。"

娶了公主就是当朝驸马，可以尽享荣华富贵，但唐朝的士族们却"皆辞疾不应"。原来他们放弃娶公主是有苦衷的，主要是以下三个方面的原因：

第一，由于服丧之礼的规定。在唐朝的时候，斩衰是最重要的一种，齐衰次之。《新唐书》规定：妻死，夫服"齐衰杖周"之礼（指居丧持杖周年）。可如果是公主死了，丈夫就必须为之服斩衰三年。

唐文宗时，有人就曾遇到这一问题。《新唐书》记载："开成初，（杜佑）入为工部尚书、判度支。属岐阳公主薨，久而未谢。文宗怪之，问左右。户部侍郎李珏对曰：'近日驸马为公主服斩衰三年，所以士族之家不愿为国戚者，半为此也。杜悰未谢，拘此服纪也。'"李珏向文宗提出这种现象以后，文宗惊愕之余，下诏改制："（文宗）诏曰：'制服轻重，必由典礼。如闻往者驸马为公主服三年，缘情之义，殊非故实，违经之制，今乃闻知。宜令行杖周，永为通制。'"

也就是在这个时候，这个驸马为公主服斩衰三年的情况才得以改变。公主是金枝玉叶，男人们可望而不可即，与其每日生活在皇室的阴影下，不如娶民间女子更为自在些。更何况望族本来就是名门，不需要攀龙附凤，也照样显贵。

第二，门第观念。唐朝的时候，门第观念很深，唐朝人所看中的门第不但要有显赫的家世，还要有优良的家族文化传统、家法门风以及令人钦羡的婚姻关系。这诸多的要求令公主出嫁成了难事。

许多望族人家虽然也想攀附高门槛，但也很排斥这种皇室的文化传统、家法门风，所以不愿与皇室联姻，他们既不愿意嫁女于皇室，也不愿让儿子娶公主为妻。

第三，公主大多不修妇礼。唐朝文化开放，公主豪侈、骄纵者很多，其中更不乏妒悍、残暴者。在《新唐书》中对唐代公主的描述有长广公主"奢侈恣肆"；合浦公主"负（帝）所爱而骄……见（浮屠辩机）而悦之，具帐其庐，与之乱"；魏国宪穆公主"恣横不法，帝幽之禁中"；襄阳公主

"纵恣，常微行市里。有薛枢、薛浑、李元本皆得私侍"；宜城公主"下嫁裴巽。巽有嬖姝，主恚，刵耳劓鼻，且断巽发"。

试问哪个男人敢将这样的女子娶回家？

宋徽宗与李师师之间的情缘

文学作品《镇安坊》把李师师与宋徽宗推上了风口浪尖，这部作品描述了宋徽宗赵佶与名妓李师师的私情故事，重塑了李师师的传奇经历。

李师师是宋徽宗时的名妓，自幼家贫，四岁丧父，无依无靠的李师师由李媪扶养，学女工和琴棋书画。李师师还师从著名音乐家周邦彦，因此李师师的曲也唱得很好。李师师慢慢成长为拥有迷人姿色和高雅才艺的一代名妓，轰动京城。

李师师的名声日高，很多王公贵族都不得见。深处深宫内苑，讲求奢华、追慕风雅而又极尽声色犬马之乐的徽宗赵佶也听说了李师师的艳名。宋徽宗第一次见李师师的情形，也有两种说法。一种是宋徽宗由高俅、杨戬陪伴，通过早已与李师师相识的高俅引见，宋徽宗见到了李师师，被李师师的美貌和才艺吸引，从此开始了与李师师长达数十年的情缘。另外一种说法是，当时宋徽宗身边有个叫张迪的宦官，张迪未入宫之前就常流连于汴京青楼妓馆，当然也知道李师师的艳名，于是在张迪的带领之下，宋徽宗趁天黑之时，乔装来到镇安坊，见到了李师师。

不论宋徽宗是如何见到李师师的，但是有一点可以肯定，就是宋徽宗与李师师结识，并且十分喜爱李师师，而且第一次见到宋徽宗的李师师并不知道自己面前这个男子的真实身份。李师师有一种怪癖，凡是到她这里来的人，只要略通文墨，便得留诗词一首。宋徽宗正好又是一个多才多艺的风流皇帝，自然不会推辞。据传宋徽宗欣然提笔，用他那独一无二的"瘦金体"书法写道："浅酒人前共，软玉灯边拥，回眸入抱总含情，痛痛痛。

轻把郎推，渐闻声颤，微惊红涌。试与更番纵，全没些儿缝，这回风味成颠狂，动动动，臂儿相兜，唇儿相凑，舌儿相弄。"

宋徽宗与李师师再次见面是四个月之后。宋徽宗由王黼陪伴再一次来到镇安坊。王黼也是李师师的旧交，李师师自然知道王黼位高权重。李师师见到这位公子一次由高俅陪伴，一次由王黼陪伴，并且两人都对他礼遇有加，心里大概也明白了几分，于是更加承欢，宋徽宗也更加喜爱李师师。从此以后，宋徽宗就常常趁夜偷偷出宫来见李师师。

张迪看到宋徽宗对李师师的眷恋，加上对皇帝夜行的考虑，于是就给宋徽宗出了个主意，从宫中向东挖了一个二三里的地道，直接通到镇安坊。徽宗此后经常通过地道，临幸醉杏楼，和李师师在一起。

自从李师师与宋徽宗在一起之后，李师师的院子就大兴土木，建得美轮美奂。宋徽宗还亲自题名"醉杏楼"。李师师与宋徽宗深交，引起了朝中大臣的反对，就连皇后也说：皇帝行娼，自古所无，再加上昏夜出行，保卫工作也不周全。但是深深迷恋李师师的宋徽宗又怎么听得进去？多年下来，宋徽宗赏赐给李师师的金银财宝，竟有十万两之多。

金兵的铁蹄踏破了大宋的歌舞升平。靖康之难后，宋徽宗被金俘虏。当金兵包围汴京之时，李师师把多年积聚下来的价值九万几千两的财货全部奉献给朝廷作为抗金的军费。李师师独自逃到慈云观做了女道士，后来被金军找到，李师师不愿意侍奉金主，乘金人不备吞金自杀。一代名妓李师师，就这样悲壮不屈地死去了。

顺治和董小宛的真实关系

明末秦淮名妓的爱情故事不知被后世演绎了多少次，跌宕起伏却又极具传奇色彩。如引得吴三桂冲冠一怒为红颜的陈圆圆，跳水殉城的柳如是，还有一位更戏剧化的人物董小宛。董小宛如此有名，除了她本身作为秦淮名妓艳名远播之外，最重要的是后人还把她与清世祖顺治皇帝联系在了一起，认为董小宛就是《清史》上记载的与顺治帝情投意合的董鄂妃，即那个让少年天子顺治出家的女主角。

与顺治帝倾心相爱的人董鄂妃，就真的是董小宛吗？其实把顺治帝与董小宛联系起来实属无稽之谈。

董小宛是明末秦淮名妓，名白，生于公元1624年，卒于公元1651年，是冒襄（辟疆）的妾。冒襄是当时江南的四大公子之一，他曾经与秦淮河畔另外一位风云美女陈圆圆有过一段风花雪月的故事，但是最终随着陈圆圆入宫无疾而终。后冒襄同与陈圆圆齐名的董小宛交往，董小宛虽然是秦淮河畔的美女，才色双全，但是她的出身注定了她为妾的命运。冒襄曾作《影梅庵忆语》以及《如皋冒氏严书·家乘旧闻·亡妾董小宛哀辞》来描述董小宛，这是历史上唯一有关董小宛的记载。

至于顺治皇帝，《清史》等正史之中有详细的记载。顺治皇帝即清世祖爱新觉罗·福临，是清太宗皇太极的第九个儿子。皇太极去世之后，皇太极长子豪格与皇太极之弟多尔衮陷入帝位之争，但是双方实力相当，最后在不得不妥协的情况下选择了年仅六岁的福临继承帝位。称帝后的福临在摄政王多尔衮的帮助之下，从满洲汗国的汗王一跃成为君临赤县神州的君王。少年皇帝的名字可谓是实至名归。上天的确给了他两个"贵人"——多尔衮和吴三桂。多尔衮代替他征战南北，吴三桂一怒为红颜，使多尔衮的部队能够不费吹灰之力越过山海关，占领了北京。

顺治这么一个满族皇帝与董小宛这么一个汉族美女又是如何被联系在一起的呢？

误会还起源于大文豪龚鼎孳《贺新郎》中"难倩附书黄犬"这句词。《贺新郎》这首词是龚鼎孳读冒襄《影梅庵忆语》而作的观后感。人们认为"黄耳"就是清廷太监，据此推测出董小宛曾入宫。其实"黄犬"最先出自

《晋书·陆机传》："初，机有骏犬，名曰黄耳，甚爱之。"所以"黄犬"也只是一个典故罢了，根本不是指太监。

其次，顺治皇帝生于公元1638年，六岁继位后，即在摄政王多尔衮的主导之下，将孝庄文皇后的侄女、蒙古科尔沁部卓礼克图亲王吴克善之女册立为皇后。但是小两口的感情并不好，时有摩擦发生。后来顺治与常到后宫入侍的董鄂氏相恋，董鄂氏因此被封为皇贵妃。人们把董小宛与顺治联系起来，可能是由于董鄂氏与董小宛姓名中都有个董字，而且都是才色双全的美人。但是，冒襄《如皋冒氏严书·家乘旧闻·亡妾董小宛哀辞》记载，董小宛"痰涌血溢，五内崩舂""脾虚肺逆"，也就是说董小宛死于痰疾，即肺结核。冒襄在《如皋冒氏严书·家乘旧闻·亡妾董小宛哀辞》的前文小叙中记载："小宛自壬午归副室，与余形影丽者九年，今辛卯献岁初二日长逝。"因此，我们可以肯定董小宛的确死于冒襄家中。而壬午就是明崇祯十五年，亦即公元1642年，辛卯系清世祖顺治八年，亦即公元1651年。说明董小宛于1642年嫁给了冒襄做妾，1651年因肺结核死于冒襄家中。

根据两人的生卒年月，生于1624年的董小宛比生于1638年的顺治皇帝整整大了十四岁。而董小宛去世之时，顺治皇帝才十四岁。试问，一个十四岁的少年天子如何与一个二十八岁的成熟妇女相恋，还谱出了一曲生死恋曲？

之所以把顺治与董小宛连接起来，不过是好事者们文学想象的结果罢了。

光绪当年不肯入洞房之谜

清朝从建立之初就十分注重政治联姻和家族婚姻。政治联姻主要是满蒙之间的联姻，如努尔哈赤、皇太极、顺治等多人都娶了蒙古贵族女子为妻妾。家族婚姻其实是政治联姻的延伸，就是有亲戚关系的两族贵族子女成婚，诸如姑表亲婚、婚姻不拘行辈等。比如皇太极之时，兄莽古斯一门姑侄三人共同嫁给了皇太极为妃，顺治皇帝就娶了母亲孝庄皇太后的哥哥的女儿为后，顺治皇帝和皇后是表兄妹的关系。这也是满洲婚姻习俗的表现。

光绪年间，慈禧把隆裕嫁给光绪，也主要是效仿了孝庄太后。隆裕是慈禧亲哥哥桂祥之女，从娘家算是慈禧的内侄女。而光绪并非慈禧亲生，是慈禧的亲妹妹叶赫那拉氏之子，从娘家这方来说，光绪又是慈禧的内侄子。所以如果从慈禧娘家这方算来，光绪和隆裕就是表亲的关系。隆裕比光绪年长，就是光绪的表姐。慈禧把自己的侄女嫁给自己的侄子，也算是亲上加亲。

光绪这个皇帝做得有点窝囊，虽然身为皇帝，可是面对专权的慈禧，是言听计从的。光绪与表姐隆裕成婚前的关系一直不错，隆裕作为姐姐，对光绪特别照顾，就像对待自己的亲弟弟一样，两人的关系十分融洽。可是突然之间，慈禧把自己的表姐指给了自己做皇后，光绪实难接受。但为了服从慈禧，也为了讨好慈禧，光绪不得不这么做。

慈禧把隆裕嫁给光绪做皇后的同时，还选了叶赫那拉氏的瑾妃和珍妃给光绪做妃子。光绪帝一生也就只有这一后二妃，是清朝皇帝中后妃最少的皇帝，也是最晚成婚的皇帝。慈禧的做法是出于其政治上的考虑，目的是要把朝政交给光绪后，还能够利用皇后来操纵光绪，最起码可以监视和掌握皇帝的一举一动。

光绪的心里十分郁闷，大婚的当晚甚至还扑倒在隆裕皇后的怀里大哭说："姐姐，我永远敬重你，可是你看，我多为难啊。"少年天子光绪，自是希望自己的皇后能漂亮点，但是隆裕的长相一般，身材瘦弱，还有些驼背，这也十分不合光绪的意。心里不满意的光绪自然不肯与皇后同床。后来光绪发现珍妃不仅漂亮，而且有政治远见，两人很多想法相合，非常喜欢珍妃，更不肯与隆裕在一起了。

驸马爷是皇家的"装饰品"

古代读书之人，最大的愿望莫过于考中状元，如果被皇帝看上，选为驸马，那可真是天底下再难找的好事了。能成为皇帝的女婿、公主的丈夫，自然是仕途畅通，荣华富贵享之不尽了。

其实，这样想便大错特错了，事实上，驸马没有那么风光，当驸马也不是一件美差，这从"驸马"一词的由来便可见一斑了。

秦始皇统一中国后经常出巡，每次出巡都前呼后拥，声势浩大。

有一次，他的车队经过博浪沙（今河南原阳）时，一个大铁锥袭来，幸好它只击中副车。这一下使秦始皇吃惊不小。因此，在后来的巡游中，他乘坐的车辆常有变换，同时安排了许多副车。他还特地设了一个替身来掩人耳目。从此以后，历代皇帝出巡时，都仿效秦始皇，亲自选定一个替身，而这个替身，又大都是自己的女婿。选择女婿的原因是女婿是皇室的人，不会损害皇帝的威仪和尊严，万一发生意外，女婿是外姓，死了也不过是个牺牲品，而皇族是不会去乘"副车"的。由于皇帝的女婿担任替身乘坐在副车上，跟随皇帝出巡各地，后来，人们就将皇帝的女婿称为"驸马"，世代沿袭下来。

驸马虽能攀上皇亲，却无法摆脱"替身"的命运，甚至比公主地位都矮了一大截。公主养尊处优，是天之骄女，而驸马大多是平民出身，就算是达官贵人的公子，那也比不了皇室的尊贵。

公主下嫁时，皇帝必定会为公主盖一间新宅第，这些新宅第有些是觅地新建，有些则根本就是将驸马原先旧家拆了重建。公主下嫁，嫁妆非常丰渥。她会带着大量的财产与官吏、官署、仆人一起进门，所以做驸马的就住在公主府里，公主府的一切财富，官吏、奴仆，都是属于公主的，由公主直接指挥，驸马在公主府中的地位类似附庸，完全没有主权，一切都要听从公主的吩咐。

在以男性为中心的封建社会，缺少尊严的驸马日子并不好过。在家中过着没有发言权的日子，在外面也不能大展拳脚。翻阅驸马的历史，就会发现，担任过重要官职的驸马人数屈指可数，他们在政治仕途上并不太顺利。因为按照惯例，驸马一般最初被指定担任统制外的虚衔，明朝时，朱元璋进一步规定：驸马终生不得在朝为官。

驸马并非一份好差使，不仅仕途受限，而且在妻子面前都得小心翼翼，低声下气，远远不如人们想象的那样风光。如果令妻子不高兴，甚至可能被休掉，驸马说到底不过是皇家的一个装饰品，任凭公主们摆弄。

明代公主屡次被无赖骗婚

明代皇室有一个奇怪的规定，便是公主婚配，所选取的夫婿必须是民间优秀的男子，公主不许和文武大臣的子弟结成夫妻。原因很简单，依据前朝之鉴，明朝皇帝害怕外戚干政，自己的江山落入异姓之手，便要堵死"强强联姻"这条路，来断绝大臣们干涉朝政的威胁。

这个规定令明朝出现许多平民驸马爷，倒是也杜绝了外戚干政的威胁，却引来了另外一个隐患。因为公主虽然只能"下嫁"给老百姓，但毕竟是金枝玉叶、皇家的血脉，所选的夫婿一定要德才兼备，品行端正，能够配得上皇室的尊严才行。

可是皇家总是深处深宫之中，无法亲自到民间去挑选乘龙快婿，为公主选女婿这件事情，只能交给下人去办，而最得力的助手就属宦官。托人办事总是不太稳妥的，其中多少会有些差池。遇到心地善良的宦官，自然会尽心尽力为公主挑选一个称心如意的驸马爷，但如果遇到一个唯利是图、贪图便宜的宦官，那他就会以权谋私，从中收受贿赂，看谁给的钱多，便帮谁说好话。

　　这样就给一些民间男子通过贿赂宦官，向皇室骗婚提供了可乘之机。出点小钱，将来娶了公主可就能一辈子大富大贵了，这笔买卖在当时看来十分划算，于是，许多民间骗婚之辈便通过贿赂宦官，诈娶公主，谋求富贵。而且这种事情在明朝居然屡禁不止，堪称历史奇闻。

　　明弘治八年（1495年），民间有个"大款"叫袁相，他想成为皇亲国戚，便贿赂当时负责公主婚娶的太监李广，请他帮自己说说好话。李广收了钱，自然便在弘治皇帝面前大说袁相的好话。弘治皇帝没有怀疑李广的话，便同意招袁相为女婿，将德清公主嫁给他。

　　正当袁相欢欣雀跃的时候，有人向皇帝告发了袁相和李广之间的事情，弘治皇帝立刻找人调查，果然发现这个袁相并没有李广说的那么好。骗皇帝的女儿当老婆，这犯的可是欺君之罪。当下恍然大悟的弘治皇帝恼羞成怒。他严惩了这两个玩弄他的人，恶气是出了，但公主的婚期已经说定，就算不嫁给袁相，也要另选新驸马才行。

　　于是，弘治皇帝又赶紧全国物色，替公主另外寻觅了一个德才兼备的驸马，才算了结了这场闹剧。这次皇室被骗案及时告破，也算是有惊无险了，但之后的嘉靖皇帝就没有这么幸运了。

　　嘉靖六年（1527年），永淳公主要招选驸马，经过太监们的一致推荐，皇室选中了一个名叫陈钊的民间男子，就在永淳公主即将"下嫁"的前几天，嘉靖忽然得知陈钊的母亲是二婚，而且还是别人的小妾。

　　让堂堂的大明公主嫁给一个小妾的儿子实在是有失体统，于是嘉靖二话不说马上悔掉了这门亲事。但公主的婚期已经昭告全国了，皇帝一言九鼎，说出的话不能反悔，要想推迟婚期总要给老百姓一个理由，如果说皇帝被一个小妾的儿子骗了，那岂不是滑天下之大稽吗？

　　为了挽回皇室的尊严，嘉靖效仿弘治皇帝，开始进行全国海选，想要挑选一位如意驸马，一番千挑万选之后，终于挑中了一个叫谢昭的男子。这次，嘉靖皇帝亲自接见，结果他不看不知道，一看吓一跳。这个谢昭居然是个秃顶的丑八怪，不知道他对多少太监进行了贿赂，才被推荐过来。

但婚期不等人，再去民间选驸马已经来不及了，迫于无奈，嘉靖只得将女儿嫁给了这个谢昭。这桩婚事举国震动，当时的老百姓编了一曲民谣，专门列举了十件好笑的事情，最后一句便是嘲弄皇室招驸马："十好笑，驸马换个现世报。"

三十多年不将祖母下葬的皇帝

康熙二十六年（1687 年），七十五岁的孝庄太皇太后离开了人世。但这位对大清朝做出卓越贡献的老人却并没有被康熙安葬。本来按照惯例，孝庄应当与皇太极合葬于关外昭陵，但事实上，孝庄却被一直停放在顺治孝陵之侧，直到雍正三年（1725 年），雍正服父丧二十七个月之后，才动工兴修昭西陵。

三十多年的时间，康熙始终不葬祖母，虽然事后雍正解释为康熙与祖母感情笃深，不忍下葬，但于情于理，话始终说不通。在传统的丧葬礼节中最讲究"入土为安"。感情深才更要及早入土安放，但康熙却没有这样做，其中必有迫不得已的隐衷。

根据史书记载，孝庄太皇太后在临终之时，告诉康熙，太宗的陵寝奉安已久，而且已有孝端皇后合葬，就不要再为自己重新动土了。况且自己还挂念着顺治和康熙父子，所以希望在顺治孝陵附近安陵。当然，这只不过是史官的一面之词，不免有美化太后之嫌，难以全信。

孝庄死后，康熙执意要在宫中为祖母守孝三年，后来因为众位大臣的反对，他才只戴孝两年。康熙之所以这样做，一是出于孝道，二是出于不可告人的伤痛。这话要从皇太极宾天西去说起。皇太极死后，留下一个六岁的孩子福临，一个手无缚鸡之力的老婆，还有一个虎视眈眈的兄弟多尔衮。福临的母亲孝庄通过一番努力，让福临顺利地被拥立为新皇帝，这种权力斗争的微妙结局，与福临的母亲所做的努力分不开。

当时最有能力继位的要算是多尔衮，但他为何会甘愿让一个毛孩子当皇帝，这就要提到福临的母亲孝庄太后了。孝庄为了保存皇太极创下的基业，不得不做出有悖伦常的事情，下嫁多尔衮的事情虽然没有得到考证，但失身想必是无法避免的了。

这一点让孝庄碍于世俗礼法，无法与太宗合葬，但这是家丑，无法明说，康熙心里虽然明白太皇太后的苦衷，却也只能吃哑巴亏。这也大概就解释了为何康熙为孝庄戴孝两年，却迟迟不肯将其下葬。

顺治七年（1650 年）时，张苍水所写的七言绝句《建夷宫词》引起了轰动，从中能窥得太后不肯葬于昭陵的缘由。

上寿觞为合卺尊，慈宁宫里烂盈门。

春官昨进新仪注，大礼恭逢太后婚。

掖庭犹说册阏氏，妙选嫱闱作母仪。

椒寝梦回云雨散，错将虾子作龙儿。

这首诗在民间迅速流传开来，但如果真如诗中所言，孝庄下嫁给多尔衮，封摄政王为"皇父"的话，那应该有颁诏文，公告天下，但却没有这样的信息从宫中传出。所以孝庄与多尔衮之间的关系便成为清初的疑案之一。

虽然一直没有可靠的史料能证实孝庄与多尔衮之间不伦的关系，但从一些蛛丝马迹中，后人大概可得出结论。

孝庄生于万历四十一年（1613 年），在她十三岁的时候，投靠三十四岁的皇太极，而那时多尔衮不过十四岁的年纪，二人从小朝夕相处，青梅竹马，产生情愫也不是不可能的事情。但最后皇太极却娶了孝庄，多尔衮很可能出于报复，或是旧情未了，借着权势，逼迫孝庄下嫁。

还有一说是，摄政王多尔衮在逼死政敌豪格后，娶了豪格的福晋、来自科尔沁蒙古草原的博尔济吉特氏。但是民间却以讹传讹，传说当今皇太后、同样来自科尔沁的博尔济吉特氏下嫁多尔衮，文人们还写成文章，编造了种种传说，生动描绘了皇太后和摄政王的亲事。野史中所载的大婚恩诏，显为文学笔法，系好事者杜撰，自不足信。

不论史书如何记载，孝庄死后三十多年才下葬，此事千真万确，所以，后人才对太后下嫁这件事议论纷纷，不过事关皇族尊严，在清代档案和典籍中没有任何记载。大清诸朝对孝庄都尊崇备至，极尽歌功颂德之事，在陵寝祭祀方面也把其放在首位，如真有太后下嫁之事，清皇朝为何自取其辱呢？有人认为，那是因为后来清朝统治者觉得这件事不光彩，于是销毁了有关档案，删改了史籍中的记录。从此，再没有人提起这件事，不过，皇后下嫁的故事却广为流传。

靠十个女人夺得皇位的帝王

作为南宋王朝的第二任皇帝，赵昚并非嫡出，他原名叫伯琮，不是宋高宗赵构的亲生儿子，而是赵匡胤的后人，是赵匡胤次子赵德芳的六世孙。

自从赵光义当上皇帝之后，宋朝的皇帝便没再从赵匡胤的后人中出过，按道理，赵昚没有机会登上皇位。但从 1127 年，宋钦宗胁迫宋徽宗困守东京汴梁时，局面有了转变。当时刚刚灭掉辽国的金国一鼓作气，攻进了宋朝的都城，将这两个皇帝全部俘虏，同时还抓走了宗室、大臣、后宫嫔妃共计三千多人，这就是历史上有名的"靖康之耻"。这对于宋王朝来说是耻辱，但对于赵昚来说却是一个"机会"。

当时侥幸逃过一难的康王赵构在河南商丘登基称帝，创立了南宋，也就是日后的宋高宗。但宋高宗安稳日子没过几天，就遭到了叛乱，他唯一的儿子在这次叛乱中丧命，而后在建炎二年（1128 年），金兵攻入了宋高宗所在的扬州城，宋高宗听到这个消息顿时受到惊吓，还失去了生育能力。

眼看着香火难以为继，为了保住赵家的香火，宋高宗从老赵家后人中千挑万选，选出了一名候选人，就是赵昚。宋高宗为赵昚安排了最好的老师，而后在赵昚成年后对他又是不断地加封，但就是不肯将他封为太子。因为宋高宗始终不死心，他一直试遍各种偏方，想要生出自己的子嗣，但二十多年过去了，却是毫无效果，宋高宗也只得把心思放在了赵昚身上。

而不立赵昚为太子还有一个原因，宋高宗的母亲韦太后十分喜欢的一个人名叫赵琢，也是从小在宫中养大，韦太后想立赵琢为太子。宋高宗十分为难。为了弄清楚这两个人谁才是帝王之才，宋高宗想出了一个测试的办法，他派人挑选了二十名绝世美女，给赵琢和赵昚各送去十人，想测测这两个人的人品和定力。

过了一段时间，当宋高宗将这二十名美女重新召回的时候，结果出乎意料。他发现送给赵昚的十个美女还是货真价实的处女，而送给赵琢的已经不是处女了。通过这件事情，宋高宗最终立了赵昚为太子。

其实，这并非是赵昚的定力好，而是他有一个好老师史浩，此人深谙帝王之心，他告诉赵昚千万不要碰这十个美女，这很可能关乎他一生的前程。听了老师的话，赵昚自然不敢轻举妄动，最后赵昚就这样赢得了宋高宗的青睐。

绍兴三十一年（1162 年）九月，金国再次南下进犯，受到南宋的抵抗后，金国退去，但此时，宋高宗一直奉行的求和政策受到了军民的一致声讨，迫于压力，宋高宗终于将皇位让了出来，赵昚正式坐上了龙椅。

这个因十个女人得到皇位的男人可以说是南宋一朝最有作为的皇帝，他三十六岁登基，大力重用主战派，积极备战，一心想要收复失地。但可惜那时的南宋早已朝中无人，几次征战相继失败，面对残酷的现实，赵昚不得不放弃收复失地的想法，转而将精力放在内政治理上，他从官府、农业、军事等多个方面同时入手，展开了一系列改革，使南宋焕发出了难得的生机。

在赵昚的积极治理下，南宋颓废的气象一扫而光，后世将他统治的这段时间称为"乾淳之治"。国富兵强后，赵昚还是想要收复失地，可惜天不遂人愿，他所看重的大将军虞允文病死四川，此后手下再也没有能够北伐的大将，于是，他也就一直致力于内政，直到去世。

崇祯皇帝为何不娶陈圆圆了？

陈圆圆是秦淮八艳之一，其外貌绝伦当世，"蕙心纨质，澹秀天然"。让陈圆圆名震江南的更重要的原因是陈圆圆歌舞琴画，样样精通，当时的人们称赞她"声甲天下之声，色甲天下之色"。天赋颖慧的陈圆圆可谓是众星捧月，倾倒了无数王孙公子。

江南四大公子之一的冒襄也是陈圆圆的裙下之臣。外表潇洒俊逸、风流倜傥、彬彬有礼的冒襄很快就赢得了佳人的芳心，只盼佳期到来。然而世事弄人，当陈圆圆欲与他终身相托之时，冒襄因其父在朝廷惹下祸事，于是"坚谢"了陈圆圆的好意。他许诺陈圆圆，等他处理完老父亲的事后就娶她为妻。只是当处理完家事的冒襄准备践约谢答陈圆圆之时，陈圆圆早已被田弘遇强抢而去，准备进献给崇祯皇帝。

田弘遇是当朝国丈，其女田贵妃也有倾国之资，深受崇祯皇帝喜爱，田弘遇也因为女儿的关系得以加官晋爵，"窃弄威权"。不过田贵妃因为与周皇后之间的冲突，渐失圣宠。《思陵典礼记》中记载，当时的大太监曹化淳从南方掠来不少美女，供崇祯玩乐。崇祯被女色迷住，竟累月未与田妃相见。田贵妃的处境堪忧，田弘遇为了帮助女儿夺回恩宠，保住自己的乌纱帽，打算找一位才貌迷人的美女安插到皇帝身边，作为与周皇后一争高低的棋子。于是田弘遇打着皇帝的旗号，下江南收集各类美女，正值二八佳龄、歌舞出色、诗画俱佳的红歌妓陈圆圆就这样被强掳了过来。

　　陈圆圆被送进了皇宫，却自始至终没有得到崇祯皇帝的宠幸。陈圆圆美则美矣，但是当时正值明朝末年，内有起义军风起云涌，外有清军虎视眈眈，弄得大明王朝摇摇欲坠，崇祯皇帝更是心神俱疲。面对国破家亡的威胁，焦头烂额的万岁爷眼里当然也只有敌人，根本容不下美人，也没有精力和心情顾及美色。因此即便是崇祯皇帝对陈圆圆有几分喜爱之心，也无心纳妃。田弘遇在错误的时间、错误的地点找到了正确的人，如意算盘却落空了。

　　失去利用价值的陈圆圆被遣回田府，地位一落千丈，因缘际会，她得到了手握兵权的吴三桂的喜爱，因此又被田弘遇作为巴结吴三桂的礼物送给了吴三桂。后来，也是因为陈圆圆，使得吴三桂冲冠一怒为红颜，投降清军，清军因此入土中原，改变了整个中国的历史。

第七篇

历史的疑案

负心汉陈世美的不白之冤

由于戏剧《铡美案》的家喻户晓，陈世美成为负心汉的代名词，但这个让人恨之入骨的男人，在历史上到底是否真实存在过呢？

历史上，确实是存在陈世美这个人的，据《湖北历史人物辞典》中记载："陈世美，清代官员，原名年谷，又名熟美，均州（即现湖北丹江口）人，出生于仕宦之家。"

清顺治八年（1651年），适逢京城开科会考。陈熟美虽胸怀满腹才志，但苦于家境贫寒不能前去赶考。于是，有热心人出面撮合，陈熟美得几位同窗资助，才能赴京会考，他与这几位同窗一起参加科考，结果，陈熟美考中进士，被点为七品知县，而同去赶考的其他同窗皆名落孙山。这事有文献《均州志·进士篇》记载："顺治八年（1651年）辛卯科进士。"

后来，陈熟美升为陕西学道，专为朝廷选拔人才。陈熟美因为官清廉，屡有建树，被康熙皇帝提拔为贵州按察使，兼任布政司参政，官居三品要职。

根据当地民间传说和1992年在丹江口市发现的有关陈熟美的碑文记载，陈熟美是一个为官清廉、刚直不阿、体察民情的清官。

读到这里，人们可能会有疑问，既然说陈熟美是一个为官清廉、刚直不阿的清官，又为什么会背负"嫌贫爱富、杀妻灭子"的十恶不赦之罪？

这其中确实另有原委。话说陈熟美在贵州为官时，多有同乡同窗来投靠，希望陈熟美能为他们谋取官职，他多次接待，并劝以刻苦攻读而求仕进。后因来投者越来越多，难以应付，乃嘱管家一律谢绝。

家住均州城郊秦家坡的同窗胡梦蝶，昔日与陈熟美一同进京赴考时，曾捐助过他。胡梦蝶后来也曾携另一同窗仇梦麟欲找陈熟美求得一官半职，遭管家的回绝后，顿生报复之心。

二人回家之后，不惜花费银两，请戏班子按自己的意愿，把剧目《琵琶记》的情节加以改造，把戏中忘恩负义的男主人公换成了他们怨恨的陈熟美，女主人公则换成秦香莲，编造了一出他们认为赛过《琵琶记》的新戏，据传即后来的《赛琵琶》。

戏的内容差不多，只是把名字换了一下。他们不敢用真名，而是把陈熟美变成了陈世美，还把陈世美说成了驸马，在陕西、河南一带演出。相传，清末一个河南剧团到均州演出此戏时，陈熟美的一个后人看了，气得当场吐血，陈熟美第八代孙还组织家族众人，当场砸了该剧团衣箱，并殴打演员死伤数人，演出被迫停止。

一般地方和一般人看此戏并不把它当真，可是在丹江口市（原均州），陈姓居民一向认真对待此事，说这个戏冤枉了好人，因而愤愤不平，不许在均县上演陈世美的戏。

陈世美是清朝人，他怎么会被宋朝的包公给铡了呢？

据传，清朝某年正月十六，有一个戏班子演《秦香莲抱琵琶》，看戏的人格外多，他们嫌戏文太短了，唱不到半天，不肯散去。掌班的没办法，只好在正戏前头加了个《陈州放粮》的短戏。

戏唱到中午，陈世美的家将韩琪受命追杀秦香莲，又放走秦香莲，韩琪自刎，秦香莲拉着儿女倒在血泊中……戏到此结束了。看戏的不肯走，大家齐声吼："杀了陈世美！"砖头、瓦块齐向戏台上打来。掌班的急得像热锅上的蚂蚁一样，团团转，不敢在前台露头，赶紧溜到后台。

这时，唱《陈州放粮》的"包公"还未下装，他问："台下怎么啦？出了什么事？"掌班的一见"包公"，忽然灵机一动，计上心来，推着他说："快，快到前台接着往下唱。"

"包公"说："你急糊涂啦！我在宋朝，陈世美在清朝，相隔几百年，怎么能同台唱戏呢？""哎呀，事到这般时候，管他同朝不同朝呢！"掌班的说，"陈世美是驸马，谁敢杀他？只有你'包黑子'铁面无私可以把他铡了，给老百姓出出气，就算煞戏了。"

黑脸包公只得重新整衣，带着王朝、马汉、张龙、赵虎一班人马上场了，唱到他将陈世美一铡，台下欢呼起来。从那以后，小戏《秦香莲抱琵琶》就变成大戏《铡美案》了。

原来，这些强加在陈世美身上的所谓嫌贫爱富、杀妻灭子之事，实际上是一些嫉贤妒能的小人所为。现在看来实乃一桩千古冤案，陈世美就是这样，蒙受奇冤达百年之久。

四十万人都挖不动的陵墓

皇帝的陵墓因为总是有许多贵重的陪葬品，盗墓者贪心，多次对皇陵进行挖掘破坏。历史上许多宏伟的皇陵都在盗墓者的挖掘下受到破坏，无法完整地保存下来。唯独有一座皇陵，历经千年，却是完好无损，这就是武则天的"万年寿域"——乾陵。她的陵墓被刀剑劈砍过，被大炮机枪扫射过，但都没有被打开。

乾陵修建于公元 684 年，位于陕西省乾县城北 6 千米的梁山上，这项工程历时二十三年完成。

梁山像一位女性的躯体仰卧大地，风水先生认为此地大有利于女主，所以女皇武则天将梁山选作了自己和其夫唐高宗百年后的"万年寿域"。

在梁山上修建乾陵的时候，正逢盛唐，国力雄厚，所以，武则天对乾陵的修建不惜血本。乾陵的建筑规模宏大，造型富丽，堪称"历代诸皇陵之冠"。

这座陵寝仿造当时的长安城格局，南北主轴线长4900米，布局分为皇城、宫城和外郭城。而且在唐太宗李世民的陵寝"龙盘凤翥"的基础上，更加发展与完善了。根据后来的文物工作者探测与研究，在唐高宗与武则天的乾陵中，所陪葬的宝物至少有五百吨。

在乾陵的前后通道两侧，各有四间石洞，在这石洞内装满了当时唐朝最值钱的奇珍异宝，不但摆满了各种金银祭器，还珍藏着一件顶尖级国宝《兰亭序》，武则天让这件宝物随着自己长埋于地下上千年。这乾陵中有着如此丰厚的宝藏，自然是吸引了无数的盗墓者。他们纷纷想尽办法，要来撬开乾陵。可以说从武则天躺入陵墓的那一刻，梁山上便再也没有了安宁之日。

第一个来打乾陵主意的便是唐末造反大军领袖黄巢。他们利用铁锹锄头等工具，几乎将半座梁山都铲平了，但就是找不到乾陵的入口，最后唐军反扑，黄巢迫于压力，不得已撤离了梁山，却留下了40米深的"黄巢沟"。黄巢不知道自己其实是挖错了方向，唐朝皇帝故意将修建陵墓产生的碎石放在了远离墓口的位置，为的就是保护自己的皇陵不被后世偷盗。

在五代的时候，耀州节度使温韬也打过乾陵的主意。他带领数万人马前去挖掘，但几次挖掘的过程中都遭遇了风雨，在当时的迷信思想作祟下，他只得作罢。而后一直到民国时期，国民党将军孙连仲也看上了这座陵墓，他率领一个现代化整编师，带着机枪大炮前往梁山，想要学着孙殿英炸慈禧墓和乾隆墓的样子，将乾陵炸开。但令他想不到的是，墓道刚被炸开一点，就天气大变，刮起了大风，飞沙走石，几个士兵被石头撞击，当下便吐血身亡。

就这样，乾陵在千百年的历史中，一直保持无损，乾陵的入口成为一个谜。一直到 1960 年的时候，几个农民无意中发现了乾陵墓的真正入口，后来，陕西省成立了乾陵发掘委员会，在当年的 4 月 3 日正式开始挖掘乾陵。

整个挖掘记录显示，乾陵的通道其实是在梁山主峰东南半山腰部，是由堑壕和石洞两部分组成的。整个堑壕深 17 米，而且墓地里的墓道呈现出斜坡状，道路曲折叠加，粗略统计了一下，墓道一共用了石条约八千块。而且石条之间使用铁栓板拉固，再用锡铁汁灌注，令其与石条融为一体。

当年的考古工作者把墓道内的情况与《旧唐书》所记载的文献相对照，发现极为吻合，"乾陵玄阙，其门以石闭塞，其石缝隙，铸铁以固其中"，便断定乾陵不曾被盗墓。

乾陵成为唯一未被盗掘的唐代帝王陵墓，是武则天所选的陵寝风水好，还是另有隐情？值得后人探真伪虚实。

杨贵妃的生死未解谜团

公元 756 年，"安史之乱"爆发，叛军安禄山大举攻入长安，唐玄宗李隆基带领嫔妃及贴身侍卫连夜仓皇出逃，于第二天到达陕西境内的马嵬坡，此时随行的将士骤然发起叛变，杀死了当朝宰相杨国忠，随后又将矛头指向唐玄宗最为宠爱的杨贵妃。

众将士神情激愤，一定要杀杨贵妃以绝后患，万般无奈之下，唐玄宗不得不"命力士赐贵妃自缢"。

有人说，杨玉环可能死于佛堂。《旧唐书》记载：禁军将领陈玄礼等杀了杨国忠父子之后，认为"贼本尚在"，请求再杀杨贵妃以绝后患。唐玄宗无奈，与贵妃诀别，"遂缢死于佛室"。《唐国史补》记载：高力士把杨贵妃缢死于佛堂的梨树下。陈鸿的《长恨歌传》记载：唐玄宗知道杨贵妃难免一死，但不忍见其死，便使人牵之而去，"仓皇辗转，竟死于尺组之下"。

　　杨贵妃也可能死于乱军之中。此说主要见于一些唐诗中的描述。杜甫于至德二年（757年）在安禄山占据的长安作《哀江头》一首，其中有"明眸皓齿今何在，血污游魂归不得"之句，暗示杨贵妃不是被缢死于马嵬驿，因为缢死是不会见血的。还有人说她是吞金而死。总之，各种说法不尽相同。

　　一年后，唐玄宗派宦官改葬贵妃，结果去的人只带回了贵妃生前携带的香囊，从此民间流传出贵妃遗体失踪，贵妃可能没死的惊天奇闻。于是，一千多年来，人们纷纷猜测杨贵妃自缢是由其侍女代替的，而贵妃本人却乘机化装潜逃到了别的地方活了下来，甚至有人说杨贵妃是随遣唐使逃到了日本。今日的马嵬坡上重建的贵妃墓馆也只是一座衣冠冢。四川天国山脚下的红梅村有一座千年古墓，村里人世代流传着这是一座贵妃墓，经过挖掘，事实与村民的传说相去甚远。一千多年前的马嵬坡上究竟出现了什么意外，贵妃遗体失踪，贵妃可能没死的传闻是真的吗？

　　关于墓中的香囊，人们在查找史料的时候发现了新旧唐书两种不同的记载。《旧唐书》里说：肌肤已坏，而香囊犹在；而《新唐书》里却只有：香囊犹在，也就是说只有香囊，而不见了贵妃的遗体。

　　倘若叛乱的将士没有在杨贵妃死后去检验杨贵妃的遗体，那是否表示一千多年前的马嵬坡上真的有什么意外的情况出现呢？那件神秘的挖墓事件所产生的疑惑一直困扰着人们，贵妃的遗体为何消失得无影无踪了呢？倘若她的肌肤已坏，去的宦官为何不改葬她，却只带回了她生前佩带的香囊？

　　关于杨贵妃东渡日本的说法也是传得沸沸扬扬。传说禁军将领陈玄礼惜贵妃貌美，不忍杀之，遂与高力士谋，以侍女代死。杨贵妃则由陈玄礼的亲信护送南逃，行至现上海附近扬帆出海，漂至日本油谷町久津，并在日本终其天年。

在日本也有种种说法。有一种说法是，死者是替身的侍女，军中主帅陈玄礼与高力士密谋，以侍女代替，高力士用车运来贵妃尸体，查验尸体的便是陈玄礼，因而使此计成功。而杨贵妃则由陈玄礼的亲信护送南逃，大约在今上海附近扬帆出海，到了日本油谷町久津。

日本山口县"杨贵妃之乡"建有杨贵妃墓。1963 年，有一位日本姑娘向电视观众展示了自己的一本家谱，说她就是杨贵妃的后人。2002 年，日本著名影星山口百惠在接受媒体记者采访时，竟然声称她是杨贵妃的后裔。对于这个爆炸性的新闻，人们感到无比震惊。杨贵妃的后人怎么可能跑到日本去呢？当年的贵妃莫非真的逃离了大唐转道东瀛了吗？更多的人宁愿相信这只是山口百惠的炒作行为。

随着时间的推移，关于杨贵妃之死的传说愈来愈生动。如今有许多学者都试图想解开杨贵妃的身死之谜，甚至花费了大量的时间、财力和精力，但事情已经过去一千多年了，杨贵妃早已灰飞烟灭，化成了泥土无处可寻，"云想衣裳花想容，春风拂槛露华浓""回眸一笑百媚生，六宫粉黛无颜色"的历史已经一去不复返了。

其实，杨贵妃是生是死的传闻之所以相持不下，一方面是因为史料的记载粗略不详，另一方面是许多文人墨客的浪漫描述给世人带来了无限的希望与幻想。

元代皇帝尸骨难觅踪迹

皇帝死后，总是要风光大葬，这样才不会有失皇家的颜面，每个封建王朝都是如此，唯独元朝皇帝没有留下一座陵墓。

明朝叶子奇《草木子》中记载着元朝皇帝死后的事情："元朝皇帝驾崩，用啰木两片，凿空其中，类人形大小合为棺，置遗体其中……加髹漆，毕，则以黄金为圈，三圈定（箍两头、中间）……以万马蹂之使平。杀骆驼于其上，以千骑守之。来岁草既生，则移帐散去，弥望平衍，人莫知也。"

这段话的意思就是元朝皇帝死后，随从会挖掘一道深沟，将他的遗体放在一个把大树掏空后做成的棺材里。然后将棺材放入深沟中，用土填平，让马踩平，还要用帐篷将周围地区全部围起来。待到墓葬地面上的青草长出，看起来和周围的草地一样后，才会将帐篷撤走，这样墓葬的地点就不会泄露了。

当年成吉思汗去世，就是采用了这种方式下葬。根据文人的笔记记载，成吉思汗在宁夏病逝后，他的遗体被运送到了漠北肯特山下某处，用这样独特的方式埋葬，所以，至今无法确定成吉思汗的墓葬所在。

在全部的埋葬工作完成后，蒙古人就会在墓葬地表杀死一头小骆驼，这时，小骆驼的母亲就会记住这个地点，每年的那天都会去那里祭祀小骆驼，看到母骆驼停在某个地方悲伤地流眼泪，那就说明，这个地方是当初埋葬的地点了。

虽然用骆驼寻找祖宗坟墓的说法是没有科学依据的，不过也算是后人对元朝帝王没有陵墓的一个探索揭秘过程。

元朝建立以前，蒙古人有自己独特的丧葬习俗，主要特点就是薄葬简丧，这和蒙古人是游牧民族的特性有关。在草原上生活没有固定的居所，生活方式比较简单实用。当人死后，蒙古人会让死者坐在一顶生前用的帐幕中央，然后将随葬的一些肉类、弓箭放入土里，表示死者死后有肉吃，有弓箭用。

在忽必烈建立元朝之后，他逐渐接受了汉化，也开始用棺木葬人，但比起汉人建立的王朝来说，元朝的帝王墓葬要简单得多。元朝的皇帝死后首先是要有一个下葬的仪式，随葬品也要多一些，却不能有汉族官员参加，只能是蒙古人参加。

他们也不会修建大型的陵墓，也不会在史书上留下相关的记载，为的就是不留下可以让盗墓贼发现的线索和痕迹。除此之外，他们还有别的不被盗墓者发现的方法，例如忽必烈在位期间，就为自己也为后代子孙找出了陵墓不被盗掘的方法。

他选择了一个人口稀少的风水宝地作为陵寝的埋葬地，然后将当地的人都进行迁移，让这个地方变成无人的空白地。当皇帝下葬后，还要对外宣布，皇帝遗体运回漠北进行安葬，达到以假乱真的目的，所以，后人几乎找不到元朝皇帝的陵墓所在。

记录的不完整和有意隐瞒，让元朝皇帝的陵墓蒙上了神秘的面纱，而蒙古族特有的文化习俗和生活习性，也给后人对元朝皇帝陵墓的考古工作增加了一定的难度，很难了解那时的历史真相。所以，可以认为元朝的皇帝不是没有陵墓，而是还没有发现，这场精心策划的局还有待破解。

明崇祯为何死也不南迁？

崇祯十七年（1644 年）三月十八日，李自成率领农民起义军攻陷北京，崇祯皇帝无路可逃，最后在紫禁城后的煤山上自杀，屹立了两百多年的明王朝灭亡了。

其实对崇祯帝来说，当时有一个办法，那就是放弃危在旦夕的北京，到南京建立临时政权。这一办法或许过于自私，但可保住江南的半壁江山，明朝或许不会那么快就灭亡。但崇祯却迟迟没有南迁，放弃了一条生路，还亲手断送了大明江山，自己也自缢身亡。那么，崇祯皇帝为什么迟迟不肯南迁？他是真的不想南迁吗？

迁都的建议是在德正殿进行的一次私下的召见时，由江西籍官员、翰林学士李明睿提出的。当皇上问到今后的策略时，李明睿的回答相当坦率，甚至在提到北方失利时也无所顾忌。他说，义军已经逼临京城，朝廷正值"危急存亡之秋"，唯一明智的选择，就是迁都南京。然而，崇祯帝对此却踌躇不已：面对外患，如果弃地守京，就会落下丢失国土的千古罪名；面对内忧，坐以待毙，又会蒙受失政于寇的奇耻大辱。这个两难的选择使他犹豫不决，他一心想做名垂青史的圣君，根本不能承受这种失地失国的罪名。

于是他将这一问题拿给大臣商议，想让大臣们正式提出南迁的请求，然后他再做表态。可是，崇祯身边的大臣没有一人站出来！由于没有能从他们口中得到自己想要的答案，崇祯最后只好决定"早朝廷议，公而决之"。朝堂上众臣展开了唇枪舌剑的激烈争夺，结果相持不下，最终不欢而散。崇祯帝自己又不愿意承担丢弃宗庙社稷的大罪，这个策略便被搁置一边了。

那些主张绝不弃国土的臣子，真的是心口如一以死报国的忠臣？答案当然不全是。他们中多数认为假如自己表态不弃国土，日后就会逃脱丢失国土的罪名。再者，不公开反对"弃地守京"，则是遵照崇祯皇帝的心思。他们想着即使有朝一日秋后算账，这个刚愎自用又心胸狭窄的皇帝，为了开脱自己的罪责也会找一个因弃地守京而丢失国土罪名的替罪羊，所以他们便明哲保身。有这样一帮满脑子为个人打算的庸臣，再加上个优柔寡断、只图虚名的皇上，国家怎么可能不亡？

三月初，李自成势如破竹，攻克了宁武，明军一败涂地，京城已经岌岌可危，崇祯又连夜召诸大臣商议对策。然而却有人提议皇上应该守京师，让太子下江南。崇祯顿时勃然大怒："朕经营天下十几年尚不能济，孩子家做得了什么大事？"其实大家都明白，皇帝自己本想南逃，却硬要众大臣说出来，死要面子。可笑的是，居然还是没能说出个所以然来，到了最后，也只是下了个"入京勤王"的圣旨，等待各路大军来京护驾。

但是，勤王的军队没到，告急奏折却像雪片一样飞来。这时李明睿又来紧急求见，力劝崇祯南迁。崇祯再次召集大臣，希望大家奏请他南迁。

可是这一次他又失望了，大臣们全都沉默不语，谁也不肯开口。僵持之际，前方信使来报："保定失陷了！"这一下，崇祯皇帝不禁呆坐在那里，一句话也说不出来，两行眼泪已然流下。因为南迁的路被从中掐断，南迁之议已经毫无意义了。

最终，李自成于崇祯十七年（1644年）三月十九日率领农民起义军攻入北京，崇祯皇帝无路可逃，自缢身亡，屹立了两百多年的明王朝灭亡了。

冤假疑案

项羽"火烧阿房宫之冤"

公元前 221 年，秦王嬴政建立起庞大的秦帝国，随后他以举国之力开始了三项巨大的建筑工程：长城、始皇陵与阿房宫。阿房宫被称为"天下第一宫"，它的规模甚至比埃及金字塔还要壮观。但是，两千多年后，人们仍然感叹于秦长城的雄伟和始皇陵的肃杀时，阿房宫却因为战火的焚毁，过早地离开了人们的视线。

秦始皇统一全国后，国力日益强盛，国都咸阳人口增多。始皇三十五年（前 212 年），秦始皇在渭河以南的上林苑中开始营造朝宫，即阿房宫。由于工程浩大，始皇在位时只建成一座前殿。

据《史记·秦始皇本纪》记载："前殿阿房，东西五百步，南北五十丈，上可以坐万人，下可以建五丈旗，周驰为阁道，自殿下直抵南山，表南山之巅以为阙，为复道，自阿房渡渭，属之咸阳。"其规模之大，劳民伤财之巨，可以想见。秦始皇死后，秦二世胡亥继续修建。唐代诗人杜牧的《阿房宫赋》写道："覆压三百余里，隔离天日。骊山北构而西折，直走咸阳。二川溶溶，流入宫墙。五步一楼，十步一阁；廊腰缦回，檐牙高啄；各抱地势，钩心斗角。"可见阿房宫确为当时非常宏大的建筑群。

楚霸王项羽军队入关以后，看到阿房宫如此奢华，联想到秦王朝残暴的统治，不由得恨由心生，一怒之下将阿房宫及所有附属建筑纵火焚烧，化为灰烬。杜牧在《阿房宫赋》里曾经这样感叹:"楚人一炬,可怜焦土。"意思是说楚人项羽的一把火,令阿房宫化为焦土。人们似乎对项羽火烧阿房宫的事情深信不疑。

这千百年来一直流传的说法,令许多人信以为真。但是在阿房宫建造二千多年后的今天,考古学家却提出:阿房宫根本没有建成,也没有被火烧。

由中国社会科学院考古研究所和西安市文物保护考古所联合组成的阿房宫考古队经过一年多的勘探和试掘,发现阿房宫前殿的夯土台基上没有火烧过的痕迹,也没有见到秦代宫殿建筑中必有的瓦当及瓦当残块。阿房宫考古队负责人、中国社会科学院考古研究所李毓芳研究员称,考古队经过细致的考查,没有发现传说中的阿房宫,项羽火烧阿房宫的说法也遭到否定。

通过考古工作,发现项羽当年烧的只是秦咸阳宫的建筑,而不是阿房宫。司马迁《史记》中记载的项羽"烧秦宫室,火三月不灭"指的应该是秦咸阳宫而非阿房宫。

传说中的阿房宫遗址就是后来人们看到的前殿遗址,这在古文献中记载颇多,但从发掘来看,阿房宫的前殿其实只完成了夯土台基的建筑,其他工程尚未动工。在考古工作中,专家既没有发现秦代宫殿建筑中必不可少的建筑材料——瓦当,也没有发现秦代宫殿建筑的遗迹,如墙、殿址、壁柱、明柱、柱础石及廊道和散水及窖穴、排水设施等。于是专家们提出了这样一种观点:阿房宫只建成了有东、西、北三面墙的夯土台基,三面墙所围范围内并没有秦宫殿建筑,因此,阿房宫当时并没有建成。

为了印证考古发掘得出的结论,专家再次考证了历史典籍。当初秦始皇下令修建阿房宫的时间是公元前 212 年,但在公元前 209 年,他突然病死在了出巡的途中。在他死前,阿房宫和秦始皇陵是同时进行的两大工程,为了尽快安葬秦始皇，秦二世不得不决定停止阿房宫的工程，抢建秦始皇陵。从秦始皇计划修建阿房宫那天算起，阿房宫前殿的修建工程总共历时不到四年。这座巨大的宫殿，在短短的几年内是很难完成的。

而且，关于项羽火烧阿房宫、"火三月不灭"的说法，秦汉时期的文献资料中并没有这样的记载，可能是后人对古文献的错误理解。《史记》中其他各篇更明确地说火烧秦朝宫殿的地点是咸阳。《史记·高祖本纪》说项羽"屠烧咸阳秦宫室"，《史记·秦始皇本纪》也说项羽"遂屠咸阳，烧其宫室"。咸阳是秦朝首都，所烧毁的也是首都宫殿，不是秦朝时地处渭水之南的上林苑中的阿房宫。

不过也有专家说，在现有地方没有发掘出阿房宫，并不能说明就没有阿房宫，或者阿房宫没有建成，可能只是前殿没有建成而已，也可能是建在了别的地方。

不管阿房宫有没有最后落成，都已经随时间的流逝而湮没在历史之中，但阿房宫留给我们的无尽的想象和震撼仍将持续。

谁动了秦始皇陵墓？

秦始皇为自己修建了规模浩大的陵墓，这座陵墓内的宝物引得后人不断遐想，无数人想打这座陵墓的主意，但都因为陵墓的精妙构造无功而返。历史上记载，第一个挖秦始皇陵的是项羽。

根据《史记·高祖本纪》记载，楚汉相争之时，刘邦曾列项羽十大罪状，其中第四项是"项羽烧秦宫室，掘始皇帝冢，私收其物"。《水经注·渭水》中说得更详尽："项羽入关，发之，以三十万人，三十日运物不能穷。关东盗贼，销椁取铜，牧人寻羊烧之，火延九十日不能灭。"言之凿凿，似乎项羽掘秦始皇陵已是不争的事实，而且项羽还从秦始皇的陵墓中盗走了无数的财富。

但是，众所周知，秦始皇对他的"身后事"非常重视，这寄托着他"万世"的愿望，而秦始皇陵里的地宫之深、构筑之固、警戒之严都是空前的，项羽要想开掘它，绝非易事。后人对于秦始皇陵墓的勘测，能够让人们简单了解一下陵墓的修建情况：

当时，秦始皇为了修建皇陵，尤其是地宫，采用了最好的建筑材料，使用了最优秀的工匠，应用了最先进的技术，地宫中又有防盗的"机弩矢"和大量的水银。另外，秦始皇死后，秦二世为防止泄露墓内的秘密，还把参与地宫工程的工匠，也都活埋在墓道内。而且水银蒸发后有剧毒，对盗墓者有生命威胁。可见，秦始皇陵的安全防盗措施是非常周密的，可谓万无一失。

要想发掘它，不要说古代，就是现在也不是件容易的事。

在近代，一支陕西考古队的考古结论也证明了"项羽并没有盗秦始皇陵"。

他们围绕陵冢、陵园进行大规模的钻探，结果秦陵地宫上的封土（封土指帝王地上墓穴上方堆土丘的形状和规模）没有发现局部下沉的迹象，夯土层也没有较大的变动。在整个封土上仅发现两个直径不足1米、深不过9米的小盗洞，而这两个盗洞又远离地宫。假如项羽带领三十万人来掘墓，怎会只留下区区两个盗洞？

另外，从现已发掘、钻探的地宫周围的一些随葬品来看，西墓道耳室仍保存着完整的铜车马队，而装置铜车马的木椁也没有遭到火烧，属于自然腐朽。北墓的耳室也同样保存着一些重要的随葬品。这与史籍中记载的"三十日运物不能穷"相悖，项羽不会"大发善心"留下任何值钱之物，即使拿不走，也会对它们进行破坏。而且假如项羽当年真的放火焚烧了地宫，那么地宫内的水银也早已挥发四散，但今天的科学试验证明，陵内的水银依然存在。所以，种种迹象和资料都表明：秦陵地下宫殿不但未遭大规模的洗劫，也同样没有被焚烧的可能。

项羽的头上一直顶着"火烧阿房宫"和"盗掘秦始皇陵"等罪名，这很有可能是汉代的统治者为了维护自己的尊严，给项羽编造的谎言，令项羽在历史中蒙上不白之冤，遮掩住英雄的光芒。

李商隐与牛李党争

唐宪宗元和三年（808年），长安制科考试，举人牛僧孺、李宗闵在策论中批评时政，得到考官的赏识，但因为二人的考卷中抨击了宰相李吉甫，于是李吉甫从中作梗，对二人久不续用。谁知此事却引致朝野哗然，争为牛僧孺等人鸣冤叫屈，谴责李吉甫嫉贤妒能。唐宪宗迫于压力，只得将李吉甫贬为淮南节度使，另任宰相。至此，朝臣分成两派，互相对立。但真正的"牛李党争"，是在牛僧孺和李吉甫之子李德裕上台之后开始的。

唐穆宗在位期间，牛僧孺曾一度为相，一次科举考试由牛党人物钱徽主持，其中牵涉李宗闵等人。时任翰林学士的李德裕指斥李宗闵等人主持科考舞弊。结果李宗闵等人被贬官，斗争逐渐趋于复杂化。就这样，朝廷中形成以牛僧孺、李宗闵为首的"牛党"和以李德裕为首的"李党"两派，相互倾轧四十余年。牛李两党的政治主张截然不同，主要表现在：李党力主摧抑藩镇割据势力，恢复中央集权；牛党反对用兵藩镇，主张姑息妥协。

唐代党争后来完全演变成了一场争权夺利的政治斗争，官僚之间的斗争不断升级、扩大。

那么，牛李党争之事与晚唐著名才子李商隐又有何干系呢？原来，这一切都与牛党的令狐楚有关。据《旧唐书·李商隐传》记载，李商隐少富文采，儒雅风流，深受当时镇守河阳的令狐楚赏识。按照这个节奏，在令狐楚的引荐下，李商隐的仕途必将一片辉煌。可不巧的是，河阳侍御史王茂元也对李商隐青睐有加，并将自己的女儿嫁给了李商隐。王茂元是李党领袖李德裕的亲信，李商隐娶了王茂元的女儿，无形中就是靠拢了李党。此事被令狐楚知道后，大骂李商隐背信弃义，任李商隐多次找他解释自己无心与牛党为敌，仍得不到令狐楚的原谅。

由于处境尴尬，李商隐既没办法与牛党交好，失去了被引荐的机会，又不想借着岳父的关系走入政坛。再说李党对于李商隐曾与牛党亲密接触的事情始终有所忌惮，更不可能举荐他。结果满腹经纶、才情高绝的李商隐一生备受冷落，黯然而终。或许对于李商隐而言，他的心中并没有党派之分，不然他也不会私下结交文人，从不过问对方党属。不过，他的心坦荡自然，并不等于别人也同样拥有君子之心，所以凭君子之心结识小人，又如何能得善终呢？

宋太祖为何立约不杀大臣和言官？

中国历代能真正做到虚心纳谏、从善如流的封建帝王是少之又少的，宋太祖是其中的典范之一。

据陆游的《避暑漫抄》记载，宋太祖在建隆三年，即公元962年，曾立下秘密誓约。誓约里的内容共三条：一是"柴氏子孙有罪，不得加刑，纵犯谋逆，止于狱中赐尽，不得市曹刑戮，亦不得连坐支属"；二是"不得杀士大夫及上书言事人"；三是"子孙有逾此誓者，天必殛之"。誓约中明确指出宋朝皇帝不得杀大臣和言官，否则必遭天谴。此誓约自宋太祖设立开始，便通过秘密的方式一代一代不断向下传承和延续，直到北宋末年才被公布于世。

宋太祖立下的"秘密誓约"在北宋历代都得到了相当严格的执行，产生了良好的社会效应。正如誓约所说的那样，宋朝正直的官员受到了很好的优待，极少被杀，所受的最重的处罚，也不过是流放海南岛。就算是士大夫受祸最惨烈的宋高宗时期，也仅开过三次杀戒。宋太祖这一不杀大臣和言官的"秘密誓约"，可以说为整个封建君主专制主义时代带来了一阵清风、一缕阳光。

"秘密誓约"主要归因于宋太祖的个人素质和政治远见。身为一朝君主，通过对之前各朝各代的情况做认真的分析和研究，他深知虚心纳谏、疏通社会舆论渠道的重要性，并将其及时地落实到具体的行动之中。于是，立下"秘密誓约"，通过一种非正式性制度的方式，增大约束力，以保障"征言纳谏"不流于纸上，而得到实施。

以上说法只是一般性的原因分析。除此之外，宋太祖立下"秘密誓约"，还有没有其他特殊的原因，时至今日，仍尚无定论，是历史的又一桩疑案。

狸猫换太子是场闹剧

清末小说《三侠五义》中描写了一个"狸猫换太子"的故事，其中主人公的传奇经历几乎家喻户晓，妇孺皆知。

故事发生在北宋真宗年间。在真宗晚年，他的两个妃子刘氏、李氏同时怀孕，为了争当正宫娘娘，工于心计的刘氏将李氏刚生下的孩子换成了一只剥了皮的狸猫，并污蔑李氏生下了妖孽。真宗大怒，将李氏打入冷宫，而将刘妃立为皇后。后来，李妃所生男婴在经过波折后被立为太子，并登上皇位，这就是仁宗。在包拯的帮助下，仁宗得知真相，寻回流落民间的母亲，母子团圆，仁宗加封包拯，而刘氏也得到了应有的惩罚。

这个故事流传很广，近年来又有内容相近的电视剧重现这段故事，善良的人们在为李氏的不幸掬一把泪时，也不知不觉走进了一个误区，对这段故事深信不疑。殊不知，这则故事经过剧作家们的"戏说"，与历史的真实已相去甚远。

仁宗赵祯，在位四十二年，是两宋时期在位时间最长的皇帝。在他统治期间，国家安定太平，经济繁荣，科学技术和文化得到了很大的发展。

他在位时名臣辈出，人才济济。总体而言，仁宗算是一个有作为的皇帝。

关于他的身世，世人众说纷纭，仁宗究竟是真宗后刘氏之子，还是妃子李氏亲生，无论是小说还是戏曲，几乎众口一词，认定仁宗是李妃所生，而非刘皇后之子。

据《宋史·后妃传》记载，李氏本是刘后做妃子时的侍女，庄重寡言，被真宗看中，成为后宫嫔妃之一，生下仁宗后，进为才人，后为婉仪。在李妃之前，真宗后妃曾经生过五个男孩，都先后夭折。此时真宗正忧心如焚，处于无人继承皇位的难堪之中。仁宗刚出生，还在襁褓之中即被刘德妃抱走，并将其认作自己的儿子，和杨淑妃共同抚育。而李氏却失去了亲自抚育儿子的资格。

宋仁宗即位后，李氏"默处宫中，与众婢无异"。其他人因畏惧刘太后的威势，也不敢对仁宗道出真相。因此，仁宗一直以为自己是刘太后所生，呼之为"大嬢嬢"，称杨淑妃为"小嬢嬢"。母子间一直感情融洽。

明道元年（1032年），李氏病重，才被封为宸妃，不久即病故，享年四十六岁。

1034年，刘太后死，二十四岁的仁宗开始真正执政，这个秘密也就逐渐公开了。至于是谁最早告诉仁宗实情的，有两种说法，一说是杨淑妃（那时已为章惠太后）劝他说："此非帝母，帝自有母。"杨太后自仁宗幼年时期便一直照料其饮食起居，仁宗对她也极有感情，杨太后在那样的政治环境中说出实情是极有可能的。

另一种说法是皇叔赵元俨告诉仁宗的："陛下乃李宸妃所生，妃死于非命。"赵元俨自真宗死后，过了十余年的隐居生活，闭门谢客，不理朝政，在仁宗亲政之际，赵元俨突然复出，告以真相，应该也是情理之中。

总之，仁宗了解了自己的身世，在愤怒、悲伤的同时，马上派兵包围了刘太后的住宅，要查清事实真相后做出处理。他怀疑自己的母亲死于非命，一定要打开棺木查验。当棺木打开，只见以水银浸泡、尸身不坏的李妃安详地躺在棺木中，服饰华丽，仁宗这才叹道："人言岂能信？"随即下令遣散了包围刘宅的兵士，并在刘太后遗像前焚香祷告。

其实，刘太后在李妃死后，最初准备用一般宫人的礼仪治丧，但宰相吕夷简力劝刘太后，要想保全刘氏一门，就必须厚葬李妃。刘太后这才意识到问题的严重性，决定以皇后的服饰装殓、发丧李妃，并用水银宝棺。生母虽然得到厚葬，却未能冲淡仁宗对李氏的无限愧疚，他把刘氏追谥为庄献明肃皇太后，把李氏追谥为庄懿皇太后。

至此，真相大白，在这场"夺子案"中，刘妃、李妃确有其人，但其事绝非传说的那样，也没有出现狸猫的影子，只是后人对刘太后的做法进行进一步加工，才有了后来"狸猫换太子"的传奇。

另外，在仁宗认母这一事件的整个过程中，其实并没有包拯的参与，因为这件事发生在仁宗明道元年（1032 年）以前，而此时的包拯还未出仕。包拯于仁宗天圣五年（1027 年）考中进士，虽被授官职，但因父母年迈，就辞职未到任，一直在家赡养父母。后来，他的父母相继离世，他一直待到守丧期满，还不忍离去，直到仁宗景祐四年（1037 年），才离家去天长县任职。在很长一段时间里，他都没有去过京城，怎么能帮助仁宗寻找生母呢？

乾隆皇帝的身世之谜

乾隆皇帝，即爱新觉罗·弘历，在位六十年，励精图治，在康熙、雍正两朝文治武功的基础上，进一步完成了多民族国家的统一，社会经济文化有了进一步发展，形成了中国历史上著名的"康乾盛世"。

乾隆皇帝是中国封建社会后期赫赫有名的一位皇帝，他是中国有文字记载以来享年最长的皇帝，也是中国历史上实际执政时间最长的皇帝。同时，乾隆又是在民间传闻最多、被文艺作品演绎最多和官方文献记载疑点最多的皇帝之一。乾隆的一生，为后世留下了许许多多的故事，其中人们最津津乐道的，莫过于他的身世之谜了。

谜题之一：乾隆皇帝的出生地在哪里？

据史书记载，乾隆认为自己生在雍和宫。雍和宫坐落在北京城东北安定门内，是著名的喇嘛庙。在康熙时代，这里原是雍亲王的府邸，也就是雍正做皇子时的王府，当时并不叫雍和宫。乾隆登基后，把他父亲雍正的画像供奉在这座府第里的神御殿，派喇嘛每天诵经，后来这里就改名叫雍和宫。乾隆曾经多次以诗的形式表明自己生在雍和宫，如"斋阁东厢胥熟路，忆亲唯念我初生"，指出自己出生在雍和宫的东厢房。

然而，令人奇怪的是，乾隆的儿子嘉庆帝无论在给父亲的祝寿诗中还是在最终的遗诏中，都把父亲的出生地写成避暑山庄，这着实令人费解。嘉庆元年（1796 年）八月十三日，乾隆帝八十六岁大寿，以太上皇身份到避暑山庄过生日。嘉庆跟随去了，写下《万万寿节率王公大臣行庆贺礼恭纪》诗庆贺。诗中提到乾隆的出生："肇建山庄辛卯年，寿同无量庆因缘。"其诗下注云："康熙辛卯，肇建山庄，皇父以是年诞生都福之庭。"嘉庆在这里明白无误地点明皇父乾隆诞生于避暑山庄的都福之庭。

嘉庆二十五年（1820 年）七月二十五日，嘉庆帝突然在避暑山庄驾崩。在御前大臣、军机大臣、内务府大臣以嘉庆名义撰写的《遗诏》末有"皇祖降生避暑山庄"一语，就是说乾隆当年生在避暑山庄。新继位的道光帝发现这一问题后，立即命令以六百里加急，将已经发往琉球、越南、缅甸等藩属国的嘉庆《遗诏》从路上追回来。改写后的《遗诏》，把原来说乾隆生在避暑山庄，很牵强地说成乾隆的画像挂在避暑山庄。

乾隆帝到底是出生在北京雍和宫，还是出生在承德避暑山庄，至今学术界没有定论，仍然是一个历史的疑案。

乾隆虽然是一位很有名的皇帝，但他的出生地闹不清楚，甚至就连他的母亲是谁人们也产生了怀疑。

在中国第一历史档案馆保存的《玉牒》和生卒记录底稿上，都清楚地写着乾隆的亲生母亲是钮祜禄氏。《实录》和《圣训》中也有同样的记载。

乾隆是大孝子，他在慈宁宫为母亲六十岁诞辰举行盛大寿宴，并把它绘成画《慈宁燕喜图》，侍奉母亲三次上泰山，四次下江南，多次到塞外避暑山庄，还别出心裁，用三千多两黄金做了一个金塔，专门用来存放、供奉他母亲梳头时掉下来的头发，叫金发塔。乾隆爱写诗，在他的诗中，有不少是称颂生母钮祜禄氏养育之恩的。

然而坊间却不这么认为，关于乾隆生母的传说很多。最为逼真的一个传说称乾隆生母是浙江海宁大学士陈世倌的夫人。陈世倌与皇四子雍亲王胤禛的关系十分密切。当时，雍亲王的福晋和陈阁老的夫人，同月同日生了孩子。雍亲王生了一个女孩，而陈家生了一个男孩。雍亲王就让陈家把孩子抱入王府看看。可是，等孩子再送出来时，陈家的男孩竟变成了女孩。陈阁老意识到此事性命攸关，不敢作声。人们说雍亲王为登上皇位，便将自己的女儿与陈家的儿子调换，而那个被换入王府的男孩，就是后来的乾隆皇帝。民间甚至传说，乾隆登基后六下江南，目的就是探望亲生父母。而他六次南巡竟有四次住在陈阁老的私家园林，为的是探望自己的生身父母。

乾隆皇帝身世之谜就如同他的"十全武功"一样出名，历来让人议论纷纷，然而，这一切只是人们的推测，毕竟缺乏确凿的史书记载，不可完全当真。

晚清三任皇帝为何接连绝后？

同治皇帝载淳，二十周岁死去的时候，没有留下一儿半女，虽然野史曾提到过皇后阿鲁特氏已怀有龙种，但正史中得不到任何依据，便无法作数。掐指一算，同治皇帝于同治十一年九月，即 1872 年 10 月，举行大婚典礼，死于同治十三年十二月，即 1875 年 1 月，这两年零三个月的时间里，居然没有留下自己的一点骨血，实属怪事。

光绪皇帝死的时候三十八岁，身后居然也没有留下一男半女。光绪皇帝于光绪十四年（1888 年）十月大婚，虽然他在政治上难以有所动作，是慈禧控制下的傀儡皇帝，但在婚姻中，还是有一些自主权利的，慈禧并不会去干涉他的私生活。而且作为一国之君，他起码有着皇后妃子，几名女子陪伴，而且还有宠爱的珍妃常伴身旁，但膝下无子，确实让人费解。

而作为光绪帝继位人的宣统帝溥仪，活了六十一岁，也是没有孩子留下。晚清接连三任皇帝都没有留下子嗣，的确是够让人震惊的。

接连三朝皇帝都没有留下一男半女，这在中国封建历史上还是绝无仅有的。"不孝有三，无后为大"，对于平常人家来说如此，对于帝王家来说更是如此。

对此人们纷纷展开探讨，但因为当时的有关史书、传记并未对这些事记载过多，而且时隔太久，研究起来很难下手，这三位皇帝为什么没有生育，成为一团疑云，后人只能凭借猜测分析，通过现代医学角度来看当时的情形。

按照满洲皇室的婚姻习俗，丈夫死后，妻子可以嫁给小叔子，或者丈夫家其他的男性，这种原始的婚俗，令大清的皇室血统发生了变化。

清太祖努尔哈赤死前曾嘱咐："俟我百年之后，我的诸幼子和大福晋交给大阿哥收养。"他是要将自己的妻子交给自己的儿子。不只努尔哈赤这样，其他皇室成员的婚配，都是典型的近亲婚配或乱伦婚配。

皇太极时代，肃亲王豪格是皇太极的长子，多尔衮是皇太极的亲弟弟，但豪格娶的嫡妻博尔济锦氏，却是多尔衮妻子的妹妹，在豪格死后，这位嫡妻博尔济锦氏又被多尔衮收为己有。

之后为了对付明朝，皇太极积极推进满蒙联姻，想要强强联合，攻入中原大地。在清朝建立后，皇太极便册封妃嫔，其中五宫后妃都来自蒙古博尔济锦家族，还有三位后妃的辈分算起来是姑侄。有人统计过，皇太极在位期间，满洲贵族仅与蒙古科尔沁部联姻就达十八次之多。

顺治与皇太极一样，也是多次近亲结婚，顺治的皇后和淑惠妃，是他同一个亲舅舅的两个女儿，都是他的表妹。为了政治，满族与蒙古族部落的联姻一直延续了很长时间。金国大汗，大清国皇帝、王、贝勒等贵族不仅娶蒙古女子为妻，还把自己的女儿都嫁出去，这些混乱的婚姻是导致后来大清帝王不育的一个原因。

当然因为近亲结婚而导致后来帝王的身体病变，只不过是一个猜测而已，至于这三位帝王为何绝后，还有待考究。

毛延寿之死是自酿的悲剧

毛延寿，汉代宫廷画师，擅画人物素描，其绘画风格好丑老少，必得其真。后被元帝腰斩于市，据说原因是其故意画丑昭君致使美人独处塞外，招致元帝怨恨。

《西京杂记》中说，汉元帝即位后嫌后宫女子大都年长色衰不愿临幸，随即从民间挑选大量美女入宫，昭君就是这个时候被挑选进宫的。由于美女众多，逐一筛选临幸多有不便，元帝便令画师临摹这些美女的相貌，他每晚看图择其中美者召幸。这样宫廷画师的身价暴涨，其中"聪明"的美女纷纷贿赂这些画师，但王昭君自恃美丽，不买画师的账，结果数年被冷落后宫，过着孤独寂寞的宫廷生活。直到匈奴呼韩邪单于来求亲时，元帝索性就挑了昭君，临行之际才发现王昭君之美，但是哑巴吃黄连，有苦说不出，故把一腔愤怒撒在画师毛延寿身上。

《王昭君报汉元帝书》中记载："臣妾幸得备身禁裔，谓身依日月，死有余芳。而失意丹青，远窜异域，诚得捐躯报主，何敢自怜？独惜国家黜涉，移于贱工，南望汉阙，徒增怆结耳。有父有弟，唯陛下幸少怜之。"从这里也能看出昭君出塞是受了画师毛延寿的报复。

还有一说就是王昭君厌弃深宫寂寥生活主动请作和亲公主。《后汉书·南匈奴传》中有记载，当时呼韩邪来求亲，元帝召来后宫美女五十人赏赐给他，昭君入宫已经好多年了，并没有得到皇帝的临幸，于是独守深宫，渐渐地产生怨恨，乃请掖庭令求行，临行之际，元帝看见一绝世美女俨然也在其列，心中纳闷，意欲毁约，恐失信于异邦，故忍之。也就是说当时是王昭君主动要求去和亲的，不关毛延寿的事，那么因画丑王昭君而招致杀身之祸纯属冤案。

还有一种说法就是：汉元帝以良家女子王嫱字昭君赐单于。《汉书·元帝纪》："竟宁元年春正月，匈奴呼韩邪单于来朝。……赐单于待诏掖庭王嫱为阏氏。"从这里可以看出是皇帝把昭君赐给呼韩邪单于的。

"画图省识春风面，环佩空归夜月魂"明确表达了杜甫的观点，由于汉元帝的昏庸，对后妃宫女只看图画不看人，把佳人们的命运完全交给画师们，尤其昭君，他根本就不认识昭君，造成昭君大好青春却要离开繁华的都城，远赴大漠去嫁给一个垂老粗俗的部族首领。王安石在其《明妃曲》中也指出："意态由来画不成，当时枉杀毛延寿。"

毛延寿被杀是个不争的事实，从《王昭君报汉元帝书》里我们可以明确看出昭君失意于丹青，进而远赴西域，所以毛延寿作为专职画师，不恪尽职守，反而干起勒索勾当，实乃该杀。但是元帝就没有责任了吗？汉元帝仅凭一纸图画便决定了宫妃们的一生，不是太草率了吗？

明朝"隆庆开海"实则为了禁海

自明太祖朱元璋于洪武四年（1371年）诏令"濒海民不得私自出海"，标志着明朝持续二百多年的海禁政策开始了。该诏令一经下发，全国所有的海船悉数改为平头船，出入须有官方正式手续，而民船则不能从事海运。然而，当这个禁令还在大发神威的时候，隆庆年间竟然出现了开放海关的现象，不禁叫人称奇。为什么一向施行海禁政策的明政府突然解除了海禁呢？这一切的根源可以从倭寇那里追溯而来。

倭寇不仅仅是日本武士和流民，其中也包含元末时逃亡日本的中土武装组织。而倭寇之所以能在明朝时于中国东南海岸大肆横行，也与陆地上一部分奸商有关。由于国家强制禁止海上商贸，一些民间商人遂通过走私来与外界通商，其中大的走私商贸团伙与倭寇相互勾结，劫掠船只，甚至引倭寇直接深入内陆抢劫，或与倭寇进行商贸往来。另外，这些走私商团也拥有大量的武装设备，成了朝廷的心腹大患。

为了阻止倭寇继续侵犯沿海边境，消除沿海商人的武装力量，明政府几代朝臣都曾向帝王提出实行开放沿海、与外通商的建议，但均被否决。直到明穆宗隆庆皇帝时期，皇帝欲重振朝纲，对内实行了一些安抚政策，同时也下诏书，开放漳州月港一带地区的海禁，准许中国商民出海贸易。

这一举措一经实施，明朝的海上贸易事业就如火如荼地开展起来，为国家带来不少的财政收入。同时有效地遏制了走私集团，倭寇也因此大大地减少。然而，我们应当意识到，对于偌大的中国海岸线，仅仅漳州月港开放，就能够满足海上贸易的需要了吗？当然不能。不仅如此，明朝官府也不是真正地打算开放沿海地区，只不过是想通过开放一个点状地区而遏制整个负面势力。明朝官府的该目的从"隆庆开海"的"出海船引"制度就可以看出。

想在月港出海的商人，根据规定首先要在自己所在地邻勘报保结，然后向所在道府提出申请，经由海防机构核准后，领取出海船引。一般来说，担保人多是牙商（俗称商贸中介）和洋行（专门经营海外贸易的中介商贸机构）。这道手续看似简单，实则要将商人的祖宗亲戚全部录清楚，然后把自己所贩货物丝毫不差地交代明白。除了这些手续之外，商人还要交"引税"，相当于关税性质的钱财。

关于申请海外商贸的商人户籍，官府也有严格规定。除了漳州、泉州二府商人外，其余地区商人申请出海的手续更加严格，广东、浙江、福州、福宁等地商人，如若没有买通关系，几乎做不了海外生意。对于海外贸易地区，朝廷也有明确规定，诸如禁止与日本进行贸易往来等。

朝廷的所谓"解除海禁"，表面上开放，实则是为了更好地控制海上贸易。隆庆时期福建巡抚许孚远曾言，"于通之之中，寓禁之之法"，一语点破了明廷开海真正目的，不过是在有限开放的基础上更好地实现"海禁"政策。

可是，明朝官府忽略了一点，越是被严格控制的事情，越容易向白热化发展。从事海贸的商人们想尽办法、绞尽脑汁出海做生意，牟取暴利之心从未消泯，倭寇虽然渐渐淡出历史的视线，但中国却逐渐招来了觊觎东方财富的西方野心狼子。

曾国藩伪造了《李秀成自述》吗？

说到"某某自述"，顾名思义，是某某人对自身情况的陈述和说明。然而，《李秀成自述》真的是出自李秀成之手吗？曾国藩究竟有没有篡改和伪造《李秀成自述》？对于这一历史问题，学术界的讨论异常热烈，众说纷纭，莫衷一是。

正面的说法是《李秀成自述》的确是出自李秀成之手。著名学者罗尔纲对《李秀成自述》辛苦考证了几十年，其结论是"曾国藩后人家藏的《自供》原稿确是亲笔"，主要的证据如下：

从笔迹上看，曾家所藏"原稿"和世传的李秀成真迹出自同一人之手。有专家曾特意将流传下来的李秀成受训时的亲笔答词二十八字"胡以晃即是豫王，前是护国侯，后是豫王。秦日昌即是秦日纲，是为燕王"和"原稿"进行过鉴定，鉴定结果二者出自同一人之手。

从内容看，原稿将金田起义到天京陷落这十四年的每一个过程和细节都描述得非常清楚，很难想象会是曾国藩平白捏造的。而且，"原稿"在称谓上多遵循太平天国的制度，也非曾国藩所能知道的。

从词句来看，李秀成是农民、雇农出身，文化水平不高，自传语句不甚通顺，错字连篇，正是他本色的体现，不大可能是曾国藩等人伪造出来的。"原稿"里还有很多李秀成家乡的方言，也绝非曾国藩等人所能伪造出来的。

从情理上讲，曾国藩为了保全自己的名位，必然有很多顾虑，他无此胆量伪造供词，以犯欺君之罪。而且清朝督抚和统兵大员，不能一手遮天，为所欲为，而是督、抚、提、镇、蕃、皋互相监督，如果他敢于丢掉李秀成原供而另行伪造口供，定然要被泄露，而致重谴。我们从曾国藩奏稿、日记、供词刻本按语及赵烈文日记等许多资料里都可看出，他对李秀成写的自传做了一系列的处理，有的修改，有的删节，这是事实。但不能因此就否定"原稿"是李秀成的真迹。

再说，《李秀成自述》原稿如果是假的，曾国藩为什么要把这个假东西当作宝贝传之后代呢？为什么他的第四代曾孙曾约农还要把这个易招非议的假东西公之于众呢？

反面的说法是《李秀成自述》不是李秀成的真迹，而是曾国藩修改后重抄的冒牌货。1956年《华东师大学报》第四期发表了年子敏、束世的《关于忠王自传原稿真伪问题商榷》一文，认为李秀成供词出自曾国藩的伪造，他们的理由是：

从笔迹上看，"原稿"虽然和李秀成"二十八字"真迹出于同一人之手，但"二十八字"也是庞际云故意伪造的，是为了以防万一。

从"原稿"的间隔上说，"自述"分九天写成，中间应该有八个间隔。李秀成是每天随写随交，曾国藩也是每天随看随改，当李秀成把自述写完时，曾国藩也就删改完毕。既然要分八九个人缮写，说明李秀成亲笔原稿是散页或分装成八九份的，绝对不是写在一本已经装订成册的本子上的。今天所见到的"原稿"却是写在一本完整的装订好的"吉字中营"横条簿上，这就难以使人相信它是李秀成的真迹。

"原稿"的用词该避讳的时候不避讳，不该避讳的地方却避讳了，如果偶尔笔误，可以理解，而"原稿"在这方面的"笔误"却多得离奇。

"原稿"的字数和记载的字数不等。据记载，李秀成共写了五万字，而"原稿"只有三万六千字。如果另外一万多字是被曾国藩撕毁了的，那么"原稿"的内容应该是不相衔接的，然而，今天所见"原稿"确实前后内容完全相连。

从情理来说，李秀成被捕后，先是受到了严刑拷打，后又被关押在囚笼里，时值酷暑难当的夏天，在这种情况下，要写下这洋洋数万言的"自述"简直是不可思议的。因此"自述原稿"有可能是曾国藩等人模仿李秀成的笔迹凭空伪造的。

《李秀成自述》是真是假，曾国藩是否伪造《李秀成自述》，虽然学术界对此已有尝试性的讨论，但遗憾的是目前仍没有定论。

西汉巫蛊连环案之谜

西汉巫蛊连环案，起因是汉武帝沉迷黄老巫蛊之术，引发了妃嫔之间的斗争，但牵涉进来的却不止后宫斗争那样简单，而是整个朝廷势力的斗争，并最终引发了"太子谋反"的惊天大冤案，导致汉武帝晚年妻离子散、众叛亲离，在后悔与沉痛中死去。

作为中国历史上在位时间最长的皇帝之一，汉武帝大半生所行功德可抵黩武之过，然而一个小小的巫蛊之术，却令武帝千古功名毁于一旦，难道巫蛊之术竟可怕如斯吗？其实真正可怕的应当是人心才对。

巫蛊连环案的事情起因源于汉武帝的一场幻觉。征和元年（前92年）三月，赵敬肃王彭祖去世，夏季又逢大旱，宫外尚未安定下来，内宫就出现了妃嫔以巫蛊互相攻击的事件。本来妃嫔用厌胜之术已经是司空见惯的事情，当时武帝也未放在心上，哪知道妃嫔们的斗争愈演愈烈，最后变成了泼妇骂街，互相诬陷对方用巫术诅咒皇上。汉武帝见状心烦得很，一怒之下处死了大量宫人和一些外戚臣子。但他总是梦见有人在用木人诅咒他，一时间寝食难安。有一天他正坐在建章宫内养神，恍惚看到有一个男子带剑走进中龙华门，本来应该有重兵把守的中龙华门却没有一个人出现阻止。

汉武帝心道那男子莫非是来刺杀自己的不成，于是大声叫喊，哪知道男子扔下剑隐遁而去。吓出一身冷汗的汉武帝大叫侍卫护驾，并派人到皇宫内翻查，却一无所获。其实武帝一生杀人诸多，很可能因为心中有鬼，产生了有人欲找自己报仇的幻觉。彻查的结果让他非常失望和生气，不但没有找到刺客，反而在后宫和京城百姓家中翻出大量的木偶和咒符。武帝暗道难怪寻不到刺客，原来是有人用巫术制造神魔来刺杀自己，此事不查不行。于是，"巫蛊案"就这样掀开帷幕。

君主身边最不乏的就是小人，"巫蛊案"本来可以很快地过去，但是有人却诬告当朝丞相公孙贺的儿子公孙敬声施用巫蛊之术诅咒皇帝。公孙贺的夫人君孺是皇后卫子夫的姐姐，所以汉武帝与公孙贺关系素来亲密，公孙敬声也因父亲的关系担任太仆一职，负责掌管皇帝的舆马和马政。可是偏偏公孙敬声不争气，骄奢淫逸，贪财好色，收受贿赂，结果被关了起来，公孙贺于是抓了到处劫富济贫的阳陵侠客朱安世，想要借此立功，帮儿子将功赎罪。

朱安世自然不能坐以待毙，就托人上书汉武帝，称公孙敬声和武帝的女儿阳石公主私通，并派遣巫师在天子所驰的马路上埋木偶人诅咒天子。天子马路本来就是公孙敬声的管辖范围，朱安世这一告发有理有据，汉武帝对此事深信不疑，立刻逮捕了公孙贺一家，交给当时的著名酷吏杜周查办。杜周公报私仇，不但杀了公孙贺父子，还将阳石公主和与本案没有什么关系的诸邑公主一起杀了。只因诸邑公主与卫子夫弟弟卫青之子卫伉是表亲，而卫伉与杜周结了怨。

虽然死了一群人，但汉武帝老来多疑，还是认为有人想要害自己，于是将"巫蛊案"交给了自己的宠臣江充查办。江充是个靠裙带关系和故意装出来的"公正无私"而取信于武帝的小人，武帝原本相当放心"巫蛊案"由他来处理，没想到江充却将个人恩怨融入到查案当中。在后宫和朝廷之中，他最想扳倒的人是太子刘据。因为他曾经抓了刘据的亲信，刘据向江充百般求情，江充却一意孤行，因此自觉得罪了刘据。其实刘据对于此事早已忘到脑后，他也并不是记仇的人，但江充却不这样认为，只想着借"巫蛊案"诬陷太子和皇后卫子夫。不过汉武帝对刘据疼爱至极，江充几次搞鬼都没有成功陷害刘据，倒是刘据看出江充的歹心，一怒之下杀了江充一干人等。

已经深居简出、在长安城外甘泉宫养生的汉武帝不明就里，只知道太子杀了自己的近臣。恰在此时有人在武帝耳边不断吹风，说太子想要谋反。一开始武帝并不相信，便派了侍从去长安城探听情况。侍从到城外转了一圈，发现守备森严，没敢进城，转身便跑回甘泉宫禀告武帝：太子的的确确是造反了。可以说是刘据倒霉，也可以说是汉武帝昏聩，他就这样听信了小人之言，相信自己的儿子有谋反之心，于是向丞相刘屈牦发布敕令：

立即发兵出击，对造反者一律杀无赦。刘屈牦本来无心害太子，无奈天子之命不能违抗，便派兵攻打长安城。

刘据根本没有造反之心，哪里有重兵抵抗丞相的军队？只得发动百姓死守长安。但百姓认为"太子造反"之事大逆不道，所以刘据大失人心，最后兵败如山倒，刘据逃离了长安，没过多久便被找到，而那时的刘据已经自缢而死，其母卫子夫更是早在他之前已经自尽。

一年以后，汉武帝才查清楚原来是奸臣搞鬼，害死了自己的皇后和太子，除了为太子平反、追封刘据，再没有什么能够挽回。

小小的一桩"巫蛊案"，在皇帝的疑神疑鬼和小人的借机发挥下，在汉王朝的宫廷内外掀起了长达数年的血雨腥风，到头来却发现是误会一场，但却没有任何人对此承担责任，真是可悲可叹。

朱元璋为什么制造胡惟庸案？

关于胡惟庸获罪的原因，历史上有两种说法：

一说是胡惟庸位高权重，心生他意，同倭寇与旧元勾结，意在弑君，结果事情败露。另一种说法是胡惟庸引朱元璋去家里观看醴泉，那被认为是天赐的祥瑞之事，所以朱元璋欣然前往，结果在路上被一个宦官拦住，诉说胡惟庸谋反的阴谋。不管是哪种说法，都是疑点重重，真实情况已无从考证。但是胡惟庸谋反一事，在皇帝那里就是事实，这是十恶不赦之大罪，胡惟庸死是死定了，没想到他的死，却使许多人受到株连。开始是他的家人，被诛了三族，同谋及告发者一并斩首。随后朱元璋借机撤销中书省，不再设丞相。再后又追查了依附胡惟庸的官员和六部官属。结果此案迁延十余年，大小官员被处死者多达三万余人，朝野震动。

钱穆在《中国历代政治得失》一书中讲道：自古以来，中国的皇权和相权是划分的，即使两种权力的比重不同，但相权对皇权有一定的制约，并不是皇帝一人专制。而官府真正由一个皇帝来独裁，则是在明清两代，始作俑者，就是这位明太祖朱元璋。他废止宰相一职，并严格规定子孙们永远不准再立宰相。殊不知世上的事情是没有永远的，从明朝中后期的情况来看，皇帝们总是滥用手里的权力，为所欲为，最终没能守住祖宗的这份基业，在朱元璋这里也许能够找到根由。

胡惟庸一案血流成河，并没有让朱元璋放心，因为宰相虽然没有了，还有很多劳苦功高的大臣呢！难以保证他们不会起异心，于是他又举起了屠刀。洪武二十六年（1393 年）正月，蓝玉案起。蓝玉以谋逆罪被杀，连坐被诛杀者达 1.5 万人。

据史书记载，太子朱标对朱元璋大开杀戒曾数次劝谏。一次，朱元璋命人找来一根长满尖刺的荆棘放到朱标面前，让他去拿，朱标畏惧不敢伸手，于是朱元璋说："汝弗能执与，使我润琢以遗汝，岂不美哉？今所诛者皆天下之险人也，除以燕汝，福莫大焉！"意思是说，我杀人就像去掉荆棘上的尖刺一样，这样你将来才可以安坐天下。这话说得倒也在理。朱标无可反驳。

朱元璋的屠戮如此耸人听闻，也与他本人的性格有关，清代史学家赵翼说过这样的话："独至明祖，藉诸功臣以取天下，及天下既定，即尽取天下之人而杀之，其残忍实千古未有。盖雄猜好杀，本其天性。"

无论如何，经过胡、蓝案，宰相一职被取消了，开国功臣也被屠戮殆尽。从此皇帝身兼君主与宰相两职，行使着皇权和相权，集吏、户、礼、兵、刑、工六部职责为一体，控制了一切生杀大权。

不过，明王朝或许是不幸的，自朱元璋死后，其子孙"圣贤、豪杰"者少，"盗贼"者多，从而造就了大明一朝十几位个性鲜明的皇帝，在是非、人伦颠倒中，左右了明王朝二百多年命运。

第九篇

军事外交

被神化的蔺相如

战国赵惠文王当国君的时候，得到了楚国的一块和氏璧，可谓是稀世珍宝。秦昭襄王听到这个消息后，垂涎美玉，便提出要拿十五座城池来交换这块美玉。赵惠文王担心其中有诈，不敢贸然答应，但是秦国实力强大，断然拒绝又怕遭到打击报复。这时，蔺相如毅然担负起了出使秦国的任务。

当蔺相如带着和氏璧到达秦国后，发现秦昭襄王果然想白白得到和氏璧而不愿意献出城池。蔺相如通过自己的机智，使得和氏璧完璧归赵。当他回到赵国后，赵惠文王对他赏赐有加，还破格提拔他为上大夫。

不久后，秦国攻打赵国，赵国无法与秦国抗衡，秦昭襄王约赵王去渑池会谈，蔺相如再次请缨，主动陪同。他在渑池据理力争，使得霸道的秦昭襄王无言以对，没有达到霸占赵国城池的目的。

这两件事让蔺相如在历史上蒙上光辉的色彩，成为出色的外交家和政治家，但历史真相果真如此吗？其实细细探究，并非如此。渑池会盟前几年，秦国的实力虽然突飞猛进，但赵国也并不弱小。作为后起之秀，赵国的实力也得到了空前的壮大。

秦国想要一统天下，而赵国也想称霸中原，两国相争，到了剑拔弩张的地步。两国分别从军事和外交上抗衡，不断与其他几国进行联盟或者征战，为的就是增强自己的实力，好有待一日，能够以最强的实力成为天下的霸主。

但是两国你争我夺，最终也没有谁能真的以绝对的实力强过对方，于是在公元前279年，筋疲力尽的两大强国决定在渑池会盟，谈出一个双方都满意的结果。这次会盟的气氛并不如史书上所写的那样波涛汹涌，而是十分和谐。

即便没有蔺相如从中周旋，最终也能和解而散。渑池会盟本就是两国为了寻求和平制衡点而召开的，不存在发生冲突的可能。虽然在会盟期间，秦国的使臣曾出言侮辱赵国，遭到蔺相如的反击，但这些小事并不能妨碍两国谈和的最终目的。

渑池会盟为蔺相如带来的光辉被后人过于夸大，这次会盟是秦赵两国在实力基本平衡下的一次战略会谈。即便赵惠文王没有蔺相如相陪，他也不会遭到秦国的扣押或者非礼的对待。

诸葛亮如何"借"来东风？

《三国演义》中孔明借东风的故事，把诸葛亮塑造得宛若天神般完美。这个故事至今仍是广为流传，家喻户晓。

随着现代科学技术的发展，许多人对诸葛亮借东风表示出了怀疑，风真的可以"借"吗？诸葛亮是如何"借"东风的呢？

公元208年，曹操率兵南征孙权。十月，曹操屯兵于长江北岸，接受庞统所献的连环计，曹操把战船用铁链连在一起。位于长江南岸的孙刘联军，虽有长江天险固守，仍是兵力不足，最好的方法就是对曹操实行火攻。但是当时处于隆冬时节，只有西北风，而且处于逆风位置的孙刘联军如果用火攻，只会烧毁自家战船。"万事俱备，只欠东风"的情况也让周瑜发起愁来。这时，诸葛亮提议："亮虽不才，曾遇异人，传授八门遁甲天书，可以呼风唤雨。"诸葛亮与周瑜约定于十一月二十日甲子之时，凭天借到东风。

果然在约定的时间，东风起，老将黄盖假作投降，孙刘联军火烧赤壁，大败曹军。这就是《三国演义》对孔明借东风的描写，那么又该如何解开"借风"之谜呢？

研究证明，所谓的借东风其实只是诸葛亮对天文气象的灵活运用。

首先，为什么诸葛亮要选择十一月二十日这个日子来借风呢？古代中国对气象的研究颇为深入，历来就有"夏至一阴生""冬至一阳生"的记录。十一月二十日是冬至之日，按照这个规律，冬至之前，如果阴气旺盛，在长江沿岸表现为西北风，那么冬至之后，阳气生长，风向则要发生变化，表现为东南风。孔明知道了"冬至一阳生"的气候变化规律，准确地把握了东风吹起的时间。诸葛亮正是在随季节而生的气候变化规律上大做文章。诸葛亮知道的道理，难道曹操会不懂吗？曹操肯定也懂这个道理。"冬至一阳生，来复之时，安得无东南风？何足为怪！"但是，曹操忽略了一个问题："隆冬之际，但有西风北风"是对一段时间内气候情况的判断，却忘了考虑冬至这天的特殊性。冬至这一天的气候与前段时间会产生重大的变化。很明显，诸葛亮考虑到了这个问题，这也是他的高明之处。此外，孔明家离赤壁不远，对当地风云了如指掌。因此，他能准确无误地预报出这一天天气的变化。东南风起是他理论与实践相结合得出的结论。

那么，诸葛亮拨兵驻坛用意又何在呢？赤壁之战大破曹军之后，孙权派鲁肃与刘备争要荆州，诸葛亮就提出："若非我借东南风，周郎安能展半筹之功？"这也就解释了诸葛亮故弄玄虚的目的了，孔明就是要贪天之功，假借东风，成为日后取得荆州的借口。诸葛亮另外的目的就是要通过驻坛施法的机会摆脱周瑜的控制，迅速回到自己军中，调兵遣将，与周瑜争夺曹操失地。《三国演义》第四十五回，孔明刚随周瑜出兵时，他就告诉刘备说："但看东南风起，亮必还矣。"也就是让刘备在十一月二十日甲子派赵云驾船在约定的地点等候他。所以当周瑜派兵来捉诸葛亮之时，诸葛亮已经回到了刘营。

也有观点认为，诸葛亮借东风是使用了奇门遁甲之术。奇门遁甲是一种古老的排兵布阵的方式，带有极强的方位学理论和攻击性。它融入了周易、天文、地理、历法、军事、气象、政治、经济等大量知识，是一种高明的预测术。诸葛亮掌握了这种高深的预测术，预测出十一月二十一日必然要大刮东南风的天气状况，因此，诸葛亮"借"到东风的主要原因还是在于他对天文气象的深入研究。

李师师与宋江

李师师本是汴京城内经营染坊的王寅的女儿，但王寅在她三岁时，将其寄名佛寺，寺院里的老和尚认为她与佛门结缘，而佛门弟子被人们尊称为"师"，所以，李师师这个名字便由此而来。

后来，王寅因获罪死于狱中，李师师便无家可归，被一个经营妓院的人收养，从此流入风尘，但李师师琴棋书画、歌舞诗赋样样精通，一时之间成为汴京城内文人雅士、富家公子追逐的对象。

张邦基《墨庄漫录》载："政和间，汴都平康之盛，而李师师、崔念月二妓名著一时。"可见李师师的名气在当时有多大。不但词人周邦彦为她着迷，就连当时的天子宋徽宗也是李师师的常客，而更有甚者，梁山"一把手"宋江也看中李师师的名气，想借她与朝廷商讨招安之事。

宋宣和三年（1121年）正月十四傍晚，宋江带领几名弟兄潜入汴京城内，他们要找李师师，通过李师师来与宋徽宗达到招安的平衡点。宋江派出燕青先行刺探，燕青向青楼老鸨许下重金，希望能让李师师见宋江一面。看在钱的分儿上，老鸨自然不会拒绝，可惜第一次会面，由于宋徽宗的突然到访被迫中断，但宋江更坚定了要将这条道路走到底的念头。

第二次见面，宋江给李师师的见面礼是一百两黄金，虽然他并未明确提出自己来求见李师师的意图，但李师师已明白。她巧妙设下公关计，待到宋徽宗再次来到她这里时，便对宋徽宗多次讲到梁山好汉的仁义与诚意，好让宋徽宗先听闻梁山众人的一些好话，日后说起招安的事情也有了铺垫。

最关键的一点是，李师师为宋徽宗引荐了燕青，燕青凭借几首小曲轻易地打动了宋徽宗，讨来了免罪圣旨，还探得了口风，为宋江日后被招安做出了准备。李师师在宋江与宋徽宗之间起到了不可小觑的桥梁作用。

"豆腐渣"工程毁灭了忽必烈的壮志

公元 1274 年，忽必烈率兵想要征服日本，但在海上却莫名遇到大台风，令忽必烈无功而返。公元 1281 年，忽必烈第二次东征日本，依然是遭遇台风，无法登陆日本，只得再次返回。

后来，在日本便流传开来这样一个故事，说在元朝时期，蒙古入侵者的船只在"神风"的阻挠下，才没有进入日本。日本对"神风"顶礼膜拜，数百年间，他们一直认为是"神风"救了他们。

但是在英国《新科学家》周刊的一项考古文章中，科学家们却提出了当日阻止忽必烈的并非是什么"神风"，而是元朝拙劣的造船工艺和设计。

历史记载，忽必烈第一次东征日本时，他命风州经略使忻都、高丽军民总管洪茶立，以 900 艘战船，1.5 万名士兵，远征日本。一开始，元军势如破竹，很快占领了对马、壹岐两岛，继而侵入肥前松浦郡。日军节节败退，眼看就要守不住阵地了，但是当日军退到大宰府附近时，元军军舰却在一次夜间的暴风雨中，被海浪打翻了两百余只。

按说军舰应当是用最坚固的材料制造的，暴风雨应当不会对其造成什么影响。但当台风来临、暴雨倾盆的时候，元军将舰队停泊在博多湾口，船只在风雨中飘摇撞击，无法保持平衡，而相互撞击的力度，使得许多船只破损，进而导致了沉没。

那次之后，元军死亡兵卒达 1.35 万人。兵力大损的元军不得不退回本土。那次战役，日本的历史上称之为"文水之役"。第二次的东征，依然是相同的原因，元军在最后关头功亏一篑。

看似是上天帮助日本，但从后来对打捞上来的蒙古战舰的残骸研究中可以发现，这些战舰做工粗糙，质量十分低劣。很多战舰上的铆钉过于密集，这就说明材料是被反复利用过的，需要加固才能不至于碎裂。

而根据史料记载，这些战舰大部分都是忽必烈命令高丽王朝建造的，高丽王朝并不热衷修建战舰，他们认为修建战舰会增重他们的兵役，因此建造军舰时并不认真，很多情况下都是敷衍了事，质量自然不能保证。

粗制滥造的军舰，无法抵御海浪的冲击，再加上台风来袭，暴风雨加剧，更让这些本就劣质的船只无法进行战斗。忽必烈估计没有想到，自己的雄心壮志，最后竟然是破灭在"豆腐渣"工程上的。

清军败亡的罪魁祸首

清朝末期，国力严重衰退，尤其是兵力，更是变得不堪一击。遥想当日平定三藩之乱、准噶尔叛乱、收复台湾，那时的清朝拥有世界上最为强大的一支武装力量。可是在清朝末年，这支武装却脆弱不堪，探究原因，就不得不从头说起。

清朝的军制基本分为"八旗"与"绿营"。这是满族人自己的军队，所谓的八旗是正黄、正白、正红、正蓝四旗和镶黄、镶白、镶红、镶蓝四旗。"八旗"是在清兵入关之前就有了的，后来，随着军事战争的扩张，又将蒙古族人编为蒙八旗，将在进关前收降的明朝军队编为汉八旗。这一共便是二十四旗。

这些军队一直是清朝的主要武装力量。军队需要强大的国力来支持，可是到了道光年间，国力衰退，已经无法支持这支庞大的军队了。道光二十年（1840 年），清朝的军队人数总额为八十万人，是清朝初年的三倍多。

但那时的清军，面对内忧外患，国内暴动，洋人侵袭，却是无力反抗。有人说如此庞大的一支军队无法有精良的作战能力，是因为清政府没有足够的经济支持，所以，清军才对付不了列强的枪炮。

但是根据有关史料记载，在道光年间，中国的 GDP 总量占世界 GDP 总量的 32.9%，也就是说，清政府并不差钱。但清政府却有着一个致命的弊端，便是制度极度腐化，军队人心涣散。八旗兵是清政府的主要军力，大多是精锐部队。可是在平定天下后，八旗子弟便纷纷贪图享乐，不再勤奋练兵。八旗子弟最该学习的骑马射箭，都被抛到了脑后，反而是那些风流快活之事，让他们乐此不疲。

这种状况随着清朝的发展，愈演愈烈，到道光时期，许多武官不再骑马，而是改为坐轿。自身的惰性令八旗兵渐渐成为不堪一击的军队。贪污腐败也是清朝军队战斗力下降的主要原因。清朝后期，贪污成为官场的一大风气，不论官大官小，人人都一心想着发财富贵，无人再问津军事了。

还有在晚清时期，鸦片大量流入中国，不但普通百姓吸食，就连清兵也是纷纷吸食鸦片，尽管有禁烟令，但治标不治本，许多兵士吸食鸦片，导致手无缚鸡之力，根本无法上阵杀敌，林则徐当日说"中原几无可以御敌之兵"，是有一定依据的。

不能居安思危，清朝军队犹如一盘散沙，最终在外敌的大炮攻击下灰飞烟灭，为那个时代落下帷幕提前奏响了挽歌。

北洋海军"不差钱"的工资表

1861 年，咸丰皇帝去世后，小皇帝同治继位，因为年幼无力，慈禧与慈安两位太后垂帘听政，辅佐政事，清朝进入了女人当家的时期。在这以后的二十多年里，中国社会还算是稳定，但到 1885 年 8 月 23 日，这短暂的安逸被打破了。

当日在福建海面的马江，法国海军与中国的北洋舰队作战，仅仅四十分钟，中国舰队就被击沉，这件事情对于清政府来说，无疑是一个巨大的刺激。举朝上下一片愤慨，众大臣提议重建海军，重振声威。

慈禧当时既想出口恶气，又害怕得罪外国人，变得矛盾重重。此时，一个男人坚决地站了出来，力扛此事，替慈禧解了燃眉之急。他便是鼎鼎大名的北洋通商大臣李鸿章。

李大人的办事能力一流，不过三年时间，便将海军风风火火地建立了起来，而且还排到了世界的第七位、亚洲的第一位。这支北洋海军成立不久，便出现了满员，甚至超员的问题，许多绿营兵，甚至是八旗子弟，都纷纷要求去当北洋海军。有些人为了能进入北洋海军，不惜砸锅卖铁，请客送礼，很是下血本。

区区一个北洋海军，居然能吸引这么多兵源，这个答案恐怕只有李鸿章自己能够解释——北洋海军的薪水高。

军人是用来打仗护国的，以生命保障国家和百姓的安全。所以，要有足够的动力，才能让他们奋勇向前，不退缩败阵。而海军的要求也更为严苛一些，不但需要懂得打仗，还需要懂得航海技巧。

所以，想要进入北洋海军，都必须是正经的水师学堂毕业。想要加入北洋海军，不但要会读书识字，还需要掌握舰船知识，更需要懂得作战技巧，可谓是文武兼备，这样的人难以寻觅，所以，高薪的制定，也是为了能吸引到综合性人才来为海军所用。

李鸿章在这一点上还是很有远见的，他在一开始创办海军的章程时，就明确下达了指令，北洋海军的薪水要高于其他军种。

北洋海军军官的年薪分为两部分：一是"年俸"，二是"船俸"，也就是基本工资和年底分红。不但如此，还取消了其他军队里那些乱七八糟的薪、蔬、烛、炭、心红、纸张等薪水分类的名目。

这样下来，北洋海军军官的薪水就很可观了，根据记载，大概标准为：

海军提督一年收入八千四百两白银。

海军总兵一年收入三千九百六十两白银。

海军副将一年收入三千二百四十两白银。

海军参将一年收入两千六百四十两白银。

这比其他军种里同级别的官员多个三两倍，而且不只如此，北洋海军还有额外收入，例如，军舰的维修费用也可以有部分划入海军的薪水中，叫作"行船公费"，大到煤炭装卸、采购物资，小到购买油漆、更换国旗。这些费用还根据舰船的吨位大小各不相同，吨位越大，得钱就越多，例如北洋舰队的几支主力舰船"定远""镇远"的行船公费每月各有850两，而其他一些小吨位的舰船会少个二三百两。

这些费用都是官府买单，李鸿章为了发展海军，不惜大下血本，令北洋海军在当时成为名噪一时的"不差钱"部门，人人挤破头皮都想进去。因为不但军官的工资高，就连士兵们也是薪资丰厚，当时的北洋海军士兵的薪水按等级来分是这样的：

一等水手月薪十两白银。

一等炮兵月薪是二十两白银。

岸上勤杂人员月薪为三两白银。

鱼雷匠月薪二十四两白银。

电灯兵月薪三十两白银。

不论是打杂兵还是技术兵，就连在岸边当差的人，一个月工资也有三两白银。要知道当时的人均收入可都不高，当时，一家农民的年收入大概为四十两白银，一个工人的年收入大概为五十两白银。两相对比，就充分说明了北洋海军官兵的薪资已经远远高过了平常百姓的年收入。

李鸿章想通过高薪制度吸引人才，打造一支强大的水军，但天不遂人愿，这支海军轰轰烈烈开展到 1895 年的时候，便消失在了世界上。有着最好的武器装备，最精良的战船设备，最高昂的官兵薪资，却在中日海战时，没有击沉一艘日本战船就全军覆没了。

强大的军队需要用钱来完善，但仅仅有钱，是买不来一支战斗力强的军队的，李鸿章不明白的正是这个道理。

第十篇

古代的酷刑

车裂并非五马分尸

车裂，一种惨绝人寰的酷刑，人人听之胆寒，闻之色变。战国中期的政治家商鞅，因为推行改革变法，侵害到旧贵族的地位和利益，引起他们的愤恨，在秦孝公死后，受诬陷而被以"车裂之刑杀之"。

古人认为"身体发肤，受之父母"，不容受到残害或割裂，许多人一旦获罪，常苦苦哀求"赏个全尸"，而杀人者一个"赏他个全尸"的许诺，已是极大的恩惠。但这"五马分尸"，不仅让人"身首异处"，连四肢都各在一方，难怪一些罪犯想起这一刑名，都会不寒而栗，因为这种酷刑不仅让死者在最后一刻肉体异常痛苦，精神也备受煎熬。一般情况下，它专用于谋反、篡位等大逆不道的人。

人们普遍认为，车裂就是五马分尸，即把人的头和四肢分别绑在五辆车上，套上马匹，分别向不同的方向拉，这样把人的身体硬生生撕裂为五块，所以名为车裂。

然而，历代《刑法志》与有关史籍都有关于车裂的记载，但未见"五马分尸"之刑，车裂究竟是不是"五马分尸"？我们可以从古籍中寻找答案。

汉朝许慎《说文解字》中有"辗，车裂人也""斩法，车裂也"等说法，将车裂、斩、辗相提并论，赋予相同的意义，即以锐利的兵器断人肢体。

先秦时，各国对公开处死的罪犯或敌人，无论用刀戈砍杀，还是用弓箭射杀，最后都将肢解尸体高悬示众。可见，车裂指用刀斧肢解敌人或罪犯的尸体，并非将人活活撕裂。

而且，古人从行刑到示众这一过程，其顺序是先枭首后分尸，如《史记·秦始皇本纪》中说："尽得（嫪）毐等，……二十人皆枭首，车裂以徇，灭其宗。"可见，车裂时的尸体已是无头之尸，无法用五匹马来分解了。

有人可能会有这样的疑问，既然说"车裂"是用利器砍断人的身体，那为什么又用一个"车"字呢？

专家分析，车裂中的"车"字并非指车子，而是某些古体字在字形变化中产生讹误而成为"车"字。不论是用于劳动的斩具，还是用于杀敌的斩具，都不会是车，因此在文字学上"斩"字的结构是无法解释的，很可能是由于当时的字体由古籀向小篆、隶体变化过程中发生讹误造成的。总之，车裂的"车"，绝非马车之意，所谓"车裂"与"五马分尸"毫无关系。

那么，"五马分尸"又从何而来呢？

原来，自汉景帝改革刑法后，景帝以前一些死刑的真相慢慢使人淡忘，最终失传。一些古书几经后人篡改，如《南燕录》中有"车裂嵩于东门之外"一句，在《太平御览》中已被改为"五车裂之"，中华书局的影印本中又成了"以五车裂之"，读者以今视古，难免产生种种误解。此外，民间文学、古典小说对这一刑罚的描绘，起了直接传播作用，如《东周列国志》说商鞅被"五牛分尸"，这是"五马分尸"俗话说的近源。在近代，"五马说"已广为流传，以至于洪秀全将"五马分尸"刑当作太平天国正式刑名颁于天下，这是中国法制史上独一无二的。

无论是"车裂"还是"五马分尸"，都直接指向了鲜血淋漓的屠杀场景，反映出当时统治阶级的残酷性。

从腰斩透视古代刑法的进程

周朝的砍斫刑罚大概分为车裂、斩和杀三种，其中"斩"便是腰斩。腰斩最初使用的工具是斧或钺，一直到铁器普及后，锋利的刀才成为刑罚中的主要工具，但刀虽然锋利，也要有技巧地使用才能不损坏，尤其是对于腰斩来说，刽子手如果不熟练，一刀不能砍断受刑人的身体，会遭到围观百姓的笑话。

所以，随着技术的不断进步，腰斩的工具从斧头到刀，然后到铡刀。铡刀使用起来十分顺手，不仅刃利背厚，不易磨损，而且对刽子手的要求较低，只要把人横着放入铡刀下，手起刀落，便可将人"手足异处"。

腰斩在行刑的时候，犯人必须脱光衣服，让腰部裸露出来，然后趴到砧板上，这对犯人无论是精神还是肉体上都是一种残酷的折磨。许多犯人在还没来得及行刑的时候便已经吓死过去了。

鲁迅在文章中写过，中国人是"最能研究人体、顺其自然而用之的人民。脖子最细，发明了砍头；膝关节能弯，发明了下跪；臀部多肉，又不致命，就发明了打屁股"，腰斩的发明可以看出古人已经能从心理上去驾驭囚犯，统治者使用腰斩的酷刑，就是要斩断反叛者的脊梁，教化出听话、顺从的百姓来。

腰斩之所以残酷，是因为人的主要器官都在上半身。犯人的腰被砍断后，还有意识，要过段时间才会断气，疼痛难忍，十分痛苦。所以为了减轻犯人的痛苦，犯人的家属一般会打点刽子手，让他行刑时从上面一点的部位动刀，这样可以死得快些。而如果有人与犯人有仇，想要借机故意折磨犯人，则让刽子手从下面一点的地方动刀，甚至还会将犯人的上半身放到桐油板上，让血流不出来，这样犯人会痛苦好几个时辰也无法断气。

许多要受腰斩的人在受刑前便忍受了极大的心理压力，想到自己会经受如此残酷的刑罚，首先在心理上就已经受不了了。但有一个人却是例外，他就是楚汉相争时的韩信，他面对腰斩，居然能做到面无惧色，坦然应对。

当时韩信因为触犯了军法，要受到腰斩处罚，与他一起受刑的人被斩之后，他毫无惧色，居然还仰面躺在砧板上直视铡刀，大喊道："刘邦不是想夺得天下吗？为何要斩杀为他夺天下的壮士。"当时的监斩官夏侯婴听闻此言，被韩信的气魄所折服，当下便让刀下留人，事后将韩信推荐给了刘邦。

腰斩贯穿了整个封建王朝，一直到雍正年间才被废止。历史上的最后一次腰斩判给了清代河南学政俞鸿图。俞鸿图督学闽中，那时的科举考试制度十分严格，严禁作弊，但没想到一次科举考试时，他的小妾与仆人勾结，收了别人的贿赂，要将考试材料泄露给那人。

小妾将考试材料贴在俞鸿图官服背后的补褂之上，当俞鸿图穿着补褂进入考场之后，仆人则从背后偷偷取下，给了那名行贿之人，他一点也没有察觉到。后来被人告发，雍正皇帝便下令将他腰斩。因为事先毫不知情，俞鸿图一直到了刑场才知道要被腰斩，他无法给刽子手银钱以求死得利索，只能忍受其故意缓缓下刀的痛苦。

这种惨烈的刑罚后来就连雍正也动了恻隐之心，下令废除。至此，从周朝开始，延续了两千多年的腰斩才算终止。

宋朝的虐囚酷刑

《水浒传》第七十二回中讲到，玉麒麟卢俊义遭管家李固陷害，被脊杖四十，刺配沙门岛，途中遭到官差陷害，如果不是家奴浪子燕青及时出手相救，卢俊义便会命丧黄泉。小说中的成分大多为虚构，但这里所提到的沙门岛却是真有其地。

所谓沙门岛，就是现在的山东省蓬莱市长岛县。从五代到元朝，这个岛一直被当作监狱使用，犯人到这里，往往都是九死一生。侥幸活下来的，也会被折磨得不成人样，所以说这沙门岛就是人间炼狱，犯人到那里基本上也就是到了鬼门关。

《宋史·刑法志》记载："配隶重者沙门岛寨，其次岭表，其次三千里至邻州。"意思就是根据罪犯犯罪的不同程度来安放他们，犯的罪比较轻，就送到离家不远的劳城营去；如果犯的罪稍微重些，那就送到远一些的牢城营去；但当犯下重罪时，便会送到这沙门岛来受罚。

这在《水浒传》中也有体现。当年武松从山东东平发配河南孟州，就是被安置进孟州牢城营的。这所谓的牢城营就和现代的监狱构造差不多，将犯人限制在四面高墙里进行强制劳动，当刑满后便会释放，如果谁想半道开溜，那狱卒们便会放箭，将逃跑的犯人乱箭射死。

在沙门岛也有这样一个牢城营，名叫"沙门寨"。沙门寨的寨主常虐待犯人。根据《宋史·马默传》记载，宋神宗熙宁年间，沙门寨的寨主李庆是一个典型的暴虐狂徒，他每日的乐趣就是虐杀犯人，在他当权的两年多时间里，前后一共杀害了七百多名犯人，基本上一天杀一个。可见此人有多么凶残。

杀人还不算最狠毒的，最恶毒的要算他制定的刑罚，沙门岛的狱卒们变相地折磨犯人，自李庆以下，有着兵马监押、节级、小牢子等职员，他们每日的工作就是绞尽脑汁想如何变着花样地折磨犯人。《宋史·刑法志》和《容斋四笔》记载了当时监狱管理人员虐待囚犯的一些手法，十分残忍。

裹脚布的漫长历史

众人似乎都认为女人缠足的历史由来已久，是伴随着封建王朝的一种文化，是从古时候代代流传下来的一种畸形文化。但当考古学家挖掘开一千多年前的古墓时，竟然诧异地发现，一千多年前的女尸脚骨并不弯曲，是天足。一时之间，漫长的裹脚历史失去了边际。到底裹脚的历史应该从哪里开始算起呢？

元末明初的文人陶宗仪在《南村辍耕录》中写到，南唐后主李煜在唐人对"弓鞋"痴迷的审美基础上，又独具匠心地将弓鞋用长长的布帛缠起来，代替袜子，还让他的妃子亲身试验，满足他的变态审美欲望。也就是从那时起，开创了女子缠足之法。

但还有一种看法认为缠足是起源于唐朝。那时的波斯人舞蹈中有过缠足跳舞的惊艳表演，所以大唐的男人们便受到熏染，让女人开始缠足。不论大唐还是南唐，时间相距不算远，姑且可以认为是同一时代。

缠足成为一种风尚，然后又流传了很多年，在不少文学作品中都提到过小脚，"瘦欲无形，越看越生怜惜""三寸金莲""柔若无骨，愈亲愈耐摩抚"。

林语堂在他的文章《中国人缠足》中写道："观看一个小脚女人走路，就像在看一个走钢丝绳的演员，使你每时每刻都在被她揪着心。"

可惜并不是所有人都有着林语堂这样的观点，古人将女人的小脚形容为"两轮弯月"。在吴承恩的《西游记》中，救苦救难的观世音菩萨甚至都是小脚的，"玉环穿绣扣，金莲足下深"。在明朝，男人们择偶的标准之一就是女人的脚一定要够小。明清时代，许多文学作品中都对女人的小脚进行过描述。例如清朝有个叫方绚的，自称"评花御史"，又称"香莲博士"，他就对古代女子缠足有着多方面的研究，他认为女子缠足能够给文人充满丰富联想的意会和封建历史积累的"审美欣赏""审美感受"及"审美要求"。可见在古代，女人缠脚，其实就是为了满足男人们的视觉享受而已。

古代男人对女人的小脚按照品相高下，还做了细致的分类，例如有"四照莲"，这种小脚在三四寸之间，端正无比，瘦瘦削削；"锦边莲"，是四寸到五寸之间的苗条小脚；"钗头莲"，即瘦削而更修长的小脚；"单叶莲"便是类似于树叶一样瘦长弯弯的小脚；"佛头莲"，即类似于佛头挽髻形状般的小脚。

关于小脚的称谓还有许多。许多女性为了造就这两朵金莲而饱受痛苦。她们为了缠足，往往在还未成年之时就要用白绫将自己的脚层层包裹，那个过程漫长而又痛苦。等到成年后，再放开白绫，那时她们的脚已经因为长期的禁锢而变形。

曾在中国生活了多年的英国传教士阿绮波德·立德（也作立德夫人）用文字记录下了这一过程："在这束脚的三年里，中国女孩的童年是最悲惨的。她们没有欢笑……可怜啊！这些小女孩重重地靠在一根比她们自己还高的拐棍上，或是趴在大人的背上，或者坐着，悲伤地哭泣。她们的眼睛下面有几道深深的黑线，脸庞上有一种特别奇怪的只有与束脚联系起来才能看到的惨白。她们的母亲通常在床边放着一根长竹竿，用这根竹竿帮助女孩站立起来，并用来抽打日夜哭叫使家人烦恼的女儿……中国女孩在束脚的过程中简直是九死一生。"

小脚让脚失去了基本功能。三四寸的小脚，站都站不稳，更不用提走路了，两朵金莲像一个咒语，诅咒了中国历史上无数的妇女，让她们一生都活在痛苦之中。

古代的死刑复核

由于死刑的严厉性和它的不可挽回性，凡属法制文明的国度，对死刑的适用都极为慎重。在现今中国，死刑除依法由最高人民法院判决的以外，都必须报请最高人民法院复核。于是很多人都误以为死刑复核制度是近代才出现的新事物。其实，我国古代就已经有了很严肃的死刑复核制度。

人命关天，古代杀人并非像某些影视剧里那样随随便便就问斩了，电视剧里的好多情节并不真实。比如《神探狄仁杰 II》江州案中有这样一个故事情节：狄公奉命致仕江州，江州薛府恶奴杜二在五平县衙门口活活打死告状的锦娘之父吴四，狄公甚是愤怒，于是当场处死了这个为非作歹的恶奴。而在真实的历史上，狄仁杰并没有当场处死恶奴杜二的权力。杀死一个人并没有这么简单，要经过死刑复核，并且还是皇帝亲自复核。

古代死刑复核制度包括死刑复核和死刑复奏。死刑复核是指对于拟定的死刑案件，先由国家有关部门复查，然后在最终定判之前报请皇帝裁定。死刑复奏则是指对已判定死刑的案件，在行刑之前必须再次奏请皇帝进行核准。

至少从汉朝开始，死刑判决都要经过皇帝的批准才可执行，即所谓"报囚"。三国时期魏明帝曾规定：除谋反、杀人罪外，其余死刑案件必须上奏皇帝。南朝宋武帝诏令："其罪应重辟者，皆如旧先须上报，有司严加听察，犯者以杀人论。"北朝北魏太武帝时也明确规定，各地死刑案件一律上报，由皇帝亲自过问，必须无疑问和无冤屈时才可执行。死刑复奏制度的确立，加强了皇帝对司法审判的控制，体现了传统的"慎刑"精神。

隋朝时，对待死刑更为慎重。《隋书·刑法志》载："开皇十五制：死罪者，三奏而后决。"即通过三次奏请皇帝才能决定是否最终处以死刑，也称"三复奏"。

后来，唐太宗为了避免错杀人，又将行刑前的"三复奏"更改为"五复奏"，即处死犯人前一天要向皇帝复奏两次，处决当天还要复奏三次。但是因为古代交通不发达，地方离京城远近不一，都实施五复奏不太现实，所以唐太宗只好规定地方适用三复奏，京师实行五复奏。《唐六典·刑部》记载，对即将处死的人，执行死刑前一天复奏两次，执行死刑当日还要复奏一次，尽量避免错杀无辜。如果执行官员不复奏皇帝就擅自行刑，将会受到刑事处罚。但是对于罪大恶极不可饶恕的罪人，如殴及谋杀祖父母、父母，杀姑、兄姊、外祖父母、夫、夫之祖父母、夫之父母以上的人，以及杀死主人的贱民、奴婢，则只要实行一复奏，就可用死刑。由于唐朝的死刑复核制度十分完善，所以后来一直为历朝历代沿用。

明清时凡死刑囚犯应经皇帝"勾决"后，再由刑部发文至罪犯关押场所，当地应在文书到达三天之内执行。明清时期的死刑，分为立决和秋后决两种形式，即立即执行和秋后执行。清律称前者为"斩立决""绞立决"，后者为"斩监候""绞监候"。对于谋反、大逆、谋叛及杀人等性质特别严重的死刑犯实行立决，一般的死刑犯则秋后问斩。

斩立决和秋后问斩都要经过皇帝的审核批准。对于斩立决的案件，一般要先经过刑部审定，都察院参核，再送大理寺审允，最后由三法司会奏请皇帝最后核准。对于秋后问斩的死刑案件，明朝实行朝审制度。朝审是天顺二年（1458年）下诏，天顺三年（1459年）开始实行的，并且从此"永为定例"，"每岁霜降后"实行，"历朝遵行"。

清代在明代的基础上实行秋审和朝审两种复核制度，凡斩监候和绞监候的案件，都要经过秋审和朝审。秋审为审核地方各省所判的监候案件，朝审是审核刑部所判的监候案件。

由此可见，在我国古代已经有了死刑复核制度，并且已经相对完善。

名臣的另一面

端午节并非只为纪念屈原

农历五月初五的端午节，是我国最隆重的传统节日之一，它也称重午、浴兰节、夏节、天中节、地腊等。端午节在我国已延续了几千年，每到这一天，人们都喜欢吃粽子、饮雄黄酒、赛龙舟、挂菖蒲、熏艾枝……

我国一直有这么一个传说：楚襄王二十一年（前 278 年），秦将白起攻破郢都，屈原悲愤难捱，遂自沉汨罗江，以身殉国。屈原死后，楚国百姓哀痛异常，纷纷涌到汨罗江边去凭吊屈原。渔夫们划着船只，在江上来回打捞他的真身。

有位渔夫拿出为屈原准备的饭团、鸡蛋等食物，"扑通、扑通"地丢进江里，说是鱼龙虾蟹吃饱了，就不会去咬屈大夫的身体了，人们见后纷纷仿效。一位老医师则拿来一坛雄黄酒倒进江里，说是要药晕蛟龙水兽，以免伤害屈大夫。后来为怕饭团为蛟龙所食，人们想出用楝树叶包饭，外缠彩丝，发展成粽子。

自此以后，在每年的五月初五，人们就以赛龙舟、吃粽子、喝雄黄酒等风俗来纪念伟大的爱国诗人屈原。二十世纪四十年代，中国文学家协会还把五月初五定为"诗人节"。

由于屈原的伟大人格和自杀殉国的事迹让每一个中国人为之动容，所以大家都愿意用这一天来纪念屈原，形成一个很好的传统。但是，端午节的习俗不是起源于纪念屈原。端午的习俗在屈原投江之前就已经存在了。南北朝梁的文人宗懔在他的笔记《荆楚岁时记》中就指出：竞渡是"东吴之俗，不关屈平也"。

端午的来历可以追溯到周代。周代忌讳"五"字。民间认为五月是毒月，初五又是毒日，有五毒，即蛇、蜈蚣、蝎子、蜥蜴和癞蛤蟆。此月多灾多难，甚至生孩子都会夭折，因此必须采取各种方法来避五毒之害。端午节划龙舟就是古代人驱邪避疫一类的宗教活动。仔细想想，粽子的主要原料糯米、雄黄酒、菖蒲、艾叶等其实都是古代的辟邪之物。《山堂肆考》载，古人"端午以艾为虎形，或剪彩为虎，粘艾叶以戴之"。这种艾做的老虎，古人叫"艾虎"。佩戴艾虎，就是希望借老虎的神威来驱邪避疫。在这天吃煮熟的大蒜也有避疫的意思。

这些举动实质上是来源于古代人们在生产生活实践中的经验总结。他们发觉，农历五月时序已交夏令，蚊蝇滋生，百虫出洞。人的身体很容易受到毒虫的侵害，所以想出这些办法来祛毒除病、防身健体。雄黄是一种矿物，中医用为解毒、杀虫药；蒜头含有大蒜素，具有杀菌、抗滴虫作用，中医一直用蒜作为散寒化湿、杀虫解毒药；菖蒲和艾枝也都有驱虫的作用。

随着时间的流逝，端午作为一个节日固定下来了。可见，在端午节的形成过程中，各时、各地都会产生各种习俗，并赋予它不同的意义。端午除了有纪念屈原之说，还有纪念伍子胥、纪念孝女曹娥救父投江、纪念介子推等说法。

黑脸张飞竟是儒雅书生

随着《三国演义》的流传，张飞的形象被人们定格为一个有着鲜明个性、有些鲁莽的赳赳武夫，压根儿就不会把他同文化人扯在一起。实际上，真实的张飞不但文武兼备，而且素有才情，是个很有名的书画家，尤喜欢画美人，也写得一手漂亮的草书。

据明代卓尔昌的《画髓元诠》载："张飞喜画美人，擅草书。"

现今，涿州人说涿州鼓楼北墙上的《女娲补天图》是张飞所画，张飞故里附近房树村万佛阁的壁画，据说也出自张飞笔下。

关于张飞会书法的记载最早见于南北朝陶宏影的《刀剑录》，说张飞拜新亭侯，亲书刀剑铭文："新亭侯，蜀大将也。"明代《丹铅总录》还记载："涪陵有张飞刁斗铭。其文字甚工，飞所书也。"可惜这些物证已没，无从考证。

大约在明代时，在四川流江县发现了一个摩崖石刻。这便是《张飞立马铭》，又叫作《八濛摩崖》。《三国志》载，建安二十三年（218年）秋，刘备与曹操争夺汉中，曹操命张郃领兵三万进犯巴州。刘备令张飞率卒万人迎击于濛头（即八濛山，在今四川渠县）。张飞以少胜多，把名将张郃打得大败而逃。

当时张飞非常高兴，便乘着酒兴，用丈八蛇矛在崖壁上以石代纸刺凿下与这通"立马铭"正文相同的两行隶体大字"汉将军飞，率精卒万人，大破贼首张郃于八濛，立马勒铭"，以示纪功勉士兼羞曹军。其字为隶书，笔力十分雄健，今川东渠县尚存摩崖，虽经千年风雨剥蚀，字迹尚依稀可辨。对于此事，清纪晓岚有诗赞曰："哪知拓本摩崖字，车骑将军手自书。"

细观碑刻的拓本，笔画丰满遒劲，气势刚健凝重。横画"蚕头"暗藏，"燕尾"明显，极具婉转圆通的韵味。中锋藏锋如锥画沙，很是精妙。整体布局不杂一丝浮躁之气，极为认真，没有丝毫的鲁莽气息。

阆中桓侯祠张飞塑像两旁有一副著名诗人流沙河写的名联："园谢红桃，大哥玄德二哥羽；国留青史，三分鼎势八分书。"这对联是流沙河看了张飞庙后有感而发写下的，评价张飞是个文武兼备的英雄，对联讲到的"八分书"就是指当年张飞镇守阆中时留下的书法佳话。汉时的隶书叫作"汉八分","八，背也，言其势左右分布相背"。

元吴镇《张翼德祠》诗作云："关侯讽左氏，车骑更工书。文武趣虽别，古人尝有余。横矛思腕力，䑛象恐难如。"车骑便是张飞，他于章武元年（221年）拜车骑将军。吴镇的意思是，张飞的书法很有造诣，连三国时著名书法家——魏的钟繇、吴的皇象恐怕也比不上。这是对张飞书法艺术的高度评价。

据说张飞还会写诗作赋，在打败张郃后，他率部巡游真多山，不禁诗兴大发，写下了《真多山游记》："王方平采药此山，重子歌玉泸山涧。雪，住宿方行。"十九字的游经，情景交融，言简意深，无形中就透着一股美感，体现了张飞内在的文学修养。

另外，张飞有两个女儿，先后嫁给后主刘禅，一个为妃，一个为后。她们的修养、相貌至少应该算是不错的。根据现代遗传学的说法，气质和相貌都是会遗传的，若张飞真是《三国演义》中那样的粗人，又如何能生出这样的女儿？

由上可知，真实的张飞其实是一个很有文化修养的全才，可是人们为什么还一直叫他猛张飞甚至莽张飞呢？这恐怕与《三国演义》开头的描写以及野史、民间传说和戏曲的渲染造成的先入之见有些关系。

《三国演义》的开头，介绍张飞的相貌，用了"豹头环眼，燕颌虎须"，他的身份又是个杀猪沽酒的屠户。后世之人，一般都喜欢在自己的行业上寻根问祖，比如木匠奉鲁班为祖，鞋匠奉刘备为祖，做毛笔的奉蒙恬为祖，做豆腐的奉淮南王刘安为祖，杀猪的便奉张飞为祖，还编了故事说，张飞杀猪，只杀一刀，号称张一刀。在《三国演义》中，张飞一出场就动不动要杀人，如此粗鲁没文化的形象与真实儒雅的张飞实际上是大相径庭的。

班昭竟是女性命运的禁锢者

班昭是中国历史上知名度极高的杰出女性，她从小便熟读儒家经典和史书，长大后又掌握了丰富的天文、历史、地理等知识，是古代四大才女之一。她的渊博学识和模范言行被世人称颂，而她一生中最让人津津乐道的有三件事：续《汉书》、教授后妃和撰写《女诫》。

《汉书》是我国第一部纪传体断代史，是正史中写得较好的一部。人们称赞它言赅事备，与《史记》齐名，全书分纪、传、表、志几类，它凝结着班家两代人的心血。班昭的父亲班彪还在的时候，就开始了这部书的写作工作，她的父亲死后，她的哥哥班固接手这一工作。

班固，字孟坚，九岁能作文，稍大一点，博览众书，九流百家之言无不穷究，不料就在他快要完成《汉书》时，却因窦宪一案的牵连，死在狱中，留下未完成的《汉书》。班昭痛定思痛，接过亡兄未完成的工作继续前进。

好在班昭在班固还活着的时候就参与了全书的撰写工作，后来又得到汉和帝的恩准，可以到东观藏书阁参考典籍，所以写起来得心应手。

《汉书》出版以后，获得了极高的评价，世人争相传诵，虽然班昭参与了撰写，但她很谦逊，仍然冠上了她哥哥的名字。

这样一位才华出众的女子，不是很值得女性学习和崇拜吗？为什么本文题目是"班昭竟是女性命运的禁锢者"呢？这到底是怎么一回事？

班昭在七十岁高龄的情况下，写出了《女诫》。《女诫》包括"卑弱""夫妇""敬顺""妇行""专心""曲从"和"叔妹"七篇，本是用来教导班家女儿的私家教科书，不料京城世家却争相传抄，不久之后便风行全国各地。

在"卑弱"篇中，班昭引用《诗经·小雅》中的说法，"生男曰弄璋，生女曰弄瓦"，认为女性生来就比男性地位低下，必须"晚寝早作，勿惮凤夜；执务和事，不辞剧易"，恪尽本分。

在"夫妇"篇中，认为丈夫比天还大，须敬谨服侍，"妇不贤则无以事夫""妇不事夫则义理开堕阙"，若要维持义理之不堕，必须使女性明析义理。

在"敬顺"篇中，主张男子以刚强为贵，女子以柔弱为美，无论丈夫是对是错，女子应当无条件地顺从丈夫。

在"专心"篇中，强调"夫有再娶之义，妇无二适之文"，事夫要"专心正色""耳无涂听，目不邪视"。

《女诫》在压抑妇女思想方面是彻底的，因为这是女性自己宣扬的，影响非常大，可以说班昭的《女诫》影响了中国女性两千年。它鼓励女性凡事逆来顺受，一切以谦顺为主，凡事应多加忍耐，这极大地禁锢了女性的思想与自由。因为《女诫》得到了最高统治者的欣赏和班昭学生的推崇，所以得到了广泛的传播，影响也极其深远。它让女性在骨子里认为，女人天生就是男人的奴仆，它甚至"唆使"女性以极端的行为来证明自己的忠诚与坚贞。同时，女人还是家庭的奴隶，卑弱、敬顺、专一、曲从是女性的代名词。

就这样，《女诫》一点点摧毁了女性的自信心，把女性排挤出社会的大舞台，最终沦为男性手中苍白的玩偶。

这根本就是从思想上去误导当时的女性，一切服从男权，以男性为主导。这样的班昭，哪里值得女性崇拜呢？简直是女性命运的禁锢者。

为什么说李白是个"官迷"？

李白斗酒诗百篇，

长安市上酒家眠。

天子呼来不上船，

自称臣是酒中仙。

这是杜甫的《饮中八仙歌》中描写李白的部分。

这首诗歌里明显暗含着李白并不迷恋官爵的意思，但是真实的李白对官爵是否迷恋，我们姑且从他进京前的一些经历说起吧。

李白出生于盛唐时期，可以说他在一个安逸的环境中度过了自己的童年。年仅二十四岁时，他便只身离开家乡开始自己的"求仕历程"。他希望结交名士，干谒社会贤达以求得到引荐，从而实现自己的政治理想。

第一站：终南山。唐代李氏天子尊老子李耳为祖先，这使得道教在唐代盛极一时。于是，一些想入朝做官的人，纷纷隐居名山，扮成道士或隐士，等着当朝天子诏见。我们可以通过"终南捷径"典故的来历窥见一斑。当时的终南山聚集了一大批隐士，这些隐士大都是一些名士，朝廷有时就会在这些名士里择优录用或者由这些人引荐其他人当官。李白在这里并没有得到引荐，遂离去。后有李白诗作《下终南山过斛斯山人宿置酒》，进一步证明了李白曾经在这里待过，而且还有熟人朋友即隐士斛斯。

第二站：山东孔巢父。孔巢父是唐代重臣，有着深厚的政治基础，李白想借其影响力为自己的政治历程添上一笔，"竹溪六逸"就是他们当时谈诗论赋的见证。但是孔巢父当时一心向往田园生活，对仕途并不迷恋，李白无奈又离开了山东。

第三站：浙江吴筠。唐玄宗当时迷恋黄老之术，这个吴筠是当时很有名的道士，唐玄宗闻其名，就召他觐见。就这样，吴筠带李白进京，把李白引荐给自己的同乡贺知章。贺知章当时有一个头衔，太子右庶子，侍读乃唐玄宗亲赐。两人见面后，贺知章感叹李白的才气，遂把李白引荐给唐玄宗，李白就这样进入了自己梦想的政治田野。

纵观李白的游学历程，我们大致发现这样一个规律，他的拜访具有一定的目的性和针对性，他先去拜访隐居的山人。山人即隐士，如果你耐得住寂寞，在"隐居界"隐出名声，做官指日可待。但是年轻浪漫的李白怎肯独守寂寞而不语？于是他去找有政治基础且喜好辞令的孔巢父，希望得到引荐，但是当时辞官的孔巢父对政治的兴趣明显小于作诗，他还劝李白不要出仕，和他一起吟诗作赋岂不快哉？李白哪里肯留！唐玄宗喜好道教，他便去寻当时的"名道"吴筠。功夫不负有心人，他在吴筠这里真的等到了机会，他认识了贺知章，凭借贺知章的引荐，他顺利地进入了仕途。可仕途真的适合他这样的人吗？答案是否定的，李白是一个极富浪漫主义情怀的人，浪漫的人比较钟爱幻想，他要求世界择贤而用，唯才是举，可真实的世界是这样的吗？封建社会的"门荫制度"是何等现实！李白想要在政治上大展拳脚终究是黄粱一梦。

"海青天"背后的隐私

海瑞是历史上和包拯齐名的大清官。由于明朝历史上的清官不多，所以海瑞的存在就显得特别的珍贵。

海瑞也的确是一位秉性刚直的人物。在京师做官时，面对昏庸的皇帝和颓废的朝政，他毅然买好棺材上疏死谏。他的那篇题为《治安疏》的著名奏章可谓振聋发聩，嘉靖皇帝气得暴跳如雷，将海瑞投入天牢，但同时又不得不承认海瑞的旷世忠耿，想杀了他又怕落得个杀忠臣的千古恶名。海瑞出狱后，受到了朝中六部的中下层官员和京师百姓的夹道欢迎，但海瑞的两个儿子却在他坐牢期间不幸被瘟疫夺去了生命。

海瑞在苏州、南京做南直隶等高官时，开展了声势浩大的肃贪倡廉行动。他上任刚一个月，被送到南京刑部的贪官就超过一百人。有一个县从知县、县丞、主簿、典史等，一共被抓了十多人，几乎一个县衙门的官吏都被抓空了。面对各种威逼利诱，海瑞不为所动，终于完成了乡官退田还民的工作。但是海瑞付出的代价极为惨重，他仅存的一个儿子被报复者捂死丢进了苏州河里，妻子吴氏也因为悲伤过度上吊自杀。随后，海瑞也因得罪了满朝文武，被罢官。

海瑞为官期间，爱民抚民，为民除害谋利，而他自己却过着非常清贫的生活。海瑞去世时，他的遗物只有八两银子、一匹粗布和几套旧衣服，竟不足以办丧事用。靠同僚的帮助，他的灵柩才得以运回故乡。当海瑞的灵柩经过秦淮河时，两岸的百姓自动穿孝来哭送他，送行的队伍长达百里。南京的市面早已罢市数日，只有布店和画店开门，南京的市民家家都买白布黑纱为海瑞披麻戴孝，供奉灵堂。画师们的手都画肿了，海瑞的头像还是供不应求。

如今，在百姓心中，海瑞依然是正义的象征，当之无愧的"海青天"。但是，人无完人，金无赤金，海瑞也不是完美无缺的。

首先，在断案技巧上，海瑞不能完全明察秋毫，料事如神。对于那些疑案，他不是慎重调查，而是"与其屈兄，宁屈其弟；与其屈叔伯，宁屈其侄；与其屈贫民，宁屈富民；与其屈愚直，宁屈刁顽。事在争产业，与其屈小民，宁屈乡宦；事在争言貌，与其屈乡宦，宁屈小民"。从今天的法治精神来看，无论屈谁都是不公平的。海瑞"两害相权取其轻"，没有调动各种刑侦手段一查到底的办案方式是不符合公平精神的。

其次，在对待契约的问题上，虽然现代法律要求书面契据，但是明朝时并不要求。海瑞不顾当时的国情和法律，片面强调形式主义，要求争议的解决必须以书面契约为依据，这对于那些目不识丁的广大农民来说，无疑是当头一棒。因为民间是很少使用书面契约来发生借贷关系的。这样一来，不知有多少人在海瑞的貌似公平的判决下失去了赖以安身立命的土地。海瑞自己也承认，他所批准赎还的仅占全部典押借贷案件的二十分之一。结果，在海瑞的治理下，佃户不敢向业主交租，借方不敢向贷方还款。正常的经济秩序被搞乱了。

最让人叹息的还是海瑞的家庭悲剧。明人姚叔祥的《见只编》上记载："海忠介有五岁女，方啖饵。忠介问饵从谁与？女答曰：僮某。忠介怒曰：女子岂容漫受僮饵？非吾女也，能即饿死，方称吾女。女即涕泣不饮啖。家人百计进食，卒拒之，七日而死。"海瑞有个女儿，年方五岁，正在吃糕饼。海瑞问她，糕饼是从哪儿来的？女儿回答说：是某个仆人给的。海瑞生气地说：我女儿怎么能随便吃仆人的东西？你不是我女儿！如果就此饿死，才称得上是我女儿。小女孩就哭着不吃饭了。家里人想方设法要她吃，她也坚决不吃，一个星期后，小女孩就饿死了。

海瑞虽然是个令人敬仰的清官，但是他在那种社会条件下形成的这种过于严肃的礼教思想及时代烙印却是值得我们深思的。我们虽然不能苛责古人按照我们的完美要求去做，但我们却可以从这些不完美中总结前人的经验教训。

纪晓岚并非"铁齿铜牙"

近些年，关于纪晓岚与和珅的电视剧层出不穷。在剧中，乾隆皇帝与两位爱臣打成一片，纪晓岚时时不忘捉弄一下和珅，让他在皇帝面前出尽洋相。而当和珅使坏的时候，纪晓岚又每每能化险为夷，成功避开来自和珅的报复。剧中的纪晓岚正直、英俊、机智、洒脱，与油腔滑调、不学无术的和珅形成了鲜明的对比。观众在忍俊不禁的同时也无不深感痛快。

可是，历史上纪晓岚真的与和珅处处作对吗？《铁齿铜牙纪晓岚》反映了真实的历史吗？

查阅史籍，可以发现《铁齿铜牙纪晓岚》的剧情与史实有几处出入：

第一，据史书上记载，纪晓岚"貌寝短视"。所谓"寝"，就是相貌丑陋；所谓"短视"，就是近视眼。跟纪晓岚打了十年交道的朱珪曾经有诗这样描述：河间宗伯姹，口吃善著书。沉浸四库间，提要万卷录。从诗中得知，纪晓岚还有口吃的毛病。这样看来，纪晓岚不仅比较丑，还有近视眼、口吃，这些与荧屏上风流倜傥的纪晓岚形象颇有些不同。

而令人大感意外的是，和珅在当时被称为"满洲第一美男子"，据说他身材颀长、眉清目秀，不仅是个标准的美男子，而且还是一个聪明绝顶、出口成章、处事机敏的干练之才。他很会理财、敛财，并且精通满、汉、蒙、藏四种语言，平时巧答应对，处理政务干练决断，甚合乾隆心思，并不是影视剧中所展现的那个表现得有些愚钝的胖子形象。

第二，在影视剧中，纪晓岚和乾隆皇帝之间的君臣关系表现得十分融洽，乾隆对纪晓岚十分信任，于是我们都得出一个结论：纪晓岚是乾隆皇帝的"爱臣"。其实，这是一个误会，剧情经过了编导们的美化，实际情况并非如此。

乾隆是中国历史上有名的"圣主"，也是一位自小生长在深宫的皇帝，有很多独特的喜好。比如，乾隆对身边的近臣有他自己的选择标准，首先必须机警敏捷、聪明干练，并且要相貌俊秀、年轻漂亮。例如和珅、王杰、于敏中、董诰、梁国治、福长安等人，都是数一数二的"美男子"。而相貌丑陋的纪晓岚遇上乾隆，即便他再才华横溢，也难得到真正的重用，难以参与重大的政治决策，只能以文字安身立命。意思是说他只能做乾隆的"词臣"，而难以做乾隆的宠臣、重臣。纪晓岚一生中两次任乡试考官，六次任会试考官，三次任礼部尚书，均是这种际遇的体现。这种官职并无重权、实权，只是大清朝廷的摆设而已。他一生没有当过真正有实权的官。

其中，有一件事可以证明乾隆对他的态度：一次乾隆派他出任都察院，他因判案不力，本应受罚，乾隆却说：这次派任的纪晓岚，本系无用腐儒，只不过是凑个数而已，况且他并不熟悉刑名等事务，又是近视眼……他所犯的过错情有可原。可见纪晓岚在皇帝心里的地位。相反，和珅却得到了乾隆的青睐，官至军机大臣、大学士。

所以，纪晓岚无法与权臣和珅斗法，因为不是一个"重量级"的，而且纪晓岚也没有与和珅为敌的意愿。因为与和珅作对的人，都没有什么好下场，贬官的贬官，流放的流放，杀头的杀头。

第三，在电视剧中三个人的年龄看上去差不多，这一点也不符合历史实际。

据载，和珅的生卒年是1750~1799年，纪晓岚是1724～1805年，纪晓岚要比和珅大26岁，纪晓岚考中进士的时候和珅才出生，等到和珅飞黄腾达的时候，纪晓岚已经六十多岁了，他俩基本上不可能同朝为官。

综上所述，纪晓岚不可能也没有资格与和珅斗法。

鳌拜也曾忠勇过

近年来，随着各种清代题材历史剧的热播，康熙智擒鳌拜的故事成了人们津津乐道的话题，鳌拜也以大奸臣的形象家喻户晓。实际上，鳌拜后期虽然对小皇帝飞扬跋扈，但起初还的确是个忠勇之臣。他早年南征北战，屡建奇功，忠于故主，始终不渝，是功臣也是忠臣，这是不该被忘记与抹杀的功绩。

鳌拜，生年不详，卒于康熙八年（1669年），满洲镶黄旗人。鳌拜出身将门，精通骑射，武力卓越，他从青年时代起就效力军中，屡立大功。他还曾跟随清太宗皇太极攻察哈尔部、征朝鲜，均有战绩。

在皮岛之战中，鳌拜主动请缨，并与准塔一同向阿济格立下军令状："我等若不得此岛，必不来见王。誓必克岛而回。"胜败关键时刻，鳌拜第一个冲向明军阵地，冒着炮火与敌人展开近身肉搏。清军遂一举跟进，攻克皮岛。

在松锦会战中，鳌拜冲锋陷阵，一马当先，五战皆捷，因功晋爵一等梅勒章京。

顺治元年（1644年）十月，鳌拜随靖远大将军英亲王阿济格取道陕北，攻陷四城，降三十八城，随即挥师南下，直逼西安。李自成被迫放弃西安，退往湖广。阿济格奉旨率军剿除"流寇余孽"，鳌拜等遂分翼出师，水陆并进，于河南邓州和湖北承天、德安、武昌等地前后十三战，重创大顺军。

顺治三年（1646年）正月，鳌拜又随肃亲王豪格等率军进攻张献忠大西农民军。鳌拜再次充当先锋，率领先头部队前往狙击。两军相遇，鳌拜又是身先士卒，往前猛冲。狭路相逢勇者胜，昔日威风一时的大西军抵挡不住而溃败，张献忠也于此役中被杀。打败大西军主力之后，鳌拜等又继续深入，基本上肃清了四川一带张献忠余部。击破大西军，鳌拜实居首功。

由上可见，鳌拜早年无论是在关外与明军的反复交锋中，还是在入关定鼎中原后巩固统治的大小战斗中，出生入死，转战南北，都立下了汗马功劳，是当之无愧的清初开国功臣。

鳌拜不仅是战场上的一员骁将，也是皇太极忠心耿耿的心腹。崇德八年（1643年）八月，皇太极逝世，满洲亲贵在帝位继承上出现矛盾。皇太极长子肃亲王豪格与皇太极之弟多尔衮争立。皇太极生前统领的正黄旗与镶黄旗拥立豪格，而多尔衮自领的正白旗与镶白旗则拥立多尔衮。双方争持不下，形势极其严峻。

黄旗护军统领鳌拜手握重兵，与两黄旗的其他大臣索尼、谭泰等八人会集于豪格府邸，共立盟誓，愿死生一处，密谋拥立肃亲王为帝。鉴于当时紧张的局势，鳌拜等严加戒备，密令兵丁守卫门禁，以防不测。

八月十四日，代善于崇政殿召集会议讨论继承人选。鳌拜于当天清晨与两黄旗大臣盟誓于大清门，坚决拥立先帝（皇太极）之子，并命两旗精锐护军全副武装环卫崇政殿，做好了不惜兵戎相见的准备。当会议之中争论不休时，鳌拜与效忠于皇太极的一批将领纷纷离座，按剑而前，齐声说道：我们这些臣子，吃的是先帝的饭，穿的是先帝的衣，先帝对我们的养育之恩有如天高海深，如果不立先帝之子，我们宁可从死先帝于地下！在这种形势下，多尔衮不得不做出让步，提出拥立皇太极第九子、六岁的福临继位，由自己和郑亲王济尔哈朗一同辅政。这一折中方案最终为双方所接受。

顺治亲政后闻知鳌拜、索尼等人曾经盟誓一心为主，生死与共，遂对鳌拜极为敬重，视为心腹重臣。从此，鳌拜随侍顺治身边，直接参与管理国家各类事务，如商讨本章批复程序，联络蒙古科尔沁部，协和太后与皇帝之间的关系，祭奠过世王公妃嫔，协助会审案狱，并倡议"大阅以讲武"，自教武进士骑射，等等。应该说，鳌拜对顺治帝还是忠心耿耿的。正是由于这个原因，顺治对他也十分关心和信任。顺治十三年（1656 年），鳌拜旧伤复发，卧床不起，顺治亲临鳌拜府邸去看望慰问。顺治十四年（1657 年）冬，孝庄太后病重，顺治朝夕伺候，鳌拜昼夜于宫中伺候，都顾不上自己休息吃饭，深获顺治帝的赞赏。

鳌拜忠心事主，始终不渝，在皇太极去世后坚决拥立其子为皇位继承人，甚至不惜与对手兵戎相见，最终保得福临继位，为此与睿亲王多尔衮结下怨仇，在后者摄政期间，多次遭受残酷打击，三次论死。故主皇太极既已去世，其子福临也得以即位，鳌拜此时完全可以为谋求个人利益而党附多尔衮。但鳌拜面对如此险恶处境，却仍然不屈不挠，始终没有迎合多尔衮。就此而言，鳌拜作为清初一员骁将，其性格是耿直倔强、敢于抗争的。他对故主皇太极忠心耿耿，一片赤诚，而对顺治也始终坚守臣节，称得上是一个难得的忠义之臣。

潘美是"大宋奸臣"吗？

说起潘美，也许不太有人知道，但说起《杨家将》里的潘仁美，估计就耳熟能详了。这是一个在文学艺术里塑造得相当成功的大奸大恶之人，其陷害忠良、卖国求荣的恶行，令世人发指。然而在真实的历史中，"潘仁美"的原型、北宋开国功臣潘美，绝非奸佞之臣。

潘美字仲询，大名（今河北大名东北）人。初事周世宗柴荣，补供奉官。因与赵匡胤交情匪浅，当赵匡胤在陈桥驿发动兵变时，潘美拥立其称帝。宋朝建立后，为了巩固统治地位，宋太祖赵匡胤"杯酒释兵权"，解除了开国诸将的兵权，唯独潘美例外，可见，赵匡胤对潘美信任非常。其后，潘美率兵南征北战，先灭南汉，再灭南唐，后伐北辽，屡立奇功，对北宋的统一战争做出了巨大的贡献，颇受赵匡胤的赏识与器重。

潘美不仅战功赫赫，而且宅心仁厚。宋人王铚在《默记》中记载，某日赵匡胤看见太监带来周世宗柴荣的两个儿子，便命左右拉去斩首。当时潘美手掐殿柱，低头不语。赵匡胤看出其心事，便问："汝以为非也？"潘美回答说："臣岂敢？但于理未安。"赵匡胤便放还二子，并把其中的一个赐给潘美，即潘美的养子潘维正。可见潘美的确具有仁爱之心，品格忠厚。

如此一位开国功臣、大宋良将，为何在《杨家将》中竟成了卖国求荣的奸臣了呢？恐怕还得从宋辽之战说起。

宋太宗雍熙三年（986年），辽军以十余万兵力大举入侵北宋。宋廷兵分东西两路迎击敌人，东路军由曹彬统帅，战败于涿州。西路军由潘美为统帅，杨业为副帅，与辽兵接战于朔州。杨业便是《杨家将》中佘太君的丈夫杨建业。宋辽之战，辽兵实力强大，杨业深知硬攻不可取，但随军监军王侁、刘文裕等邀功心切，主张强取，更下令逼杨业出战。杨业就是在力谏不成，被逼强攻而后援接应失误的情况下，兵败被捕，绝食身亡的。

史实如此，是否应该说是王侁害死杨业的？可为何陷害忠良的罪名最终却落在了潘美头上？仔细推敲，身为统帅的潘美，历经数年征战，对其时的敌我形势应该心中有数，竟然眼看着副帅杨业被逼出战而不力保，这恐怕就是潘美被后人非议，甚至被塑造成反面人物的根源所在吧。但潘美是故意任杨业送死而不顾，还是因有心无力而有所顾忌，仍未可知。

之所以说潘美有心无力，有所顾忌，是因为王侁的监军身份。太宗皇帝在兵制上采取了收权的措施，在军中设监军，往往由其亲自指派宦官担任，对在外将领进行监督，负责将士的功过赏罚，甚至有权处死意图不轨的将帅。后来竟演变为监军有权处理军机事务，并且能使将帅服从命令，这就造成了精通军事的将帅无权而不懂用兵的宦官发令的混乱局面。王侁恰恰就是一个刚愎自用但又深得皇帝信任的监军，也难怪潘美可能会心存自保之念而不敢与之作对，唯有眼看着副帅杨业"英雄一去不复还"了。

岁月沧桑，终不能磨灭潘美在北宋王朝建立初期的丰功伟绩。然人言可畏，世代相传的文艺作品，致使历代多少忠臣良将为世人唾骂呢？这恐怕比杨业之死，还要令人心痛吧。

为何君子小人都不喜欢寇准？

宋景德元年（1004 年），辽军大举侵宋，寇准力主抵抗进而促成"澶渊之盟"，暂时稳定了局面，也为北宋之后一百多年的和平发展提供了保障。此后，寇准受到了真宗的高度礼遇与信任，一路升任丞相。

然而，寇准的仕途跌宕坎坷，四起四落，最终难逃被贬至雷州（今广东海康）任司户参军的厄运。究其原因，六字记之曰：偏离"正"，过于"直"。《宋史》中说到寇准最多的就是"正直"二字。寇准的确"直"得令人佩服，但说他"正"，就见仁见智了。

"澶渊之盟"的功绩让寇准的权力欲望达到巅峰，使他能够毫无顾忌地独揽大权，肆无忌惮地插手丞相本无权过问的人事任免，更时常咄咄逼人地左右皇帝的决定。不仅如此，寇准对朝中同僚亦是气焰凌人。寇准被贬之后得以重回权力之巅，出任西府枢密正使，宰相王旦的力荐功不可没，然而寇准根本不把这位晚于他为相的同僚放在眼里，不仅不通力合作，还处处针锋相对，一有机会就想方设法挑其毛病，上报皇帝。不过王旦"宰相肚里能撑船"，认定寇准是难得的人才，不仅没有设计报复，反而多番在皇帝面前极力推荐，劝皇帝对其委以重任。相比之下，孰小人孰君子，一目了然。

寇准毕竟不是圣人，偏离正道亦不足为奇，然其至死不改的倔强耿直，着实令人叹服。为人太过正直，在官场行走就难免处处树敌。无论是对同僚，还是对皇帝，寇准较真起来丝毫不让，非论出个是非对错不可。

一次殿上议事，寇准言辞过于激烈，宋太宗几次打断都无法阻止寇准的放肆狂言，一气之下，猛然起身离去。寇准见状，一步上前拉住宋太宗的衣角，硬是将其拉回坐下。幸好寇准争得在理，免了一次杀身之祸。然而，他并不是次次都在理，次次都走运的。

寇准第一次被贬，就起因于他与政敌的无理争吵，互揭其短。一日，寇准和温仲舒骑马并行，突然冲出个疯子挡住去路，向寇准山呼万岁。此事被寇准的政敌张逊得知后，派人向皇帝密告，揭发寇准有异心。寇准以温仲舒为证人，为自己辩护，由此在太宗面前引发了一场激烈争吵，使得太宗龙颜大怒，当下撤了张逊的职，同时也把寇准贬去了青州。

寇准最终遭佞臣丁谓陷害，落得惨淡收场，溯其源头便是他那句直白的讽刺："参政，国之大臣，乃为官长拂须耶？"当年，寇准与丁谓关系亲密，在一次宴会上，丁谓见寇准的胡须上粘了些饭粒，便起身替他拂去，结果好心没好报，反而遭来寇准一句冷言，丁谓由此记恨心中，最终"大仇得报"，将寇准赶到了雷州，终结了他跌宕起伏的坎坷仕途。

权相蔡京为什么会被饿死？

蔡京，宋徽宗时权倾一时的当朝宰相，曾拥有一人之下万人之上的权力，曾霸占过可与国库相比的金银珠宝、家宅田产，曾无比风光地陪伴着徽宗皇帝游戏人间，最终亡了北宋，也丢了性命。蔡京以极其不可思议的方式，被宋朝百姓齐心协力地活活饿死，不可不谓之"苍天有眼"。

蔡京可称为徽宗时期"六贼"之首。元祐更化时，他力挺保守派司马光废免役法，获重用。绍圣初年，蔡京转而支持变法派推行免役法，继续获重用。如此首鼠两端，见风使舵，实乃恬不知耻之辈。徽宗即位后，因其声名狼藉，削其相位，贬居杭州。其时，宦官童贯搜寻书画珍奇南下，蔡京想方设法笼络这位内廷供奉，得以重新入相。蔡京无所不用其极，投徽宗所好，使得徽宗对他言听计从，无论蔡京如何打击异己，陷害忠良，窃弄权柄，恣为奸利，徽宗总是对其宠信有加，不以为疑。

蔡京的所作所为，引起群臣不齿，弹劾之言数不胜数。蔡京搜刮民脂民膏聚敛私财，更使黎民百姓身陷水火而难以为生，民怨四起，却难达上听。昏庸无能的徽宗皇帝，对这个与他"志趣相投"的奸佞小人，包庇纵容到了无以复加的地步。直到金兵铁骑踏来，徽宗让位于儿子赵桓，上至群臣下至百姓，讨伐蔡京之声震天动地，蔡京才得到惩治，"钦宗即位，连贬（蔡京）崇信、庆远军节度副使，衡州安置，又徙韶、儋二州。行至潭州卒，年八十"。

如蔡京这般作恶多端却只是贬徙流放，实在难消天下百姓心头之恨。正如《宋史》所载："虽谴死道路，天下犹以不正典刑为恨。"于是乎，多年的积怨化作一股复仇的力量。蔡京流放途中，各地百姓，无一人卖其食粮，供其住宿，任他饥肠辘辘，作词悲叹："八十一年往事，三千里外无家，孤身骨肉各天涯，遥望神州泪下。金殿五曾拜相，玉堂十度宣麻，追思往日谩繁华，到此番成梦话。"

蔡京此时才如梦初醒，可腹中饥肠辘辘已为他罪孽的一生敲响了丧钟。真可谓"天作孽，犹可恕，自作孽，不可活"。

韩信如何让秦朝旧将心服口服？

西汉大将军韩信从一个家境贫寒的待业青年，逐步成长为用兵如神的大将军。他卓越的个人才能、军事才能帮助刘邦取得了一次次胜利，可以说，如果没有韩信的帮助，刘邦早已被项羽所灭。

项羽入关中之后，为了控制刘邦，分封刘邦为汉王，入汉中之地。汉中属于偏远之地，刘邦想要在这种地方有所作为，很难！即使刘邦入汉中之后，项羽仍格外提防刘邦，因此还把章邯、司马欣、董翳分封到关中去，目的很明显：监视汉王刘邦。章邯、司马欣、董翳这三人是秦旧部，投奔项羽后，被分封到关中，把关中一分为三，称为三秦。刘邦想要回归关中，首先就必须经过三秦。

这也正合三人之意，尤其是章邯。一来，三秦靠近秦朝旧都咸阳。二来，章邯从秦朝的大将军变成了今日的雍王，地位也更显尊贵。想他以一个打工仔变成了小老板时，心里该是何等喜悦，更何况封地还靠近秦旧都。三来，章邯自己也十分清楚项羽的目的，要自己监视刘邦，这对于一直看不起刘邦以及其麾下大将的章邯来讲，是一件十分轻松的差事，他当然也乐意完成。另外，章邯对项羽也心存感激。因为自己为秦朝拼死卖命几年之后，没有得什么嘉奖，反而差点送命，无奈之下投靠项羽，项羽却不计前嫌（章邯杀了项羽的叔父项梁），反而重用了他。虽然项羽杀死了自己带来投降的二十万"敢死队"大军，他也一度心有不满，但是在章邯的心中，项羽仍是值得效忠的明君。现如今，即便知道这是项羽拿自己来当挡箭牌，但封王封侯，功成名就，也有莫大的满足。

与其说章邯对刘邦过分轻视，不如说他自视过高。他曾评价说："樊哙，一介武夫，有勇无谋；夏侯婴，一介小吏，有谋无勇；韩信，一介乞丐，曾受过胯下之辱，无勇亦无谋。"章邯十分肯定自己在军事上的才能，当年他在逃亡之际，能反戈一击，让乘胜追击的项梁暴尸荒野，更何况现在受制于人的刘邦？所以张良火烧栈道之后，他也一厢情愿地认为刘邦早已无东归之心，放松了警惕。当听说刘邦只派了几百人在修栈道时，他轻蔑地说了一句："这样修下去，猴年马月才能把栈道修好呢？"

"明修栈道，暗度陈仓"这个典故，就此诞生。这些正在修补栈道的几百人完全吸引了章邯的注意力，但是汉军的主力却正以韩信为帅，夏侯婴和樊哙为开路先锋，攻打陈仓。这个消息虽然让章邯十分震惊，但也并不害怕。震惊的是汉军是如何到达陈仓的，不害怕是因为章邯认为夏侯婴和樊哙以及韩信这些无勇无谋的人，怎么能和自己相比！可是，当章邯率兵悠然到达陈仓之时，他才发现自己错得有多么离谱。训练有素的汉军早已摆开一丝不苟的队形在等他的到来。一件在他看来可以轻松交差的功绩，转瞬间变成了一场困难的攻坚战。以前硬碰硬是章邯的拿手好戏，但是，章邯如今面对这支汉军的雄壮威武之师，硬碰硬已经不管用了。

此外，章邯的军队聚心力不足，将士们对于章邯本来就有莫大的恨意，因为章邯把自己的二十万"敢死队"大军献给了项羽，以至于被项羽全部屠杀而死。这让很多将士失去了亲人，根本没有心思打仗，他们战斗力也明显不如以前的"敢死队"。然而，思乡心切的汉军却是勇猛无比。章邯在此时意识到了形势的急剧转变，只好赶紧逃跑。逃亡中的章邯并没有灰心，在溃逃的间隙，他稳住阵脚，组织好手下人马准备进行反击。可惜章邯再一次估计错误，因为这次他遇到的对手是他看不起，但实际军事才能远过于他的韩信。韩信并不傻，他当然知道章邯要干什么，所以当他见章邯掉转马头，就马上改变了阵形，军队时散时合，时攻时守，变化无穷。章邯的绝地反击战毫无作用。章邯终于意识到了自己轻敌的下场，心服口服地评价韩信："用兵如神！"

第十二篇

另类史料

"离婚协议书"始于唐代

随着法律制度的健全，离婚协议书逐渐成为一种常见的法律公文，很多人以为离婚协议书是近代才出现的新事物，不会想到在倡导一女不侍二夫的封建制度下居然也会有离婚协议书。实际上，在我国唐朝时就已经出现了"离婚协议书"。敦煌曾出土过离婚协议书，即"放妻协议"。

此"协议"的内容是：

"凡为夫妇之因，前世三生结缘，始配今生之夫妇。……若结缘不合，想是前世冤家。反目生怨，故来相对……既以二心不同，难归一意，快会及诸亲，以求一别，物色书之，各还本道。愿妻娘子相离之后，重梳婵鬓，美扫娥眉，巧逞窈窕之姿，选聘高官之主，弄影庭前，美效琴瑟合韵之态。解怨释结，更莫相憎。一别两宽，各生欢喜。"

译文大意是：因前世三生的缘分，今生才结为夫妻，如果我们结合在一起是错误，不如痛快地分手来得超脱，希望你重整山河再攀高枝，也胜过两人看不顺眼互相挤对。离了之后，希望你打扮得漂漂亮亮的，再找个好人家……

从这份协议书中我们不难看出，这是一份类似于我们今天的离婚协议，夫妻因感情不和离婚，于是请来双方父母和亲戚朋友，做此见证，好聚好散，最后，男方还不忘给妻子一些美好的祝愿。

在以往的历史记载中，在中国古代历史的多数时期，女子一直处于被压迫的地位，很多朝代妇女没有离婚自由，男子可以任意"休妻""出妻"，女子却只能忍受。同时，女子被"休"、被"出"，被认为是奇耻大辱，改嫁更是"丧失贞节"。于是我们以为古代女子在婚姻方面都是非常悲惨被动的局面，但是这份唐朝的"放妻协议"却告诉我们：古代并不是所有朝代女子的地位都是那么低下的。在《秋胡》中，秋胡几年不归，秋胡母就劝秋胡妻，"不可长守空房"，任从改嫁他人。婆婆竟然主动劝媳妇改嫁。可见唐代属"开放型"社会。

《唐律疏议·户婚律》对离婚有三条规定：

一、协议离婚。指男女双方自愿离婚的所谓"和离"，"若夫妻不相安谐而和离者，不坐"。

二、仲裁离婚。指由夫方提出的强制离婚，即所谓"出妻"。

三、强制离婚。夫妻凡发现有"义绝"和"违律结婚"者，必须强制离婚。

从史实来看，提出离婚者也不只是夫方，妻方提出离婚的也不在少数。女方再嫁也不为失节。这从唐代妇女不以屡嫁为耻中看得很明显。唐代公主再嫁的就不在少数。从唐代看，离婚改嫁和夫死再嫁习以为常，并未受贞节观念的严重束缚，它与前朝的"从一而终"和后代的"饿死事小，失节事大"形成鲜明的对照。而这份敦煌出土的"放妻协议"则被认为凸显了唐代的婚姻制度。

唐史研究专家孟宪实说："古代曾有女子觉得丈夫没有出息，闹到公堂要求离婚，当官者训斥该女子不应如此，但该女子仍然坚持离婚，最后当官者只得判离，可见在古代女子离婚并不如我们想象中困难。古代放妻书的存在，说明古代人比较重视感情在婚姻中的作用，在放妻书中多以感情不合为理由，有时还会出现'今后将孤燕单飞'等表达悲伤的句子。当然如果真的悲伤就不会离婚了，这或许只是表面文章，所以说有时放妻书只是起范文作用，在休妻的时候使用。"

事实上古代妒妇、惧内、离婚的事情在各个朝代都有，只不过唐朝的婚姻制度给人感觉更自由一些，上层离婚比较容易实现，比如太平公主就成功了。虽然不能确定协议书的具体年代，但它的存在证明唐末五代宋初时，男女在婚姻问题上是相对自由的。虽然家中掌事仍然是男性，但妇女地位也没有后人想象的那样低。

张三丰奇特的生活习惯

传说中的张三丰曾是少林寺的小沙弥，后不知为何逃出少林，转而修道，在得道之后继而创建武当，发明太极拳。历史上记载张三丰："颀而伟，龟形鹤背，大耳圆目，须髯如戟。"听起来仿佛真有几分仙风道骨。

张三丰一生的事迹很多，但大多都是传闻，并不足信。许多史料、小说，都对他进行过出神入化的描述，金庸笔下，张三丰样貌奇特，额尖颈细，胸阔腿长，环眼大耳，武艺高强，德才兼备，有着一代宗师的气质。

但是真实的张三丰到底是什么样子，生于何时，卒于何时，都无从考证。就算是最为严谨的史料中，关于张三丰的记载也不多，其中《明史·张三丰传》中只是用寥寥数语提到，张三丰是辽东懿州人。张三丰其他的境况并未多写。

成名后的张三丰虽然声名远播，但他无论春夏秋冬，始终是一身破旧的单薄衣服遮身，而且张三丰也不太注重仪表，时常邋里邋遢的，人们也会叫他为"邋遢道人"。之所以人们会认为张三丰长生不老，是因为张三丰奇特的生活习惯，十分不符合人们常规的想象。

张三丰的饭量非常大，一顿饭吃掉一升或一斗米不在话下，可是有时他又可以很多天都不吃饭，甚至好几个月只吃一顿饭。不吃不喝却还能继续生存，如果不是得道成仙，人们无法理解张三丰是如何做到的。

不但饭量大，张三丰还喜欢云游四海，虽然是武当掌门，但张三丰并不是经常住在武当，他常常居无定所，四处为家。《德安府志》中有过这方面的相关记载，张三丰曾到太平山隐居过一段日子，后来要走了，乡亲们便决定做顿饭为他送行。而张三丰因为久不生火做饭，山上没有火种，于是便下山去取，他走了不多时就带回了火种，还有一盘豆腐。张三丰吃过饭走之前，让乡亲们去某地把豆腐托盘还了。人们日后去到张三丰所说的地方，发现竟然相隔一百多里。

可见，张三丰的武功在民间传说得有多厉害。而事实上，张三丰卓绝的功力，在历史中也曾留下记录，"以单拳杀贼百余，遂以绝技名于世"。一只手打死上百个敌人，听起来有些不可思议，不过真相究竟如何，也无从探究了。

武功到底有多好无法探究，但练武可以强身健体却是毋庸置疑的。张三丰在许多地方都留下了足迹，陕西宝鸡金台观现存《张三丰遗迹记》一碑中曾记载，当日张三丰来此，与一个故人的后人聊起家常，这位后人说起自己的爷爷时，张三丰感慨：唉，我认得他时他还是个童子。

能长寿到如此地步，张三丰也算是奇人。在《明史》中还记载过一个故事，张三丰本来已经在宝鸡死去，但是当人们把他装入棺材准备下葬的时候，他竟然从棺材里又爬了出来。

到底张三丰是道家功夫练入极深的时候元神可以离开躯壳，还是这只是他开的一个玩笑，无从判断了。张三丰的事迹自古就被传为奇谈，而他长生不死更是被许多人惦记。朱棣曾经对张三丰十分感兴趣，他让张三丰的弟子寻访张三丰的踪迹，可惜寻访无果，张三丰犹如消失一般不再出现在人们的视线里。

但张三丰的名气却从此传遍海内，经久不衰。

古代出家并不容易

很多人听说现在有的寺院出家人还要求高学历，就觉得很不可思议，以为古代出家很容易，凡看破红尘就可以遁入空门了。其实，在古代出家也不容易。

且不说在北魏太武帝、北周武帝、唐代武宗、后周世宗等灭佛时期，出家难上加难，就是在古代大多数崇佛时期，出家也不容易。在崇佛时期，穿上出家人的衣服，帝王看到都会合掌问讯，原因就是尊敬出家人的道德、学问、德行，认为出家人是"人天师范"，言行举止是天上、人间的榜样。所以，那时出家要经过皇帝考试，考试及格才颁发"文凭"，称作"度牒"。考取度牒之后，你跟哪个道场、哪位法师有缘，就到那里出家。若没有度牒就剃度是犯法的，要受国家法律的处分。

当时进士考试是国家考试最高的等级，进士相当于现在学校里的博士学位。出家人在普通学术上拿到进士的学位，然后考佛法，再考德行，全部及格才发度牒。度牒就相当于国家认可的出家资格证书，是官府发给公度僧尼以证明其合法身份的凭证。唐代的度牒都用绫素、锦素、钿轴制成。宋代一度改用纸制，至南宋仍旧用绫。度牒上一般写明所度僧尼的法名、俗名、身份（指明童子或行者及其职衔）、籍贯、年龄、所住或请住持寺院（入何寺院名籍）、所诵经典、师名等，并有祠部的批文、签署日期和官署名等。僧尼有了度牒，便取得了合法的身份，有度牒的就算是正规僧人，留居本寺或行游他方都不会被为难，可免赋税和劳役、兵役等义务，得到官府的保护。

为增加财政收入，官府经常出售空名度牒。据宋代《燕翼诒谋录》等书，宋徽宗初年每道度牒价钱二百二十千，卖度牒成为官府重要的收入来源。因为得之不易，大家都非常重视，《水浒传》里说鲁智深溜下桃花山，"胸前度牒袋内藏了真长老的书信"，可见度牒是小心收藏的。"棒槌似粗莽手脚"的孙二娘也有温柔的一面：她取出度牒，缝个锦袋盛了，教武松挂在贴肉胸前——可见这本护身符在她心目中的分量。

另外，出家还有更多详细的要求：

一、不能太老或太小，生活要能够自理

太老者，过七十，若减七十，不堪造事，卧起须人。若过七十，能有所作，是亦不听。年满七十，康健能修习诸业，听与出家。若太老，不应与出家。若已出家者，不应驱出。若度出家受具，越毗尼。

二、具丈夫身，有坚强意志，能吃苦耐劳

欲新出家者，先说苦事：谓一食、一住、一眠、少饮食、多学问，言能不？答：可者。方得受之。

三、父母允许

若有来求出家者，应先问父母许已，方与出家。若不先问与出家者，得越法罪。

四、没有犯边罪

曾受佛戒已（含白衣五戒八戒在内），于淫杀盗妄四重戒中，随犯一戒，即漂弃佛海边外，故名边罪。

五、出家的动机纯正（非是贼心入道）

为衣食利养混入僧团，盗听大僧说戒、羯磨、同僧法事，受人恭敬利养礼拜，名为贼住。

六、志性坚定，信仰明确

曾为外道来受具戒，后复入外道，今又重来出家受戒，此人志性不定，名为破内外道。非佛法器，佛不许度。

七、没有债务在身（非负债人）

有负债人逃避债主而出家，乞食为财主捉；财主嗔恚言，沙门释子尽是负债人。不得度负债人出家。

八、不是承担社会重任的官职人员（非官人）

不应度大臣出家，见来求请应须诘问，汝非王臣不，若不诘问与出家者，越法。若外国人来，无人委识，应与出家。

九、身体健康

病者，癣疥，黄烂，癞病，痈痤，痔病，不禁，黄病，疟疾，謦咳消尽，癫狂，热病，风肿，水肿，腹肿，乃至服药未得平复，不应与出家。若已出家，不应驱出。若度出家受具足者，越毗尼。

十、四肢齐全，五官端正

手足不健全、聋、哑、盲、跛、曲腰、侏儒、极丑等不能出家。

可见，古代并不是想出家就能出家的，只有达到"标准"才能出家，而手持度牒才能成为真正意义上的和尚，否则就是"非法"出家。

清朝地产商如何"炒房"？

"炒房"这个概念并非近代才有，其实早在乾隆年间，就有精明的商人从房价中发现了房子升值的商机。

乾隆十六年（1751 年），天津一个名叫丁予范的个体商贩，在天津的一个小胡同里买下了一块地皮，盖了一座四合院，面积大约是一亩。这个四合院十间房屋，修得十分齐整漂亮。丁予范为这房子投资了差不多一百八十两白银。

最初的想法，便是将这套四合院高价卖出，可惜丁予范并没有赶上好时候，他的四合院盖好几年内，一直无人问津，最后迫不得已，一直到了乾隆十九年（1754 年），他才低价出售，将这套四合院以一百七十七两银子的价格卖了出去。花了几年时间，丁老板不赚反赔，可以算是地产商中一个失败的例子。

道光十八年（1838 年），天津另一位地产商任秀坡，为人精明能干，头脑灵活，他出资二百两银子，把丁予范当年修建的四合院买了下来，重新改良，加盖了一间门楼、一间客房、三间书房、三间板房。院子中间一改之前空荡的格局，加了一道月亮门，让原本看着低级的四合院，顿时变得高档起来。

作为一个成功的地产商，任秀坡这一装修，虽然投资了不少银两，但最后还是赚了。他买房花了二百两，装修花费一百五十两，最后卖出六百两，净赚了二百五十两。将房子一倒手，居然能够赚这么多，清朝商人的商业头脑一点也不输于现在的商人。

更厉害的一位商人是同治年间北京宛平县的缪子集。缪老板看中了京城内的一座四合院，他花一百五十两银子买下后，既没有像丁老板那样静待出售，也没有像任老板那样重新装修，而是通过发布小广告，吸引买主，通过买主竞拍的方式，将这套四合院以六百两的价钱成交出去。

买卖房屋，赚取差价，清朝的"炒房客"们头脑灵活，手段现代，虽然没有去大规模地开办地产事业，但能从一套房屋中就找到商机，也很厉害。

皇子学堂里的真实内幕

说起皇子，很多人立即想起了电视里那些锦衣玉食、高贵无比的公子哥儿，以为他们衣食无忧，不用像我们现在这样要天天上学。殊不知，皇子也要上学，并且比我们现在的学校艰苦多了。

以清代为例，皇子上学的地方叫"上书房"，清道光之前，叫"尚书房"，道光年间奉旨改为"上书房"。上书房位于乾清门内东侧南庑门向北开，共五间。凡皇子年届六龄，即入上书房读书。一般有满汉大学士一人或二三人为上书房总师傅，总师傅的主要职责是检查皇子们的功课，每日都要巡查多次。设汉文师傅若干人，主要教授皇子们儒家经典；设满蒙师傅（谙达）若干人，内谙达负责教授满蒙文，外谙达教授骑射。

上书房的上课时间安排得比现代学校可要紧张多了，皇子们每日寅时（凌晨 3：00～5：00）来到书房早读，卯时（凌晨 5：00～7：00）开课，午时（11：00～13：00）下学，之后主要是骑射课，直到晚上七点放学。没有寒暑假，老师和皇子都是全年无休的，只有在各大节日如元旦、端午、中秋、皇帝的生日等才会放一天的假。

康熙时上书房在畅春园无逸斋，之所以称无逸斋就是要告诉皇子们要无逸，不要闲着，不要贪玩，不要贪图享乐。《康熙起居注》是这样记载皇子的上学情况的：

凌晨三点到五点，皇子们就要到无逸斋，开始复习头一天的功课，这需要一个时辰的时间。皇太子在这个时候才不过十三岁的年纪，凌晨三点钟就要到无逸斋书房，他起床时间当然比这时候更早。卯时，就是凌晨五点到七点，满文的师傅、汉文的师傅到了上书房，到了之后先给皇太子实行跪拜的礼节，然后检查皇子们的功课，让皇子们背书，皇子们朗朗背诵，一字不错。之后再给他们划下面一段，接着背下面一段。辰时，就是早上七点到九点，这个时候学生上课已经过了四个小时了，康熙下了朝就来到无逸斋，皇子们到斋外台阶下面迎接康熙。康熙落座之后就让皇子们背书。康熙拿出书来随便点一段，皇子们就背，背时要一字不错。

康熙说，我小时候读书要朗诵一百二十遍，之后还要背诵一百二十遍，完全熟练了，然后再换下一段，这样一段一段地学。这时候有大臣说一百遍是不是就可以了？康熙说必须背足一百二十遍。检查完之后，康熙就处理政事去了。

巳时，就是九点到十一点，这个时候，记载中这一天已经是伏暑热天，但是皇子们读书的时候，要正襟危坐，不许拿扇子，更不许摇扇子。这个时辰是练字时间，每一个字要写一百遍。

午时，就是十一点到一点，到了吃午饭的时候，侍卫送上饭来，吃完饭之后不休息，继续学习功课。

未时，就是一点到三点，这时候皇子们到无逸斋外面的院子里练习骑射、武艺。

申时，就是十五点到十七点，康熙又到无逸斋再次检查功课，还让这些皇子背，几个皇子排着队一个一个地背。

酉时，就是十七点到十九点，这节课是在无逸斋外面练习射箭，康熙先让皇子们一个一个地射，之后让那几位师傅一个一个地射箭，最后康熙自己射箭，史书记载"连发连中"，功课完了之后放学。

从凌晨三点到晚上七点，请注意，不是一天，是天天如此，叫作"无间寒暑"。可见，皇子也不是想象中那么好当的，出生在帝王之家更是要经过艰苦的上学时光。

谁是第一个泰山封禅的帝王？

封禅大典是古代帝王在泰山举行的祭祀天神和地神的重要仪式。其仪式包括"封"和"禅"两部分。所谓"封"就是在泰山之顶聚土筑圆台以祭天帝，增泰山之高以标示功归于天；所谓"禅"就是在泰山之下的小山丘上积土筑方坛以祭地神，增大地之厚以报福广恩厚。

这种礼仪只有历代帝王才能执行，但如此神圣而重要的祭祀典礼是从哪一代君王开始的呢？从目前来说，人们普遍接受的观点是秦始皇是泰山封禅的第一人。

秦始皇统一六国之后，便召集齐、鲁的儒生博士七十余人到泰山下，商议举行封禅典礼，以示自己当上皇帝是天子，受命于天。然而儒生们提出的典礼方式各不相同，难以施行。于是秦始皇借用原来秦国祭祀雍上帝的礼制，自己制定礼制封泰山、禅梁父，刻石称颂自己的丰功伟绩。这也是现在我们所知道的封禅大典的礼制。

　　然而有人提出了质疑，说秦代以前就已经有七十二位帝王在泰山进行封禅活动了，也就是所谓的"七十二家"说。司马迁的《史记·封禅书》中有这样一段话："齐桓公既霸，会诸侯于葵丘，而欲封禅。管仲曰：古者封禅泰山禅梁父者七十二家，而夷吾所记者十有二焉，昔无怀氏封泰山，禅云云；伏羲封泰山，禅云云；神农封泰山，禅云云；炎帝封泰山，禅云云；黄帝封泰山，禅云云；颛顼封泰山，禅云云；帝喾封泰山，禅云云；尧封泰山，禅云云；舜封泰山，禅云云；禹封泰山，禅会稽；汤封泰山，禅云云；周成王封泰山，禅社首。皆受命然后得封禅。"

　　从管仲和齐桓公的对话中可以看出，至少在春秋战国时期就已经有封禅这种仪式。但是南宋马端临却认为"诗书所不载，非事实"，更直斥"七十二家"封禅之说是"陋儒之见"。然司马迁的说法真的是"陋儒之见"吗？

　　《封禅书》对司马迁来说具有特殊意义。司马迁的父亲在汉武帝时是太史令，但却因病未能随汉武帝泰山封禅，这是他父亲一生的遗憾，因此临终之前才悲叹："今天子接千岁之统，封泰山，而余不得从行，是命也夫，命也夫！"父亲的遗憾令司马迁刻骨铭心，所以他在搜集史料和撰写封禅著述上应该是持认真的态度的。

　　但是司马迁的《封禅书》也没有解决谁是第一个泰山封禅的帝王这一问题，因为此书开篇写到，"厥旷远者千有余载，近者数百载，故其仪厥然堙灭，其详不可得而记闻云"，也就是对于封禅起源，司马迁也不能做出清晰的描述。

　　虽然泰山封禅起于何朝何人很难考证，但是目前我们所知道的封禅礼制是从秦始皇时开始的。随后这一祭祀仪式便成为帝王的旷世大典，至唐宋时封禅仪礼已经十分完备。到宋真宗之后，帝王来泰山只举行祭祀仪式，不再进行封禅。

明世宗为何自号"紫极仙翁"?

俗话说:"当了皇上想成仙,生在地上想上天。"古代的好多皇帝,都梦想着成为神仙,长生不死,永远享乐。于是他们就特别迷信道教的"仙术"和"仙丹妙药"。明世宗嘉靖皇帝朱厚熜,就是突出的一个。

嘉靖在登基之后,专以扶植道教为事,使明代统治者对道教的崇奉达到顶峰。明世宗广宠道徒方士,并授其高官厚禄;大规模建宫筑室,不惜劳民伤财;又广建斋醮,崇信乩仙。他迷信丹药,道士因进仙方丹药而获宠者达数十人;更为荒唐的是,他为了获取长生丹药,相信方士之言,以处女首次行经之经血作为炼药原料,炼成所谓的"红铅"。

此外,嘉靖还给自己、他的父亲兴献皇帝、母亲兴献皇后、孝烈皇后方氏都起了很复杂的道号。上皇考号为"三天金阙无上玉堂仙法主玄元道德哲慧圣尊开真仁化大帝";皇妣号为"三天金阙无上玉堂总仙法主玄元道德哲慧圣母天后掌仙妙化元君";自号为"灵霄上清统雷元阳妙一飞玄真君",后又加号为"九天弘教普济生灵掌阴阳功过大道思仁紫极仙翁一阳真人元虚玄应开化伏魔忠孝帝君",再加号为"太上大罗天仙紫极长生圣智昭灵统三元证应玉虚总掌五雷大真人玄都境万寿帝君"。

有人不禁要问,嘉靖为什么要称自己为"紫极仙翁"?古文中紫者,紫微星也。紫微又叫紫垣、紫宫,在星座上属帝王之所居,皇宫又叫紫禁城即是这一来历;极者,顶点、最高的位置,可用来借指皇帝的宝座。嘉靖称自己为"紫极仙翁"不仅仅是因为崇尚道教,更是他对神仙世界的一个向往。

那么,嘉靖为什么会如此笃信道教?原因有很多,最主要的是他父亲对他的影响。其父兴献王朱祐杬是孝宗朱祐樘的弟弟,被封在湖北安陆,在今湖北钟祥。朱祐杬与一个叫纯一的道士交游，很是信奉道教。父亲的行为深深影响了少年的明世宗。他即位后，因为身体多病，常以斋醮方式祈祷神仙帮助，这就更加深了他对道教的依赖。

明武宗崇尚佛教，大肆修建佛寺，还将僧人接入宫中，作为上宾对待。而嘉靖即位后，不仅在政治上一反武宗的弊端，纠偏纠弊，在宗教上也与武宗完全相反。嘉靖崇尚道教，他将宫中的佛教活动一概扫除。与宋徽宗相比较而言，明世宗嘉靖崇尚道教有过之而无不及。在明世宗的影响之下，明王朝俨然成了一个道教王国。

严嵩倒台之谜

史上著名的明朝权臣严嵩，早年曾是位颇负盛名的诗人，"诗思冲邃闲远"，"文致明润宛洁"。明世宗时，严嵩以其善于揣测圣意，甚得世宗欢心，深受重用，仕途一路扶摇直上。

严嵩为官期间，招权纳贿，排除异己。上疏弹劾他的忠臣良将，不是被流放就是被斩杀，其骄横傲慢之势，无人可挡。然岁月不饶人，年过八旬的严嵩，在他人生最后的岁月里，一个不小心，就从高位跌入谷底，甚至赔上了儿子的性命。

严嵩的升迁入相一帆风顺，除了他自身的为官才能与八面玲珑的处事风格之外，对皇帝心意的准确揣摩是必不可少的。严嵩深知世宗皇帝虽终日求仙炼丹，却并未疏忽对朝政的控制，凡事自有主张，遂与其子严世蕃极尽讨好附和之能事，进言总能正中皇帝下怀。然而，正因为一次揣摩圣意的失败，严嵩在世宗心中的地位开始动摇。

嘉靖四十年（1561年）十一月二十五日晚，世宗皇帝居住的西苑永寿宫忽然起火。火势迅速蔓延，永寿宫一烧殆尽。世宗暂住玉熙殿，甚为不满，便宣召内阁首辅严嵩和次辅徐阶进殿商议。当时奉天殿、华盖殿、谨身殿正在修建，工程浩大，国库几空，没有多余的人力物力重盖永寿宫。众公卿主张皇帝回到大内，这样便可恢复朝仪。但自从嘉靖二十一年（1542年）发生了宫女谋杀皇帝的"宫闱之变"后，皇上再不敢回大内居住，甚至一提起大内便心惊胆战，严嵩对此再清楚不过，于是他建议皇上暂住修饰完整的南宫。

严嵩自以为此乃深思熟虑之后的万全之策，定能博得皇帝的赞同。岂料竟忘了当年明英宗被俘放回后被景帝软禁在南宫之事，南宫也因此被世宗认为是"逊位受锢之所"。严嵩的失误，给他的死对头徐阶创造了一个千载难逢的表现机会。徐阶提出用三大殿工程的"余料"和人力修复永寿宫，百日之内当可完成，这才与世宗所想不谋而合。次年修复工程如期完成，龙颜大悦，将永寿宫改名万寿宫，大赏诸臣，徐阶加官少师，与严嵩平起平坐。

严嵩年事已高，精明干练大不如前，平日政事往往要与其子严世蕃商量。严世蕃也是才干出众之辈，对严嵩晚年的帮助甚大，甚至有人戏言"皇上不能一日无嵩，嵩又不能一日无其子"。然而在嘉靖四十年（1561年）五月，严老夫人去世，严世蕃返乡丁忧，不能跟随严嵩前往西苑直庐办公，便终日躲在家中风流快活，对严嵩的询问敷衍了事。如此一来，严嵩的进谏越来越不能令世宗满意，他在世宗心目中的地位一落千丈。

就在严嵩的地位摇摇欲坠之际，政敌徐阶等不及他寿终正寝，先是买通道士向世宗进言严嵩为奸臣，后怂恿御史邹应龙上疏弹劾其子严世蕃，终将严嵩拉下首辅丞相之位，将其赶回老家。

严嵩二十九年的为官生涯，终究敌不过悠悠岁月的摧残，正可谓之"力不从心，老不中用"，仿佛天在收拾这个作恶多端、祸害忠良、鱼肉百姓的奸佞之人。

文盲魏忠贤为何能淘汰大家左光斗？

四百年前的明朝末年，一个大字不识的文盲宦官，一不小心走上了权力的巅峰，七年间将皇权玩弄于股掌之上，呼风唤雨之势无人能及，陷害忠良之举无人敢挡。他就是明末阉党首领魏忠贤。

同样是四百年前，一个博览群书，精通文史，胸怀凌云之志，立誓救国救民的刚毅青年，在而立之年考中进士，开始了他的漫漫仕途。由于政绩卓著，他被升为内阁大臣，参与朝廷内部大政方针。之后出任左都御史，负责监察百官，政治生涯达到辉煌时期。他便是东林党首领左光斗。

一个是文盲小人，一个是博学大家，争斗的结果令人扼腕叹息。刚正不阿、忧心于国计民生的左光斗，被奸邪狡诈、醉心于操弄权势的魏忠贤陷害入狱，酷刑加身而回天乏术，惨死于狱中。

在这场忠与奸、正与邪的较量中，魏忠贤何德何能，赢得如此嚣张？

魏忠贤虽为阉人，但体形魁梧，个人魅力犹在。因缘际遇间，与熹宗皇帝朱由校的乳母客氏暗生情愫。客氏深受皇帝敬爱，当熹宗皇帝得知客氏意属魏忠贤时，于是为之"加官晋爵"，魏忠贤得到了司礼监秉笔太监的职位。

魏忠贤作为熹宗皇帝的玩伴，终日陪伴其左右，不仅将其心思摸得一清二楚，更不遗余力地投其所好。可以说，在熹宗皇帝玩物丧志的过程中，魏忠贤发挥了"推波助澜"的作用。熹宗心中根本装不进天下大事，终日沉浸于自己的工艺世界之中，他关心木匠活计胜过一切。也正因如此，熹宗皇帝需要一个心腹为其挡住外界的干扰，处理日常事务。而魏忠贤，就是皇帝心中最适当的人选。

天启初年，魏忠贤刚刚跨进司礼监大门的时候，大明帝国的文官集团，正面临着前所未有的分裂与内讧。崛地而起的东林党，将文官之间的意见交锋猛然上升至正邪之争。以君子自居的东林党人，几乎把自己看作正义的化身，与之作对者皆为小人。那些被东林党人的道德权杖逼得近乎窒息的"邪恶小人"，不得不转向尚无权力冲突并且深得皇帝信任的宦官首领魏忠贤。一时之间，送礼恭维者络绎不绝，将魏忠贤推上了"九千九百岁"的高位，一人之下，万人之上。

此时此刻，与既得皇权，又得人心的魏忠贤作对，无异于与虎谋皮，下场可想而知。为人清廉正直的左光斗，在黑暗的官场斗争中一败涂地。

石达开在大渡河畔的信函之谜

石达开是太平天国农民起义的杰出领袖，少年投身太平天国起义，英勇善战，足智多谋，功勋显著，被封为翼王。可惜，太平天国后期，内部混乱，1857 年，石达开率二十万兵马从天京出走，转战数年，却难觅一足之地，后来他毅然决定进军四川，最终丧师于大渡河畔。一代英豪，饮万古长恨。

石达开向四川进军，路过大渡河畔，遭到清军与地方土司紧紧围困，成为釜中之鱼。经过六月征战，却仍未能摆脱困境。无奈之下，石达开决定用自己的头颅换取数万将士的生命，自投清营，不幸牺牲。

《太平天国文书汇编》记载，石达开在无可奈何的情况下，命军师曹伟人给清军写了一封信。信的内容是：石达开愿意以自己的生命为代价，请清军放过几万将士。这封信被射入了驻守在大渡河对岸的清朝四川重庆镇总兵唐友耕的军营中。因此，人们一直认为此信是石达开写给唐友耕的。然而，近来史学界又对这封信的收信人提出了新观点。那么，这封信的收信人到底是谁？

最值得关注的说法有两种：一种是收信人是重庆镇总兵唐友耕，另一种是收信人为四川总督骆秉章。

收信人是唐友耕的说法来源于 1908 年唐鸿学所编《唐公年谱》。此书中就提到了石达开在大渡河畔所写的信。据《唐公年谱》记载，信的内容是："唯是阁下为清大臣，当得巨任，志果推诚纳众，心实以信服人，不蓄诈虞，能依请约，即冀飞缄先复，拜望台驾近临，以便调停，庶免贻误，否则阁下迟行有待，我军久驻无粮……"

持这种观点的人还有萧一山，他认为《唐公年谱》附录的石达开信函是可靠的，该信的确是石达开写给唐友耕的。萧一山还写了《翼王石达开致清重庆镇总兵唐友耕真柬伪书跋》。《广东文物》按照萧一山的说法，著有《石达开致唐友耕书》一书。因此，此种说法一直广为流传。

简又文先生也认为收信人应该是唐友耕。他提出，据《太平天国全史》记载："致唐函更见之《唐公年谱》，尤为可信。"

但是，罗尔纲先生却认为《唐公年谱》所收录的信件的确出自石达开，但收信人并非唐友耕，而是骆秉章。因为唐鸿学是唐友耕之子，唐鸿学著《唐公年谱》，并收录了石达开的信，可能是为了给父亲脸上贴金，故意把收信人改为唐友耕。

那么，收信人是骆秉章的说法从何而来呢？主要来源于四川《农报》的一篇标题为《致四川总督骆秉章书》的文章，该篇文章表明收信人应是骆秉章而不是唐友耕。因为四川农民高某在紫打地偶然发现了石达开的函稿三通，稿中内容说明石达开是要写信给骆秉章的。罗尔纲先生认为此稿为真实信函，是没有经过唐鸿学篡改的。

人们之所以赞成这种说法，另外一个依据主要是根据书信的内容来分析。《太平天国文书汇编》记载："唯是阁下为清大臣，肩蜀巨任，志果推诚纳众，心实以信服人，不蓄诈虞，能依请约，即冀飞缄先复，并望贵驾遥临，以便调停，庶免贻误，否则阁下迟行有待，我军久驻无粮……"此处的说法与《唐公年谱》大致相同，但是还是有区别。首先，《唐公年谱》中把"肩蜀巨任"改成了"当得巨任"，其次把"并望贵驾遥临"改成了"拜望台驾近临"。罗尔纲先生认为，这是唐鸿学为了使人相信此信是石达开写给唐友耕而做的故意篡改。因为从唐友耕和骆秉章的职位来看，唐友耕是重庆镇总兵，而骆秉章是四川总督。能担当"肩蜀巨任"的人只有可能是骆秉章。从当时两人所处的地方来看，唐友耕与石达开隔河相望，而骆秉章却在四川，适合"贵驾遥临"的也只有骆秉章。此外，唐友耕是降清太平军，而且作为重庆镇总兵，也无生杀释放大权，石达开又怎么可能会写信乞求唐友耕放过自己的将士呢？显然，此封信的收信者最有可能的就是骆秉章。

总之，石达开到底写信给谁，一直也没有定论。

为什么魏晋名士多自狂？

这其中的缘由还得从"党锢之祸"讲起。东汉中期以后宦官乱政，其党羽横行乡里，祸害百姓、民不聊生，大批名士齐聚洛阳，讨论朝政得失，关心政治和民生，这就是历史上的"太学清议"，但是宦官当道，这起由太学生自发组织的爱国运动不久就在诛杀中灭亡了。学生们的爱国之心就这样被深深地伤害了，他们从没有意识到关心国计民生会遭到杀头厄运。他们纷纷返乡，多年的儒学教育使他们在面对横加的伤害时决不束手待毙。他们转而选择了追求自身精神世界的解脱，开始信奉道家无为的黄老思想，在自然的呵护下抚平内心的愤懑和不满。玄学成为盛极一时的学问，现实既然不容谈论，那么他们只有看着海市蜃楼聊以自慰。他们不断地用酒精麻醉自己的神经，只有这样才能得到片刻的安宁。

加之当时社会动荡不安，大家都生活在集体恐惧当中，这些名士在追求精神世界解脱的同时开始思考人生和生命。生命原来很脆弱、很短暂，他们试图通过某些手段使得生命可以延长。他们服用某些药丸，这些药丸吃下去以后会让人全身发热以至于连衣服有时候都不敢穿，而且这些药丸服用以后必须通过行走来散发，不然淤积会使服用者中毒。

这样大家常常会看到一些人赤膊行走在乡间小道上。魏晋时候这些文人怪异的举动后来人觉得很潇洒，其实这些都是表象，他们内心何尝不想过正常人的日子？

饮酒也是当时这些文人摆脱内心苦闷的方法之一。你会看到当时有一个人坐在车子上，上面还摆着一缸酒，他坐在车子上喝酒，并告诉仆人你们就这样拉着我走，我什么时候喝酒喝死了，你们把我就地埋了就行了。"竹林七贤"之一阮咸狂诞不羁。有一次，他的亲友在一起喝酒，他也来参加。他不用酒杯，而是用大盆盛酒，喝得醉醺醺的。当时有一大群猪走来喝酒，阮咸就和猪一起喝。他一面饮酒，一面鼓琴，真是不亦乐乎。于是"与豕同饮"就传为笑话。

这足见当时苦难的文人不拘一格的行径，同时也反映了人们在苦难的边缘，真的不会在乎所谓的礼仪和形象。他们常常会当着客人的面捉虱子，而且常常赤身裸体，他们过着放纵的生活，这种放荡不羁的背后隐藏的却是忍辱偷生，装疯卖傻也许是在那样的乱世苟活的法宝。

纵观魏晋的文人，他们过得痛苦，没有得到过当政者的尊重，心中的苦痛只有通过这种生活方式来发泄、来掩饰，其目的却很简单：偷生。

对永乐大帝求婚说不的女子

历代妃子为争夺皇后之位往往斗得你死我活，被万人之上的九五之尊选为皇后更是莫大的荣耀，但是有人居然不愿意当皇后，还敢对皇上说：我不做你的皇后！也许你会觉得这是小说里胡编乱造的，但是历史上的确存在这样一位美女，她就是徐妙锦。

妙锦是开国元勋徐达的第三个女儿，她才华出众，美丽动人，才貌超过了她的姐姐仁孝皇后。正因为她锦心玉貌，所以仁孝皇后于永乐五年

（1407年）去世后，朱棣便对新皇后不做第二人选，一心要把徐妙锦迎进宫去，让她填补她姐姐留下的空位，从此母仪天下。

此时徐达早已过世，徐妙锦的母亲、徐达的继妻谢夫人婉拒道："我的女儿，只怕是配不上皇上吧。"朱棣听了冷笑道："夫人的女儿不愿嫁给朕，还想要选择什么样的女婿呢？"

于是，徐妙锦递上一封情词哀恳的书信，婉言谢绝了朱棣的"美意"。徐妙锦熟读史书，深知暴君如虎，一旦被激怒，便会六亲不认，大开杀戒，因此她巧妙设辞，反复强调自己从小生长于豪门大户，性甘淡泊，而且一心向佛，宁愿远离红尘俗世，长伴古佛青灯，以此了却余生。清词丽句中透着淡然的悲切，谦辞敬语中带着傲然的尊严。

徐妙锦不肯与君王同眠，一生姻缘就此断送。谁敢娶皇帝看上的女人呢？为防成祖的再次逼迫，徐妙锦削发为尼。而朱棣也是一个奇皇帝，小姨子表示不愿意后，他不但没有来硬的，反而决定从此不再策立新皇后。

据说，徐妙锦死后，朱棣命人按照皇后的礼节把她安葬在皇家墓地长陵。徐妙锦当年出家的尼姑庵就是南京人俗称的皇姑庵，地点在今天雨花台的后山上，现已无迹。

在古代社会，当皇后可以说是很多女子梦寐以求的事，更何况是皇帝亲自求婚，但是徐妙锦宁愿出家当尼姑也不愿意当皇后，甚至还让永乐帝朱棣自此再也没有策立新皇后，这多少有点令人意外。

第十三篇

历史的迷局

为什么说项羽根本不能过江东？

提起南宋词人李清照，很多人都能说出其一两句词，她的一首《乌江》更是道尽了项羽的英雄气概："生当作人杰，死亦为鬼雄。至今思项羽，不肯过江东。"

作为中国历史上的一代霸王，关于项羽的传说数不胜数，乌江畔自刎可以说是其中最为悲壮的一幕。传说此人生性暴戾，坚韧过人，如果当时渡了乌江，是绝对可以重整旗鼓、卷土重来的，可是为什么称霸一世的他会做出在乌江畔自刎这个令无数后人惋惜、哀叹的选择呢？关于项羽乌江自刎的原因，民间有几种不同的说法。

最早的一种说法是，项羽是因为无颜面对江东父老才在乌江自刎的。《史记》中写，项羽在楚汉战争败给刘邦后，带领八百人马杀出重重包围，一路直至乌江畔，乌江亭长劝项羽赶快渡江，日后好东山再起、一雪前耻，但项羽却笑而答之："天之亡我，我何渡为！且籍与江东子弟八千人渡江而西，今无一人还，纵江东父兄怜而王我，我何面目见之？纵彼不言，籍独不愧于心乎！"于是拔剑自刎，死于乌江江畔。项羽这段话的意思就是说：既然上天要我死，我就没有渡江的必要。当初跟八千名兄弟一起渡江西上，但现在大家都阵亡了，就算所有江东的父老都可怜我，还依然把我当作他们的君王，我自己又有什么脸面见他们呢？于是拔剑自刎。这段记载是司马迁为后人提供的，因为他生活的时代跟项羽死亡的年代比较接近，再加上描写真实生动，所以后世流传最为广泛的说法就是项羽是因为无颜面对江东父老而自杀的。

还有的人说，项羽不想再让百姓因战乱而受到牵连才会自杀。富有戏剧性的是，这一种说法也出自《史记》，书中记载刘邦和项羽在楚汉战争中难分高下的时候，项羽对刘邦说："天下匈奴长岁者，徒以吾两人耳，愿与汉王挑战决雌雄，毋徒苦天下之民父子为也。"这句话大致的意思是，想把这场战争变成两个人的决斗以解脱天下的百姓。这种怜悯万千百姓的情愫使得他在突出重围来到乌江时，想到了自己的子民还要因为这次战争再次陷入水深火热当中，实在是不忍心，最终选择牺牲自己以换得天下太平。

但是这种说法有太多的个人情感，跟史书中记载的项羽的性格不尽相符。项羽曾经坑杀二十万秦兵，咸阳宫中烧杀掠夺，最后火烧三个月，暴虐至极，所以不大可能为了免除百姓疾苦而自杀身亡。而决定与刘邦单打独斗、一决胜负，很可能是他的计谋，因为以项羽的个人能力，打败刘邦可以说是易如反掌，但刘邦并没有上当。所以项羽失败逃至乌江的时候，万念俱灰、狼狈不堪是可想而知的，其心中不免感慨万千，在这样的背景下重新唤起他可怜天下苍生，愿意以一己之死来结束战争的念头也有可能，但也只是项羽走投无路又放不下脸面时的一种自我安慰，而不是项羽自杀的主要原因。

其实无论是无颜面对江东父老，或是不忍天下百姓遭受战乱之苦，都不符合项羽一世霸王的性格。他既然已经杀出重围一路向东，就是为了渡过乌江卷土重来，待到打败刘邦衣锦还乡时怎会无颜面对江东父老？如果他是一个可怜苍生的君主，那又如何解释攻占秦宫后近乎屠杀的行为？

于是，产生了第三种说法。那就是项羽并不是诗中所说的"不肯过江东"，而是他根本没有过江的机会。著名学者冯其庸在《项羽不死于乌江考》

中，对《史记》《汉书》《楚汉春秋》中关于项羽之死的描述进行了详细的论证，指出《史记》中除了《项羽本纪》里有"于是项王乃欲东渡乌江，乌江亭长檥船待"两处涉及乌江外，其余全部文字无一提到项羽乌江自刎这一事件。反而明确提到：项羽"身死东城"，"使骑将灌婴追杀项羽东城"等。如今，支持这种观点的人越来越多，计正山先生通过对《史记》《汉书》的分析，更确认项羽在距乌江有一百二十千米的定远东城就被"搏杀而死"，所以说他根本没有渡江的机会，更不是自刎而死。

项羽自杀的真相虽然令后人对这样一位大英雄少了一些哀叹，但其称霸一世的英雄气概，仍然会被后人所传颂。

瓦岗军为什么没有灭掉隋朝？

瓦岗军是隋末农民起义军队中战斗力最强的队伍，曾给隋朝重创。但最终还是未能夺取政权，军队溃散，降于唐朝。

大业七年（611年），东郡韦城县人翟让因犯罪而被定罪坐牢，狱吏黄君汉偷偷放了他。翟让逃亡瓦岗聚众起义。同郡的单雄信、徐世勣也都相继加入，势力加强。他们在永济渠沿岸劫持抢夺来往船只，以致"资用丰给，附者益众"，起义队伍逐渐壮大起来。

大业十二年（616年），贵族出身的李密在参加杨玄感起兵失利后，决定投奔瓦岗军。因为他较有政治眼光，所以建议翟让积极发展势力，扩大影响。翟让比较认同李密的建议，首先攻取了荥阳这块中原的战略要地，因为荥阳向东是一片平原，向西是虎牢关。虎牢关以西的巩县有隋军的大粮仓洛口仓。取得洛口仓不但可以得到大量的粮食，并且能更加逼近东都洛阳。夺取荥阳是瓦岗军发展势力的重要一步。

面临强大的瓦岗军，荥阳太守杨庆无计可施，隋炀帝特别加派"号为名将""威震东夏"的张须陀为荥阳通守，以镇压瓦岗军。李密认为张须陀有勇但无谋，于是建议翟让与张须陀正面对战，佯装败北逃走。李密率精兵埋伏在荥阳以北的大海寺附近，张须陀紧跟翟让十余里，到大海寺以北的树林里时，李密伏兵四起，隋军陷入重重包围。张须陀本来掉以轻心，现在又遇上突如其来的强兵，更让他措手不及，因此战败被杀。此役一败，隋军"昼夜号哭，数日不止"。可见，这次瓦岗军的胜利对隋炀帝政权的打击是毁灭性的。

大业十三年（617年）二月，瓦岗军攻取洛口仓，并开仓济贫，很多贫苦农民参加起义军。隋朝的越王杨侗在洛阳派遣刘长恭率军2.5万人前去镇压瓦岗军。翟让、李密预先侦察得知隋军的动向，做了周密的战略部署。刘长恭对瓦岗军的情况却是一无所知，看到瓦岗军人数不多，于是麻痹大意起来。瓦岗军乘隋军初来乍到，饥饿疲惫的时候，大举进攻，致使隋军大败，死者十之五六。刘长恭仓皇逃回东都。瓦岗军缴获大量的辎重器甲，队伍进一步壮大。

同年四月，瓦岗军直逼东都城郊，攻破回洛仓（在今河南洛阳东北），致使东都粮食呈现匮乏的局面。九月，黎阳仓又被攻破，瓦岗军开仓济贫，起义军数量又增加了二十多万。这时，瓦岗军有数十万之众，控制了中原广大地区，达到了鼎盛时期。瓦岗军还公开宣布了隋炀帝的十大罪状，明确表示要推翻隋炀帝的统治。

由于李密在数次战斗中都发挥了较大的作用，所以他的威望也就越来越高，于是翟让主动把领导权让给了李密，但后来他的哥哥翟弘和王儒信等人又劝翟让夺回领导权。这样一来，瓦岗寨的内部矛盾便出现了，导致最后李密不得不杀了翟让。

武德元年（618年）六月，宇文化及率江都隋军北上，瓦岗军在此次战争中虽然取得胜利，但同时损失惨重。九月，东都隋军又趁机追加，发动进攻，使得瓦岗军全面失败，李密在走投无路之下，于十月奔赴长安，向李唐投降。

瓦岗军虽然失败了，但由于它是当时最强大的一支农民军队伍，在中原消灭了大量的隋军，割断了江都与洛阳的联系，迫使隋炀帝陷入江都孤岛，不能控制全国，间接促成隋朝的灭亡。

所以瓦岗军失败的原因总的来讲，是正当瓦岗军日益强大的时候，领导集团内部的矛盾激化，导致军队无形地被分裂，自我削弱了力量。

李建成是丧家之犬吗？

根据史书的记载，大唐太子李建成是一个不光彩的失败者，丧家之犬是他最好的标签。而大家对建成太子的印象建立于《贞观政要》《旧唐书》《新唐书》等诸如此类的书的记载。相反，记载中的李世民却是一个顶着历史光环的贤明君主。可是这个所谓贤明君主的英明之处，不在施政方面，而在于他修改了史实。据记载，李世民曾先后三次要求亲自查看高祖李渊和他本人的《实录》。然而，篡改的历史终究掩盖不了真相。翻开各类史料，从各种自相矛盾的记载中，我们清楚地看到，建成太子并非如史书所说的那番不堪。

说到军事才能，用史学家何木风的话说："作为李渊的长子，李建成在唐帝国未建时所立功勋是卓著的。可以这样讲，如果李渊没有建成，就很难成为唐高祖。也就是说，有了李建成才有了后来的唐帝国。"建唐初期，在晋阳起兵、定西河、下绛县、驻永丰、入长安等军事活动中，李建成冲锋陷阵，战功卓著。攻破长安也是李建成所为，这奠定了唐都号令天下的军事基础。

除了在军事上卓有成就外，李建成还招贤纳俊，一度网罗了魏征、王珪等人才，这些人后来也成了贞观年间的一代名臣。他在第二次对刘黑闼的作战中，采纳了魏征的建议，以怀柔为主，武力为辅，更显示出他的政治和军事完美结合的才能。李建成成为太子之后，辅佐李渊处理政务可谓有条不紊，也表明他有较强的处理政务的能力。

从人品修养上来讲，史书中将李建成丑化成"喜酒色游猎"的人，无疑是为了增加李世民夺位的合理性。那么事实究竟是怎样的呢？《资治通鉴》里说，李建成"性仁厚"，这一点的确是事实。据史书所载，有一次，李世民同李渊到齐王府，李元吉暗伏刺客想在席间击杀李世民。反而是李建成心地仁厚，怕因此而惊吓到了李渊，及时制止了他的行动。事后李元吉埋怨说：我不过是为大哥你着想罢了，这对我没有丝毫的利益可言。这一句话很妙，从上文的语气来猜测，此是李元吉为自己的行为辩解时说的，完全是"此地无银三百两"。这就令人不得不疑心到他更深处的动机。而在玄武门事变前夕，也是李元吉向李渊进言，要求诛杀李世民。而李建成的反应，史书却没有记载，如果他有比李元吉更激烈的主张，史书一定会大肆宣扬，以显示他是何等不顾及兄弟之情，但史书却从未出现建成想杀李世民之事。这只能说明，李建成远不像李元吉那样，急于置李世民于死地。因此，说李建民是个宅心仁厚的太子可以说是有理有据的。

李建成并不像史书所说的那样不堪，他与李世民都是人中之龙，都有经天纬地之心。而李建成更是名正言顺的开国太子，只是，李世民先下手为强，登上了皇位。

宋真宗为何相信蝗虫因为怕他而集体自杀？

宋真宗大中祥符九年（1016年）夏天，全国很多地方蝗灾严重，蝗虫来势凶猛，危害极大。可悲可气可笑的是，官员们却都说，蝗虫集体自杀了。有的说，蝗虫是害怕皇帝的神威，纷纷自杀，遍地都是蝗虫尸体；有的说，不计其数的蝗虫改变了口味，天天只喝水，不吃庄稼，以绝食的方式自杀；有的说，蝗虫在天空飞行时，忽然遇到一股神奇的力量，自己就死了，这是神仙在帮助大宋王朝消灭蝗虫。更让真宗为之兴奋的是，苏州官员在奏折中说，蝗虫们害怕皇帝，它们为了讨好皇帝，选择到山清水秀的太湖里群体自杀。难道宋真宗真有这样的超能力，让蝗虫后悔自己不长眼睛，竟然来宋真宗的地盘上撒野？这当然都是谬论。

原来，当时宋真宗很是迷信神仙之说，他相信神仙会来消灭蝗灾。这些官员摸透了宋真宗的心思，就纷纷投其所好，极尽讨好奉承之词，都说不必忙着灭蝗，神仙定会来帮忙的。当然，宋真宗看到这些奏折，的确很高兴，但却没有完全相信。这种超越常识的事情还是确认一下为妙，毕竟他很清楚自己的能力。于是，他就派了几个太监去看看情况。太监们更懂逢迎，他们添油加醋，如此这般地描绘了蝗虫们在皇帝的神威下瑟瑟发抖，不断自杀的壮烈场面。宋真宗听了太监们的回报，激动万分，竟决定要搞一次大型庆典。最后在宰相王旦的坚决反对下，庆典才没有搞成。

其实，有常识的人都不会相信蝗虫会自杀，可为什么宋真宗信以为真了呢？设身处地地想一想，他不过是被人蒙蔽了。宋真宗周围的大臣、太监众口一词，造成"一叶蔽目不见泰山"的悲剧，这是作为皇帝的悲哀，被人骗得团团转也不知道。然而，在潜意识层面，宋真宗也自欺欺人，愿意相信这件事。还有一个原因就是，宋真宗作为统治者的特殊身份引致其自我感觉良好。古时统治者都喜欢搞个人崇拜，特别是封建社会下的统治者，更是把自己称作天子。天子是天之骄子，当然不是常人。常人做不到的事情，不代表天子做不到。放在常人身上不合理的事情，放在天子身上就是合理的。所以，宋真宗认为蝗虫因为害怕自己而自杀，相对上就成了合理之事。当然，这从侧面说明了宋真宗原本就是一个爱好个人崇拜的皇帝。

幸而宋真宗渐渐意识到蝗虫并不会集体自杀的现实，便派出专门负责灭蝗的官员去彻底消灭蝗灾，还派人奔赴灾区，救济受灾的百姓。

蝗灾消灭后，宋真宗开始反思，他对自己迷信神仙的做法非常自责，也处分了那些混淆视听的官员。虽然这个帝王无法抹去一场荒唐后的错误，但他勇于改正的精神倒是可嘉。

成吉思汗为何万里召见丘处机？

王重阳于 1167 年创立全真教，定下的教义主张儒释道三教合一。其弟子丘处机生于 1148 年，金代山东栖霞人，字通密，号长春子，后赠号长春真人，与丹阳子马钰及其妻子清静散人孙不二、长真子谭处端、广宁子郝大通、玉阳子王处一、长生子刘处玄合称全真七子。丘处机作为王重阳第一位弟子，因虔诚、机敏、好学而深得王重阳器重，在王重阳病逝后更是继承全真大业。但此后六年一直隐居磻溪穴，外出必戴蓑笠，所以世人又称呼他为"蓑笠先生"。而后，他又赶赴宝鸡龙门山隐居潜修七年，创建全真龙门派。丘处机一直主张三教平等、相通、互融，修道教应出家，断绝一切尘缘。他认为清心寡欲是成仙之本，著有《鸣道集》《摄生消息论》《磻溪集》《大丹直指》等书。

丘处机原本只是一名全真教的道士，即便后来接任掌门人一职，也是一名修行之人，怎么会跟成吉思汗扯到一起呢？

首先是因为时局动荡，金人进驻中原之后，百姓的生活可以说是水深火热，这个时候人们往往需要一个精神寄托来支撑。全真教就在此时应景地创建了，人们把它看作是黑暗之中的唯一光明，都很拥护。"水能载舟，亦能覆舟"这个道理统治者都明白，他们需要一个能帮助他们安抚民心的人，而在这一时期，丘处机的声望很高，成吉思汗自然也就知道了丘处机这个人。

当时成吉思汗的军事力量日益强大，他规划着统一大业应该如何实施的时候，自然希望手下的贤能之士越多越好。在得知丘处机博古通今、才能超群后，成吉思汗十分想请他出任国师，为自己安邦治国。于是先后两次派遣使者传召丘处机。谁知丘处机隐居山林，深居简出，对他根本是避而不见。但成吉思汗始终不曾放弃，又于 1219 年第三次派遣侍臣刘仲禄备轻骑素车，携带手诏请丘处机出山，心之诚不亚于当年三顾茅庐的刘备。丘处机最终被成吉思汗的诚意所打动，于公元 1220 年，西行拜见成吉思汗。其实对于丘处机来说，做出这个决定有感于成吉思汗的诚意是一个原因，还有一个原因就是他试图通过这次西行游说成吉思汗"放下屠刀"，早日回军。

丘处机率十八名弟子在此次西行的过程中，向各族百姓广泛传道，招收信徒。在行至今天的蒙古国西部科布多时，还将弟子宋道安、李志常等留下，建立了全真道观和全真教的组织。他不仅在精神层面宣扬全真之法，更是身体力行地让人们了解教义。他沿途广施善事，在中亚的撒马尔罕等地，利用成吉思汗赐予自己的粮食熬粥施舍给当地的穷人。丘处机所到之处，得到了各州县和行省文武官员的迎送。而当成吉思汗看到丘处机鹤发童颜、仙风道骨的样子后，更是认定此人是助自己一统天下的贵人，对待丘处机自然是犒赏有加。

这便是成吉思汗不远万里、三次诚心召见丘处机的原因。

李自成为何要杀谋士李岩？

李岩是明末李自成农民起义军中一位著名的谋士。世人称此人忠心不二，"上马打天下，下马治天下"，但是到最后却落得个鸟尽弓藏、兔死狗烹的下场，卷入历史长河不见踪迹。《绥寇纪略》中对李岩的结局做了如下记载：定州起义失败后，有的人说河南全境都向明朝军队投降了，而此时，李岩要求亲自率领两万精兵，赶到中州，这样一来就可以令附近的郡县不敢再轻举妄动，就是有敢暴乱者，也能及早将其收拾。闯王当时不但没有答应，反而私底下认为李岩另有所图，就在闯王起疑心时，牛金星向闯王进言，说要寻找机会除掉李岩，而且得到了闯王首肯。第二天，牛金星就以李自成的名义召李岩到军营中饮酒，并安排伏兵藏在营中隐蔽处，最后李岩和他的弟弟李年同时被擒杀。

从史料记载来看，李岩出身显赫，与农民起义军本来就是出身阶级不同。最开始，由于他的才能出众，得到了闯王的赏识，可是后来随着才华的显露，闯王渐渐对他感到不快。李闯王终究是农民出身，其阶级局限性是不可避免的，他对于李岩的猜疑一步步加深，最终动了杀机。

但是，这样解释李岩被杀的原因未免显得过于简单，那么到底是什么情况呢？我们首先来看看李岩其人。有人说他是河南杞县人，乃明朝兵部尚书李精白的儿子，这是完全不对的。根据记载，杞县没有这个人，李精白也不是杞县人，明朝末年举人、乡宦记事录里面更没有李岩的名字。据考证，李精白有两个儿子和一个女儿。有一个儿子早夭病死；另一个儿子在崇祯十五年（1642 年）的时候被袁时中杀了。所以说，李岩根本就不是李精白的儿子。关于李岩其人，史料没有确切的记载。但是可以肯定的是，李岩是个读书人，而且是个有大智慧的读书人。

古代，功劳巨大却又能够全身而退、安度余生的不过范蠡、张良、郭子仪、姚广孝等寥寥数人。这几人都有一个共同点，那就是出世情结。何谓出世情结？言外之意就是虽然跟着皇帝打天下了，但是天下太平时，都迫于无奈隐居，所以皇帝会念及昔日之情，放任这些人卸甲归田。那是不是说李岩缺乏这样的大智慧呢？当然不是，但李岩拥有以天下为己任的济世精神，这以天下为己任的信念让他宁可死也不想逃避。

这样的李岩，很难取得李自成的理解，最终也只能成为时代的牺牲品，死在暴君的屠刀之下。

皇太极为什么囚死堂弟阿敏?

明朝万历十四年（1586 年），舒尔哈齐的次子阿敏出生。父亲被囚时他侥幸逃脱死罪，从此跟随伯父努尔哈赤南征北战，因为骁勇善战而立下不少汗马功劳。1616 年，努尔哈赤建立大金国，封阿敏为和硕贝勒，地位仅次于自己的次子大贝勒代善。阿敏助努尔哈赤打下江山，照说应该对皇室忠心耿耿，努尔哈赤对他也应该是不断重用，但为什么很快二人之间就产生了矛盾，最后阿敏还招致了杀身之祸? 原因有以下几点:

第一，试图分裂。天聪元年（1627 年），阿敏奉命率师征战朝鲜，攻势猛烈，朝鲜国王被迫求和。当朝鲜国王接受和议条件后，他并不急于退兵，因为他真正的目的是要自立门户。所以他对随行的贝勒们说: 你们愿意回去就自己回去，我是打定了主意要进朝鲜都城的。我一向羡慕明朝皇帝与朝鲜国王居住的宫殿，无缘得见，现在既然来了，一定要进去看看。屯居朝鲜、不再归国这一意图遭到强烈的反对，就连亲弟弟济尔哈朗也不站在他那边，阿敏看势头不对，不得不返回大金，但他愿望落空，怒气冲天，走之前又是一番烧杀抢掠。

第二，出师不利。天聪三年（1629 年）十月，皇太极亲统大军征明，攻克了山海关内永平、滦州、迁安、遵化四城。第二年三月，皇太极派阿敏率军前去驻守。谁知阿敏到永平不久，明兵奋起反击，阿敏所带军队连战失利，损失惨重，身为主帅的他却弃城而逃。更为残忍的是，逃跑前，他下令屠杀城中汉族降官降民，并将全部财产洗掠一空。

第三，为报父仇。父亲被囚时，阿敏已经二十五岁，已经不是不谙世事的孩童了，他当然知道害死父亲的真正凶手是谁，那就是他的伯父——努尔哈赤。努尔哈赤生性暴戾，阿敏出于对他的敬畏，不敢袒露心声，所以皇太极一继位，他便原形毕露。一言一行之中，不仅把矛头直指皇太极，并且还充满对先汗的积怨。

第四，出言放肆。阿敏本就是一介武夫，生性鲁莽，口无遮拦，加上对先汗的积怨，所以常在朝野上下散布怨言，诸如："我何故生而为人……还不如山上的一棵树，或者坡上的一块石头……即使被人砍伐为柴，甚至被野兽浇上一泡尿，也比现在的处境强。"这些话如果仅仅是一个自卑者的自怨自艾也无所谓，但阿敏的本意并不在于自我讽刺和嘲笑，而是在大张旗鼓地向皇太极宣战，来宣泄自己心中的不满。他甚至还跟叔父贝和齐说，自己在梦中被伯父捶打，但却有黄蛇护身。这样明显地表示自己是真命天子，等于将其篡权野心诏告天下。

自古多行不义必自毙。阿敏平日的恶行早已激起了皇太极的杀心，不拔除这根眼中钉，皇太极根本无法安心坐在宝座之上，所以就趁阿敏大败而归，举国上下都在谴责他的时候，定了他的罪。罪名多达十六条，例如：太祖在时，挑唆其父，欲离兄汗；自视为汗，欺凌在下诸贝勒；丢弃永平，残杀降民；等等。正是应了那句话："欲加之罪，何患无辞？"皇太极杀意已决，想多加几条罪行还不简单？最后，经议政王大臣会议决定，阿敏应当被处斩。皇太极又在这时出面显示仁慈，下令免阿敏一死，改为囚禁。阿敏在被囚十年后，终是死于狱中，时年五十五岁。

阿敏的命运，似乎重蹈了自己父亲的覆辙，但其实是他"自作孽"，因为他本可以在为努尔哈赤立下汗马功劳之后，继续效忠皇太极，以他两朝元老和忠臣的名望，后半生荣华富贵享之不尽，可他偏偏选择了另一条不归路，在狱中结束了自己的一生。

第十四篇

千年疑云

红山文化女神庙里的女神是谁？

1983 年，考古学者在牛河梁主梁的北山顶发现了一座庙堂遗址。这座庙堂由一组多室和一个单室构成，多室在北边为主体建筑，单室在南边为附属建筑。

这座庙堂供奉的是谁？由于科技上的不足，当年只对女神庙进行了局部试掘，之后掩上黄土，保护至今。试掘之时，女神庙出土了红陶彩绘的壁画和祭器残块，以及泥塑的熊爪、鹰爪和鸟翅。最令世人震惊的是在庙西侧发现了许多人物塑像的残块，包括头、肩、臂、手、乳房等器官。显然这些是女人像的残块。这些残块分属于六个个体，她们形体有大有小，或张开手臂，或曲肘握拳，但都盘膝坐着。

这其中，有一尊和真人大小相当的彩塑女神像。她的肢体虽已残碎，缺了半边耳朵，但整个面部表情依然生动。她的眼睛是用五片淡青色圆饼石做成的，看起来极富生命力。从头型上看，这个女神眉骨、颧骨显得很高，是典型的蒙古利亚人种，与现代华北人的脸型很相似。因此牛河梁女神像很有可能是以现实中的人物为依据塑造出来的。于是人们将这座庙堂称为"女神庙"。

为什么要建这样一座女神庙呢？有人认为这反映了古人重传统、重子孙后嗣的生存观。红山文化属于父系氏族文化，在这一时期建女神庙应该不仅仅是对"母祖"的崇拜，更应该是对子子孙孙永续、生生不息的一种崇拜。

人们又有这样的疑问，这个女神是谁？很多学者都对此进行了研究，但是始终没有定论。有人认为这个女神或许就是我国古代神话中的女娲。

在远古神话中，有一位用黄土造人、用五色石补天的女娲娘娘。几千年来，她被奉为华夏始祖，但历史上是否真有女娲其人，人们又是从何时起开始崇拜她的，一直是个谜。直到二十世纪八十年代，红山文化牛河梁女神庙的发现，有学者认为这里的女神就应当是女娲，古人在那时就已经开始了"女娲崇拜"。

古籍中记载，女娲的第一大功劳就是"抟黄土造人"。而人们发现牛河梁彩塑女神上臂的空腔里，有被火焚烧的灰渣，据专家推测，这些灰渣很可能是人骨渣。这与古籍记载惊人地相似，当时的人就是以此来塑造该雕像的。

女娲的第二功劳就是"炼五色石以补苍天"。在距红山女神一千米的地方，有一座小土山，用人工夯筑而成。形状为圆锥形，小抹顶。在小土山周围的山头上，有三十多座积石冢群址，整个积石冢群都是圆锥形，大抹顶，和古埃及的金字塔相比，布局相似。这些金字塔式建筑物周围到处散布着"之"字纹彩陶片以及冶铜坩埚片。那么牛河梁大金字塔顶炼红铜的遗址，是否就是神话传说中女娲炼五色石的地方？

考古工作者对围绕大金字塔周围的小金字塔群进行了部分发掘，出土了大批玉器。在一座积石冢的中心大墓里出土了一具男性骨架，死者双手各握一只玉龟，一雌一雄，相配成对。另一座积石冢也发现了二十余件玉器，死者的胸部也佩一只碧绿色玉龟。但奇怪的是，这两座积石冢中出土的玉龟均无头无尾无足，浑然一体。

联想到古籍记载，说女娲补天时"断龟足以立四极"，那么这个无头无尾无足的玉龟是否就是女娲神话中的玉龟?

但著名考古专家苏秉奇先生认为,玉龟可能是当时的氏族部落的图腾崇拜物或保护神。另有专家考证,辽宁、吉林两省一带农村的民俗现在仍很流行龟崇拜,男女青年结婚时,房顶上都要贴一幅四龟相交的大团花式图案剪纸。

由于当时的技术不足,只对女神庙进行了局部试掘,因此这些谜团还无法解释清楚。我们只有等待进一步的考古发掘为解开这一谜团提供有利条件。

禹王碑内容之谜

在湖南省岳麓山顶的石壁上,镌立着一块高 1.84 米、宽 1.40 米的大石碑。碑上刻着 77 个字,每字直径约 0.16 米,字体奇古,有如龙蛇行走,又似蝌蚪蜷身,似篆非篆。传说这是为纪念大禹在岳麓山治水而立的禹王碑。

相传四千多年前的洪荒时代,天下被洪水淹没,大禹为民治水,到处奔波。传说大禹曾到过南岳,以岳麓山为营地,带领长沙先民治好了洪水。长沙先民为感谢大禹,决定在岳麓山顶上为大禹治水立碑记功。当时大禹不肯答应,但在人们的执意要求下,只得答应,可是提出了条件:碑文要刻得奇古,如天文一般,百姓不能相识。于是,长沙先民便将大禹提供的 77 个字样,全部刻在岳麓山顶的石壁上,后来就成了禹王碑。

禹王碑真的是为纪念大禹治水而镌刻的吗?

史书记载,禹王碑最初发现于南岳衡山岣嵝峰,亦称《岣嵝碑刻》。现在岳麓山顶的禹王碑是宋代嘉定年间由南岳衡山岣嵝峰摹刻而来,已有约八百年历史。由于衡山至今未发现史传的禹王碑真迹,所以此碑就成了最古老的禹王碑蓝本。

禹王碑碑文字形奇古,自明嘉靖年间被发现后,就引起了许多学者的关注。学者们都尝试着对碑文进行试读，但对此至今尚无定论。如今能形成一家之言的说法有好几种，而具有代表性的当属明代杨慎和当代学者曹锦炎、刘志一的释文。

杨慎说：大禹治水。

杨慎是明朝正德年间的状元，明世宗时曾任经筵讲官，博览群书，当时推为天下第一。杨慎曾撰禹王碑释文："承帝日咨，翼辅佐卿。洲诸与登，鸟兽之门。参身洪流，而明发尔兴。久旅忘家，宿岳麓庭。智营形折，心罔弗辰。往求平定，华岳泰衡。宗疏事衰，劳余神裡。郁塞昏徒，南渎衍亨。衣制食备，万国其宁，窜舞永奔。"

杨慎认为该碑就是为了纪念大禹治水的功劳而镌刻的。此释文也多被采用为现在禹王碑的释文。但是禹王碑碑文既不同于甲骨钟鼎文，也不同于籀文蝌蚪文，很难辨认；而我国历代碑石中尚无夏禹时代的实物例证，所以杨慎释文也只是一说，难做定论。

当代说法：帝王颂词。

许多考释者在研究时，都没能突破"大禹治水"的框框，而近年一些学者则认为"禹碑"并非禹碑，其中以杭州曹锦炎和株洲的刘志一等人先后作"岣嵝碑释文"比较有代表性。

曹锦炎认为，禹王碑是战国时代越国太子朱勾，代表他的父亲越王不寿到南岳祭山的颂词。而株洲刘志一则认为，禹王碑是公元前611年所立，内容是歌颂楚庄王灭庸国的历史过程与功勋。

禹王碑独特奇古的文字，使得历代学者破译说法不一，至今未能找到令人信服的说法，留下了千古之谜。

中山王墓为何存在大量鲜虞族珍宝？

中山国是春秋战国时代的一个小国，一直在历史的烟尘中若隐若现，真实的历史面貌在史书中难得一见。1974 年，考古队在河北省平山县战国时期的遗址中进行发掘工作，不仅发现了中山国的国都灵寿，还在不远处发现了中山国国王䁯的陵墓。

中山国国王䁯是一位有为的君王，他在位期间，中山国国力空前强大，他甚至以中山国弹丸小国之力有过伐燕攻赵的壮举。按照当时的风俗，䁯王肯定会大兴陵墓。䁯王生前生活就非常奢侈，死后陵墓的奢华可想而知。

䁯王陵墓平面看起来近似"中"字，南北有长达一百零五米的墓道。陵墓有两座车马坑，一座葬船坑，一座杂殉，还有六座陪葬墓。在这些墓葬中出土了大量随葬品，供后世一瞥中山国的文化面貌。

出土的物品中大部分为青铜器、金器、银器，它们的做工造型无不精美，并带有北方民族文化风格。

战国时期的青铜铸造技术达到了一个新的高峰，青铜的镶嵌工艺也颇为进步，当时还涌现了大量错金错银的艺术品。工匠们将这种手法运用到艺术品的制作中，体现了高超的技艺水平。

墓葬中出现了古徽志——青铜山字形器，造型独特，见者无不惊叹。中山国的工匠在熟练掌握青铜器制作工艺的同时，融入了本国特有的文化，创作出了极具地方特色的艺术品。

除了融入地方特色，中山国的工匠还擅长人物和动物形象的塑造。十五连盏铜灯就是这样一件艺术瑰宝。这座灯远观似一株枝繁叶茂的大树，灯座饰有镂空透雕三虎头六身夔龙纹，主干部分向四周伸出了七条树枝，托起十五盏灯。灯的每个枝节都可活动可拆卸，具有很高的实用价值。树枝上塑造有夔龙、小鸟、小猴等艺术形象，黄白辉映，艳丽多彩，生动俏皮，活灵活现。更有趣味的是，树下还有两个奴仆形象的人物正在抛撒食物戏耍猴群，具有浓郁的生活气息。

青铜龙凤方案是用错金错银方法制作出来的艺术精品，图案层次复杂，最下层以四头鹿为支撑，再上一层由飞龙盘曲，龙头构成四角，架起四方形案面框，龙间又有凤鸟飞舞，生动华丽。专家认为，青铜龙凤方案最初很有可能配有一个漆木桌面，随着时间的流逝已经腐朽。

中山王墓中出土的随葬品数量惊人，仅一号和六号墓出土文物就达一万九千多件。这些随葬品大部分与中原文化密不可分，其中的陶制、青铜制的礼器就与同期的魏国、赵国墓葬品风格相近，工艺类同。但是仔细观察就会发现，这些物品体现出了其他国家所少有的少数民族风格。譬如帐幕构件，只有游牧民族的马背生活才用得上，这种物品却出现在了中山王墓中。中山国的古徽志与华美的动物造型器物，都流露出了浓郁的民族风情。

一些专家考证，中山国最早是由北方游牧民族鲜虞族所建立的。战国是一个民族大融合的时代，鲜虞族被时代的洪流所影响，逐渐结束了游牧生活转而依靠农耕生活。生活方式改变了，文化并没有消失，这也就是会在中山王墓里发现大量鲜虞族风格珍宝的原因。

曾国国君墓为何建在随国？

湖北随县在战国时代属于随国地域。1978 年 2 月，随县的一支驻军在县城西北处扩建营房，在一片与地面颜色不同的"褐土"中挖出了两米多长、一米宽的长方形大石板，遂向襄阳地区文化馆报告。考古队经过勘探发现：这片"褐土"是个面积达 220 平方米的超大古墓，比马王堆汉墓还要大六倍。

考古队首先清理现场，然后决定起吊墓葬椁盖板。可是，墓葬中的四十七块椁盖板均由 60 厘米见方的梓木做成，最长的达 10.6 米，重约 4 吨。这给起吊工作造成了很大难度。最后，动用了黄河 10 吨大吊车才得以成功。

椁盖板揭开后，人们发现：地宫中所有的文物都浸泡在了 3 米深的浑水里，水面上乱七八糟地浮着一些棺木。工作人员只得往外抽水，随着水面的下降，三段横梁和一根木柱慢慢出现。顺着横梁往下摸，让人们惊喜的事情出现了，水下有一排编钟！

1978 年 5 月份，墓室积水终于抽干，编钟完全从水中露了出来。原文化部文艺研究院音乐研究所音乐家黄翔鹏、王汀等人立即对出土的全套编钟逐个进行测音。检测结果显示：这套编钟音域跨越了五个八度，比现代钢琴少一个八度，中心音域十二个半音齐全。

1978 年建军节，历史上唯一一场曾侯乙编钟原件演奏音乐会在驻随县炮师某部礼堂举行。沉寂了二千四百多年的曾侯乙编钟重新奏响了它那雄浑而又浪漫的千古绝响。

欣赏着编钟演奏的优美乐曲，人们不禁生出疑问，这究竟是什么人的墓葬，为何会有如此华贵的编钟作为陪葬品？

在六十五件全套编钟里有一件最显眼的大钟，它高 92.5 厘米，重 134.8公斤，悬挂在巨大的曲尺形钟架最下层的中间。重要的是，钟的镇部刻有三十一字铭文，铭文的内容没有一字是涉及乐律方面的。这说明此钟与曾侯乙编钟原本不是一套，应该是下葬时临时加进去的。学者们还发现，它代替下层最大的一件编钟挂在了最显眼的位置，显示了它的重要性。铭文中的内容记载了这个大钟的来历。

原来，这是楚国送给曾侯乙的礼物。据历史记载，楚昭王十年（前 506年），吴王阖闾和他的同胞兄弟夫概，率兵攻打楚国，五战获胜，最后攻破了楚国的都城。破城之时，楚昭王慌忙从郢都逃走，到云梦泽时，被吴军射伤。经过几番辗转，楚昭王逃到了随国，即历史上有名的"楚昭王奔随"。吴王阖闾听说了，立即率兵追到随国。这时曾侯保护了楚昭王，楚昭王因此感激不尽。后来，楚国援军赶到了，大败吴军，吴王只好带兵离开了楚国，楚昭王终于得以保全性命，回国复位。到楚惠王（即楚昭王的儿子）

时，为报答曾侯乙的救父之恩，楚惠王就将此钟送给了他，以表达两国的友好关系。

就此可以确定，这是曾侯乙的墓穴，这套编钟也被命名为曾侯乙编钟。

一个问题解决，另一个问题接踵而至。既然是曾国的国君，为何他的墓穴会在随国被发现？

一些学者认为，随国其实就是曾国。一国两名的情况在历史上曾经出现过，譬如春秋时期的晋又称为唐，战国时期的韩又称为郑。随国、曾国国君都姓姬，且一些考古遗迹显示，两国也有很深的渊源。但是另一些专家对此种说法抱有疑问，在关于西周的文献中，对曾国和随国都有明确的记载，两国是各自独立存在的，说曾国就是随国，有待商榷。

孰是孰非，一时难有定论。曾侯乙的墓葬地点之谜，只有等待着有更多的考古发现作为依托，才能解开。

中国的铜铁冶炼起于何时？

金属在现代社会中是跟人们紧密相连的材料，人们的衣食住行都离不开它，冶金便是从矿石中提取金属和金属化合物，通过各种方法制成一定性能的金属材料的过程和工艺。冶金技术是从铜铁的提炼开始的，那么铜铁的冶炼又是从何时开始的呢？

铜的冶炼被认为是人类从蒙昧走向文明的转折，据记载，中国的冶铜术是在新石器时代晚期的龙山文化时期兴起的，也就是人们常说的铜石并用时代。冶铜被认为是在用火和制陶技术的基础上形成发展的，新石器时代中期，人们开始把自然铜当作一种石头来打制，在打制过程中人们发现铜具有石头所没有的延展性，而且慢慢发觉铜经过火烧之后，更容易打制成形，温度越高就越易熔化。此时人们修筑并开始使用陶窑，烧陶用火的温度和制陶的技术有了改进，而这一切都为熔铸天然的铜器奠定了基础。

铜的冶炼随着技术的不断进步，获得了巨大的发展，铜器越来越多，品种也越来越丰富，在夏朝时进入青铜器时代，商周时冶铜技术达到了发达的水平。然而，铁的冶炼却比铜的冶炼难得多，因此当冶铜术昌盛之时冶铁术并没有随之而起，反而是过了一段时间之后。

人们认为，冶铁最早的时间不会晚于春秋中期，现在考古发掘出春秋晚期的铁器已有多件，如湖南长沙出土的钢剑、江苏六合程桥的铁条和铁块等。从这些铁器的锻造中我们能够看到冶铁的技术在春秋晚期已达到了成熟。也有学者认为，古时人们在炼铜的时候便已经开始接触铁，对铁有了一定的认识，且掌握了一些简单的锻铁技术，只是炼铁的要求高于铜的冶炼，于是炼铜要早于炼铁。随着炼铜技术的提高，学者推测在商朝末期时，人们就已经具备了炼铁的条件。

铜铁的冶炼敲开了冶金的大门，把人们从蒙昧时代中带出，进入到铜器时代、铁器时代，是中国科学技术发展史上的重要一刻。

工匠百业的始祖是谁？

范蠡，春秋末期楚国人。虽出身贫寒却学识渊博，在权贵横行的楚国有志难舒，遂投身越国，勠力苦战，辅佐越王勾践灭吴，成就一番大业。然而，范蠡在权势的巅峰急流勇退，潜心从事商业、农业、手工业，在民间赢得了陶朱公的美名，堪称工匠百业的始祖。

勾践灭吴后，范蠡携家眷门生避越而入齐，开始钻研经商之道。他敏锐地领悟到商品需求对价格的影响："论其有余不足，则知贵贱。贵上极则反贱，贱下极则反贵。贵出如粪土，贱取如金玉。"范蠡提出"水则资车，旱则资舟"的"待乏"原则，即便在物品匮乏的时候，也能寻得获利之法。

范蠡在齐国经商大有斩获，为齐王所知，愿任其为相。范蠡不愿再踏足官场，婉拒齐王，携家眷迁居至陶（今山东定陶）。陶地的商业水平在当时已相当发达，客商会聚，贸易频繁，使范蠡得以在商业上大展拳脚。

范蠡经商，不仅能够掌握商品交易的价格规律，更能洞察先机，充分利用一切有利于贸易发展的优势条件。范蠡知道吴越一带需要上等马匹，可将从北方收购的骏马千里迢迢运送至吴越边陲之地并非易事，需要承担高昂的路费和途中遇劫的风险。当他听说吴越巨商姜子盾为长期运送麻布而花费重金买通沿途劫匪后，便贴出告示提供马队免费运货。如此一来，范蠡的马匹得以借助姜子盾的掩护而顺利抵达吴越，获利颇丰。

范蠡不仅经商有方，在农业、畜牧业、手工业、水产养殖业等方面也颇有成就。他在陶地时，倾力指导发展农业、商业、畜牧业，使猗顿成为陶地的巨富。他还发明制酱技术，并对陶器的制作工艺加以改进，更是造缸能手，被太湖地区的工匠们尊为"造缸先师"。在水产养殖方面，范蠡著有《养鱼经》，对发展水产养殖提出了行之有效的方法。

数载经营而聚万贯家财，范蠡非但没有骄奢淫逸，反而仗义疏财，救济百姓，被誉为工匠百业之始祖、仁义经商之先师。

南越王墓之谜

1983 年，广州，象岗，繁忙的工地……因为省政府办公厅要在这里修宿舍楼，这种喧嚣已经持续了一年多。高近五百米的象岗，已经被推掉了将近十八米的高度，地基的挖掘仍在继续。突然，砰的一声，一个农民工的锄头触到一个硬物。他停下一看，地面上竟是排列整齐的大块砂岩石板。从石板之间的裂缝窥视，下面黑洞洞的，似乎是一座地下建筑。工程指挥部分析，这可能是一处古代文化遗址，于是马上把情况报告给广州市文物管理部门。

文物管理所的考古队闻讯马上进行了勘测。他们发现这些大石板都是用红砂岩打造的，石板上面还有结实的夯土层。根据常规判断，这是一座未经盗掘的明墓，墓地埋在地下二十米处。当时的广州文博协会会长麦英豪先生从墓顶的缝隙里用手电筒往下照，还看见了一个标注为西汉初年的大铜鼎，旁边还有一些陶器，这些器物的造型纹饰也显示是在西汉之初。

考古人员初步认定这是一座汉墓。但是，墓主的身份要等全面挖掘后才能确定。

得到上级批示以后，挖掘工作很快展开。首先要清理墓道，整个墓道残存十余米，呈斜坡状，为阻止盗墓贼，里面还填充了很多原坑和巨石，考古人员先用起重机把这些清走，然后将工地分成一个个小的网格，每格打一个钻孔，确定了陵墓的外围并没有陪葬坑。进去以后，他们发现墓室的前门已经被石头和泥土的压力顶开。在靠近墓室的石门外，有用巨石构筑的外藏椁，里面放着一些陶器和铜器。所谓外藏椁，就是古代贵族大墓中用来安葬殉葬的婢妾，储藏厨具、马车等用的棺椁。椁内还有一辆木车模型，东南角是一个殉人，可能是驾驶马车的人。椁外南面还有一个殉葬的门吏，有一些随葬的生活用品。

外藏椁中重要的发现是三件印有"长乐宫器"戳印的大陶瓮，而长乐宫是汉朝皇帝居住的宫苑，这是否说明墓主人是西汉南越国的国王？带着这样的疑问，考古工作继续进行。

陵墓内部按照前朝后寝的布局共分七室，前部三室，分别为前室和东、西耳室；后部四室为主棺室、东西侧室及后藏室。前室很小，有一个殉葬人及一组随葬品。东耳室中放置了墓主人的宴乐乐器，西耳室则是仓库所在地，里面堆满了层层叠叠的珍贵器物。穿过前室，就到了陵墓的后室。在打开后室的墓门时还颇费了一番周折，最后，一位园林局的老师傅使用下降法，才终于把墓门开启。后室是陵墓的核心，墓主的棺椁放在主棺室，其随葬品丰富而珍贵。东侧室是陪葬嫔妃们的安身之处，分别为右夫人、左夫人、部夫人、泰夫人，其中右夫人地位最高，出土"右夫人"金印一枚。西侧室中则是陪葬的女仆，她们地位低下，没有棺木。

墓主人的大型木制棺椁已经腐朽，原来镶在棺上的四块玉璧散落下来。墓主身着珍贵的丝缕玉衣。它全长 1.73 米，共用玉片 2291 块，由丝线穿系和麻布粘贴编缀而成，构成多重几何图案，色彩鲜艳。尸体上还安放着有印文的玉印三枚、金印两枚以及绿松石印一枚，其中玉印上的印文分别是"泰子""赵眜""帝印"，金印上的印文则是"泰子""文帝行玺"。

至此，墓主的身份之谜揭开了，他就是第二代南越王赵眜。

原来，在秦朝末年楚汉相争之时，南海郡尉赵佗趁机起兵，兼并桂林郡和象郡，于公元前 203 年在岭南地区建立了南越国，并定都番禺（今广州市）。后来，赵佗臣服于汉高祖刘邦，成为汉朝的藩属国。公元前 137 年，赵佗去世，次孙赵眜继位，成为第二代南越王，号称"南越文帝"。赵眜在位十五年，于公元前 122 年去世，其位传给赵婴齐。赵眜的陵墓就建在南越国都城番禺，也就是这座被发现的"南越王墓"。

汉代灯具的环保意识

灯具是我国古代的照明器具，其形状为下有座，中有柄，上接金属圆盘或小瓷碗，燃以膏油。

汉代的灯具，是对秦以前灯具的继承和创新。从形式上说，有座灯、吊灯、多枝灯等；从质地上说，有陶灯、青铜灯、铁灯、玉灯和石灯，其中以青铜灯具最为多姿多彩；从造型上说，有人物形象、动物形象、器物形象等。

两汉的灯具不仅外观好看，种类繁多，而且在设计之中加入了环保意识，体现了科学性和艺术性的高度统一，显示了劳动人民的高超技艺。

在当时，灯具的燃料主要是动物油脂，虽然实现了照明功能，但有一些没有完全燃烧的炭粒和燃烧后留下的灰，造成室内烟雾弥漫，污染了室内的空气和环境。因此汉代的座灯大多设计有导烟管，并在灯体内贮入清水。当灯燃烧时，烟尘通过导烟管溶入体腔内的清水从而实现了环保功能。大部分象形灯具都用身体上的某一部分作为导烟管，如人的手臂，牛的双角，凤、雁、鹅的颈部等。

储水滤烟环保灯具是我国汉代灯具在功能方面最先进的发明创造。而西方油灯直到十五世纪才由意大利的达·芬奇发明出铁皮导烟灯罩，可见汉代灯具设计的科学性和先进性。这类富有环保意识的灯具在考古工作中接连不断地被发现，而且分布的地域由北到南，由东到西，十分广阔。

在西汉中山靖王刘胜的妻子窦绾的墓葬中发掘出一盏长信宫灯。长信宫灯是一项防治油烟污染环境的巧妙发明。这盏灯具的造型是一个双膝跪地的宫女，左手托着灯座，右手伸入灯罩。灯具通高 48 厘米，通体鎏金，至今仍然灿烂发光。这盏灯具设计、制作非常精美灵巧，它的灯盘、灯座、和执灯宫女的右臂、头部，都可以拆卸，灯盘中心有一根钎，是用来插蜡烛的。灯罩和灯盘能够随意开合，这样人们就可以根据需要，随时调节烛光照射的亮度和角度。宫女的右臂实际上是烟道，它与宫女的身体连通，双膝跪地的宫女下部底层设水盘，这样，灯烟通过宫女右臂、身体，进入底层水盘，经过滤以后，去掉灯烟中的尘埃和异味，排出的是比较干净的烟，从而减轻了灯烟对室内环境的污染，避免房屋墙壁、室内器物被熏黑。

与长信宫灯类似的汉代灯具，在考古工作中陆续有所发现。1980 年 5 月，在江苏省甘泉乡出土了东汉错银饰铜牛灯。该灯通高 46.2 厘米，灯盏承接在牛背中的圆形座基上，牛头顶部有烟筒直上而后弯曲与灯罩相接，牛腹是空的，可以储水，然后过滤烟尘。

1985 年，在山西省平朔县出土了西汉雁鱼铜灯。该灯通高 53 厘米，整体造型为一回首衔鱼的鸿雁，雁颈与灯体以子母口相接，鱼身、雁颈、腹腔中空并相通，雁腹中空可储水，灯盘为圆形直壁，鱼腹下为圆形覆口与灯盘相对应。灯盘所附短柄可自由转动以控制两片弧形屏板灯罩的左右开合，这样既能挡风，又可调节灯光亮度。鱼鳞和雁翅部位铸有精细的纹理，铜灯上遍施华美的彩绘，红、绿、蓝、白的装点让静止的灯具鲜活灵动起来。灯火点燃时，烟雾通过鱼和雁颈导入雁腹体内，雁腹中有水，可以过滤烟气，防止油烟污染空气。

由此我们可以看到，利用清水净化灯烟尘埃的科学思想在西汉时期已经受到了人们的普遍重视，而且非常盛行，已经成为当时的一种风尚。环保灯具虽小，但它体现出来的环保意识却是很珍贵的。

满城汉墓的主人是谁？

在河北省满城县西北有一座叫作陵山的山丘，山的附近还有两个名叫守陵的村子，村子里的老人说他们是守陵人的后代，所以这个村子就叫守陵村。但是村子的年代已经很久远了，人们谁也不知道他们到底守的是什么陵，陵又在哪里。长时间以来，人们只是把这些说法当作故事听，并没有人追究这里到底是不是真的有陵。直到 1968 年，这里真的发现了古代陵墓。

当时，一个二百多人的解放军机械连驻扎在南马村一个工厂里。1968 年 5 月，他们接到命令到陵山去开凿防空洞，无意中发现了这里的古墓。为了保密并防止文物损坏丢失，发掘过程中没雇用一个民工，而是由驻军抽出一部分人配合专家进行工作。

传说，一些帝王的陵墓为了防止别人进入，设置了很多暗器，所以，进洞时，为保护专家，部队战士们在最前面带路。他们沿着施工时挖出的洞口进入，顺着南耳房慢慢走，就到了一个约二十平方米的大厅。大厅里整齐地摆放着琳琅满目的金器、银器、陶器、铜器等物品。再绕过中间的大渗井，就到了北耳室，这间墓室里醒目地摆着十几个大酒缸，足够装下几千斤酒。

从甬道再向西是一个大厅，大厅里分三个区，地上放着数百件不同用途的器具，一些铜器上刻有"中山府""中山内府""中山宦官"等字样和三十二年、三十四年、三十六年、三十九年等纪年标志。地上还有大量古钱币，钱币的形制很像西汉时期的"五铢钱"。

从这些铭文，考古专家推测，墓主人应该是一位西汉中山国的诸侯王，而且他的在位时间不低于三十九年。对照史籍，符合这两个条件的应该是中山靖王刘胜。但是，墓主的身份要找到墓主的棺椁才能确定。

考古队长带领大家穿过大厅，在最后的石壁上找到了一扇封闭的石门，这应该就是陵墓的核心、墓主的所在地了。打开这扇石门用了五六天的时间，石门打开后，里面有一张汉白玉铺成的棺床，上面的棺椁都已腐烂，只有一件衣服样的东西。四周还放了很多兵器、铜器和玉器等。衣服上面有一层厚厚的污泥，已经看不出原来的颜色。专家们仔细擦拭后发现，这竟然就是有文献记载的金缕玉衣！

但是，这种金缕玉衣是皇帝才有资格穿的，而刘胜只是一个诸侯王，这又推翻了考古人员以前的判断，墓主的身份又变得扑朔迷离。

不久，郭沫若先生也参与发掘工作。郭老亲自来到现场考察，并一件件地观看了清理出的精美文物。根据郭老的分析，玉衣的等级制度是在西汉晚期才实行的，刘胜所处的西汉中前期并不严格，也就是说，可以从铭文上确定，墓主就是刘胜。

但是，墓主人的尸骨还是一直没有找到。郭沫若先生判断，按照汉代"同坟异葬"的习惯，在陵墓以北应该还有一座陪葬的墓，或者是刘胜夫人的墓，或者是埋葬着刘胜尸骨的墓。

考古人员依郭老所说继续进行挖掘，果然发现了另一座墓，这就是刘胜之妻墓——窦绾墓。在窦绾墓中又发现了一件金缕玉衣，玉衣之下发现了人的脊椎骨、肋条和牙齿，但仍然没有整体的骨架。

后经专家论证，认为刘胜墓金缕玉衣中并不是没有尸体，而是因为自然条件不适于尸体的保存，加上厚葬的物品化学成分复杂，尸体已彻底腐烂。

满城汉墓主人之谜至此解开。

刘胜当年为了让尸体不腐制作了价值不菲的金缕玉衣穿着，没想到尸体先于玉衣腐坏。

赵州桥非鲁班所修

赵州桥，位于河北省赵县城南五里的洨河上，建于隋朝，距今已有一千多年的历史。它由一千多块、每块重达一吨的石块砌成，全长 64.4 米，宽 9 米，净跨 37.02 米，弧长 7.23 米，是世界上现存最古老、单孔跨度最大、保存最完整的一座敞肩形石拱桥。

对于赵州桥的建造和设计者，在民间有这样的传说。相传从前在河北省赵县城南五里的地方，有一条大河，名叫洨河。每逢夏秋两季，大雨来临，雨水和山泉一并而下，沿途又汇合几条河水，于是就形成了汹涌的洪流。因此，洨河两岸的百姓和来往的行人都感到非常不便。

赵县百姓的这个困难，被著名的工匠祖师鲁班知道了。于是他特地赶来，施展出卓越的技术，一夜之间就造好这座大石桥。

赵州桥一夜造好的消息，很快传遍了四方。远近百姓都怀着惊喜的心情，争先恐后地前来参观。而这个奇迹甚至惊动了"八仙"之一的张果老，于是他就和柴荣王爷一个倒骑毛驴一个推小车前来祝贺。二人问鲁班，这座大桥能否经得住他们通过。鲁班毫不在意，便请二人上桥。不料，张果老带着的褡裢里装着太阳和月亮，柴荣推着的小车上载着五岳名山。二人一上桥，桥便开始摇晃。鲁班一见不妙，便跳进水中，用手撑住大桥，两人才顺利过了桥。

从此，桥上便留下了几处为人们津津乐道的"仙迹"：张果老的驴蹄印和斗笠跌落压成的圆坑；柴荣因推车用力过猛，一膝着地压成的膝盖印和车道沟；还有鲁班托桥的手印。由于桥东侧塌毁，手印已经不见，其余的"仙迹"都留存下来。

传说终归是传说，那么赵州桥是谁造的？真的是鲁班吗？

根据唐朝中书令张嘉贞为赵州桥题写的铭文记载，赵州桥其实是隋朝工匠李春造的。可是，由于史料的缺乏，李春的生卒年月、生平事迹，到现在没有人知晓。因为李春的身世不为人知，而且他的技艺实在过于精巧，于是便有了赵州桥是由鲁班所造的传说。虽然举世瞩目的赵州桥见证了李春精巧的技艺，但是他是否在其他相关方面也有突出成就，就成为无人能解的历史谜团。

后人经过研究发现，历史上的张果老是唐朝人，柴荣是几百年之后的后周皇帝，而赵州桥却是建于隋朝，所以赵州桥是鲁班修建的传说，仅仅只是人们为了表现赵州桥的坚固而编出的一个神话故事。这也从侧面反映出李春建桥技艺的高超。

根据专家、学者的推测，隋炀帝继位之初，天下繁盛，为了沟通南北交通，隋炀帝便下令在各地修桥铺路、开掘运河，于是工匠李春受命前往赵县，为洨河修建一座大型石桥。经过实地勘察、精心设计，李春带领工匠们终于建成了这座举世瞩目的赵州石桥。

良渚文化中的玉器之谜

大约 4000～5300 年前，在长江下游太湖流域蕴藏着一个令后世瞩目的古文明，1936 年考古学家在浙江余杭的良渚镇发掘出文化遗址，并将其命名为"良渚文化"。

　　经过半个多世纪的考察与发掘发现，良渚文化遗址内涵丰富，有村落、墓地、祭坛等各种遗存；其分布范围宽广又密集，初步认定主要在以莫角山遗址为核心的杭州市余杭区良渚、瓶窑、安溪三个镇内。二十世纪八十年代以来，人们相继发现反山、瑶山、汇观山、莫角山及土垣等重大成果，从其规模便可见良渚在我国古代文明中的发达和重要性，它是中国甚至整个东方早期文明的圣地。

　　一提到"良渚"，人们便会想到"良渚玉器"。玉器是良渚文化的典型，它们不仅雕琢精致、纹饰华美，而且种类众多，数量也极其庞大。世人不禁好奇，古时的人们为何会雕琢出那么多出色的古玉？

　　爱美之心，人皆有之，古人亦是如此。有人认为，良渚会有那么多的玉器，主要是拿来作装饰之用，正如考古发现距今九千多年的山顶洞人遗址中，有用来做装饰的石头、骨器项链。晶莹剔透的玉自古就受到人们的青睐，人们往往用玉来比喻一切美好的人或事，古时君王、贵族、将士等都有佩戴玉的习惯，认为玉是君子的化身，汉代《说文解字》中记载："玉，石之美者。"良渚文化中的玉器大多精美雅致，造型优美，其出土的玉琮、玉器还有成串的玉项等都具有很强的装饰作用，因此良渚人用其来美化自己，装饰生活的说法也并不为过。

　　也有种说法认为众多的玉器是跟古时的祭祀礼仪有关。良渚玉器最大的特点是器身大，纹饰繁多。如玉琮，它是良渚玉器中体积最大的，呈柱状，外方内圆，上大下小，转角处刻有精妙绝伦的兽面纹，两个侧面正好组成一个完整的兽面，给人一种美艳而又神秘的感觉。人们认为这不仅是良渚人高超的艺术想象力的表现，更是一种原始宗教的崇拜，是图腾制度的产物。《周礼》中记载"苍璧礼天、黄琮礼地"，这正好说明了玉和祭祀之间的关联。有人认为，长江中下游地带的巫术文化很可能就是良渚文化中对鬼神崇拜的继承。

众多玉器的存在还和当时良渚的社会经济相关。以农业生产为主的良渚手工业也十分旺盛，分工逐渐细密，甚至出现了专门性的生产部门，玉器制作在当时可能已经是一种专门的生产，从现今存有的良渚玉器中不难发现其工艺技巧的发达。

这些神秘而又庄严的良渚玉器，究竟是因为装饰，是因为祭祀，或只是因为生产力水平的进步，都不曾有确凿的考证，不过良渚文化留给后世的惊叹肯定是巨大的。

中国古代透光镜的奥秘

我们都曾有过手拿一面镜子或是玻璃，对着阳光，看着其反射在墙上的影子傻笑的回忆，那个明亮的光圈足以让我们笑颜，却不知在中国古代有更为神奇的现象。那是一面古铜镜，光线透过金属的镜面，反射在墙上的竟是镜背的图案和文字，恍若阳光直直地穿透铜镜，故而被称为"透光镜"，又叫"幻境"。

透光镜大约产于西汉时期，古人对这神奇的透光现象十分感兴趣，留下了大量的记载，《古镜记》中说："承日照之，则背上文画，墨入影内，纤毫无失。"清朝著作《金石索》描述："透光宝镜，仙传炼成。"沈括的《梦溪笔谈》记述："世有透光鉴，以鉴承日光，则背文及二十字皆透在屋壁上，了了分明。"直到现在，上海博物馆还收藏有一面西汉时期的透光镜，引来无数民众和学者的关注。

这样一面看似普通的古铜镜又是如何透光的呢？北宋科学家沈括认为，在铸造的过程中，镜背有花纹的地方会厚一些，其冷却的速度要慢一些，根据热胀冷缩的原理，镜子各处的收缩程度出现了差异，平滑的镜面也就有了与镜背相对的凹凸不平，但用肉眼难以察觉出来。这一说法受到了现代很多学者的追捧，认为正是这镜面的曲率差异使反射出的光聚散程度不一，形成了明暗不同的图案。

元朝的吾丘衍却提出另一种看法，认为之所以会有同镜背一样的图案，很有可能是在镜面嵌入了印有和镜背相同图案的另一种材质，磨平之后，隐藏于其中，人们无从发觉。明朝学者何孟春、方以智等都赞同他的观点。但是有人质疑，古铜镜本身就很薄，根本就不能进行镶嵌的操作。

还有人认为是跟镜子铸成之后的加工刮磨有关，铜镜铸成后会用压磨棒刮擦镜面，这就使得有薄厚差异的镜子受到了压力，薄的地方会向后凹陷，厚的地方向前鼓起，压磨棒离开镜面后，隆起的地方因为弹性回缩，但仍旧会有微微的鼓起，因而形成了图案。这个方法被日本人和欧洲人运用，成功地制造出了透光镜。

透光镜的发明凝聚了中国古代人民的智慧，是研究我国古代科学技术及其历史的重要资料，其中的奥妙在纷争中继续引发人们的思考与研究。

千年前的敦煌人吃什么？

在敦煌所藏的佛教经卷、社会文书、绢画、法器等文献中，保存了大量唐宋时期的饮食资料。从这些资料中，我们可以"穿越"到一千多年前的敦煌，看看当时敦煌人的食谱，瞧瞧他们吃什么、怎样吃。

一、主食、肉、蔬菜、水果、调料，一样都不少

据文献记载，敦煌人的主食，除了小麦、大麦等麦类作物，还有粟、黍、粳米及大量的豆类食物。荒年的时候，草籽也会成为他们的食物。

敦煌人的副食也比较丰富。敦煌有比较发达的畜牧业，牛羊等家畜是肉食和乳品的来源。敦煌人喜欢狩猎，这也是他们获取肉食的手段之一。

唐宋时，敦煌已有较为发达的园圃经济，除了私人经营蔬菜的种植和买卖外，许多寺院都拥有菜园，品种有萝卜、生菜、蔓菁、葱、蒜、韭菜、葫芦、豇豆、苜蓿等。敦煌人还采集一定的野生植物和菌类，如草豉、荠

菜、菌子、马芹子等，用以补充蔬菜的不足和改善口味。

敦煌的果类有葡萄、梨、桃、杏、枣、胡枣、胡林子等，几乎包括了当时中国北方所有的水果，有"瓜果之乡"的称号。早在汉代，敦煌的优质瓜果就很有名，东汉明帝时已作为贡品。

敦煌人的调味品有花椒、生姜、盐、豉、醋、酱、浆水等。据记载，敦煌人嗜酸，不仅寺院自己酿造醋酱，而且还用原粮去街上换取。浆水是一种蔬菜发酵产生的酸菜水，有解暑、降温、化腻、利消化的功效，到现在仍是西北人喜食的一种调味品。

二、爱吃饼喝粥的敦煌人

敦煌人的主食以各种饼为主。敦煌饼类食物的名称有近三十种之多，比任何史料中出现的都多，有胡饼、馒头、水饼、白饼、薄饼、蒸饼、烧饼、沙饼、乳饼、菜饼、煎饼、馓枝、梧桐饼、环饼、索饼、龙虎蛇饼、菜模子、小食子等。这些饼大部分用麦面做成，少部分用粟面或糜面做成。

除了几十种饼外，在敦煌还流行粥、馓饭、水面、煮菜面、细供、灌肠面、油面、炒面、麦饭、糌粑等十几种食物。

敦煌人还喜爱喝粥，敦煌的粥有浆水粥、白粥、米浆水、酵粥等，不仅可以用米或小米做，还可以用面做。羹也是敦煌人经常性的饮食品种。敦煌人之所以喜爱粥及羹，与他们经常吃油炸食品有关。

三、胡食和胡气

敦煌饮食的一个重要特点是胡食和表现在饮食习惯上的胡风。

其饮食品种中，多半是胡食或由胡食演化而来，特别是以饼为代表的面食。铺设、坐姿、酒器等也或多或少沾有胡气。

当时敦煌还有一些特色小吃，如灌肠面、糌粑。敦煌曾被吐蕃统治过，因而在生活上或多或少受到影响。敦煌人常将灌肠面用来祭神，看来，它是一种高级食物。而在现今的藏族地区灌肠面仍是一种家常的吃法。糌粑也是藏族的饮食品种，在敦煌藏文卷子中有记载。

四、敦煌人实行分餐制

到唐、五代时，敦煌人的饮食礼仪正处在一种新旧交替的变化当中，餐制处在两餐向三餐的过渡阶段。

在有"案"的时代，敦煌人席地而坐，实行分食制，食物放在案上，由厨师或仆人"举案"放在食者前面。

从出土的敦煌壁画来看，唐、五代时的敦煌，食桌已完全代替了案，人们围坐在餐桌周围进餐，但与今天的合食制有着本质的区别。这就是每个人的食品仍然分开，每人面前放盘碟，由厨师或专人将食品分给每位进餐者。

五、和尚尼姑也喝酒

在当时的敦煌，不仅寺院和私人大量酿酒，城市中已经有很多的酒家和酒户。敦煌酒的品种非常多，酒的酿造技术已达到了非常高的水平。在敦煌石窟中有世界上最早的蒸馏酒酿造图。

在敦煌，几乎每一个社会阶层的人都喜欢饮酒。军政首领、使节、走卒贩夫，都是酒店的常客，甚至连和尚尼姑，在面壁诵经之余，也会来上几口。寺院收入的粟大部分都用来酿酒或换酒。

当时，酒已不再是一种饮料，几乎一切世俗的社会活动甚至一些宗教活动，都少不了酒。如招待使节、祭祀娱神、节令仪式、各种宴会、迎来送往、婚丧庆典等，都必须有酒。

敦煌人在喝酒的时候已经出现了行酒令，那时称之为"喧拳"。敦煌人的酒量也非同小可。从一些文献记载计算，一些人每日可以饮酒达到六斤至九斤。但是，他们所饮的酒和现在的白酒是不一样的，大多都是粟酒，酒精含量较低。

丹丹乌里克的千年古画

在新疆和田市东北部塔克拉玛干沙漠深处，玉龙喀什河畔，有一座重要的佛教遗址叫作丹丹乌里克。

丹丹乌里克在唐朝的时候又被称为梁榭城，属于当时的于阗国。在那时，西传的印度文化、当地的本土文化和中原文化在这里结合，形成了极具特色的文化风格，成为一个重要的佛教文化中心。二十世纪初，英国人斯坦因首先发现了它，但是之后它又突然消失了。直到二十世纪末，新疆文物考古工作者才再次发现了隐匿近百年的丹丹乌里克遗址。

人们在丹丹乌里克遗址发现了许多古代的文书、钱币、雕刻、绘画等文物，其中有几幅珍贵的唐代木版画和壁画，引起了人们的高度关注。这就是《鼠神图》《传丝公主》和《龙女图》。

这些绘画所描述的内容与唐代高僧玄奘所写的《大唐西域记》中的记载几乎完全一致，让人们十分惊奇。人们或许认为玄奘的《大唐西域记》是胡编乱造的，但是这些沉寂了千年的古画，让人不得不相信那些神话传说的真实性。

《鼠神图》上画着一个鼠头半身人像，头戴王冠，背有椭圆形光环，坐在两个侍者之间。而在《大唐西域记》中就有一则神话故事《鼠壤坟传说》。

传说于阗国国都西郊有一座沙包称鼠壤坟。当地居民说此处有大如刺猬的老鼠，其中有一只毛呈金银色彩的巨鼠为群鼠首领。有次匈奴数十万大军侵犯于阗，就在鼠壤坟旁屯军驻扎。当时于阗国王只有数万兵力，难以抵挡和取胜。国王虽然知道沙漠中有神鼠，但从来都没有拜过。大敌当前，君臣惊恐不知所措。于是国王就摆设祭品，焚香求救于神鼠。夜里国王果然梦见一大鼠愿意助他一臂之力。结果第二天交战的时候，匈奴兵的弓弦、马鞍、军服等都不知在什么时候被老鼠给咬破了，于阗军因此取得大胜。为了感谢神鼠，国王就下令建造了神祠来供奉它。或许木版画上那只威风凛凛的老鼠就是鼠王吧。

《传丝公主》木版画上画的是一个古代贵妇。她戴着高高的帽子，帽子里似乎还藏着什么东西。在她的两边都跪着侍女，左边的侍女左手指着贵妇的帽子。画的一端有一个篮子，装着满满的葡萄之类的东西；另一端是一个多面形的东西。这幅画描绘的是怎样的场景，又有什么样的含义呢？

研究者根据《大唐西域记》中的故事，发现她是将蚕桑业介绍到于阗的第一人。原来画上的贵妇是唐代的公主，被皇帝许配给于阗王。当时于阗国没有蚕丝，于是国王恳求公主能将蚕种带过来。可是那时大唐严禁蚕种出口，于是聪明的公主将蚕种藏于帽内，顺利出关了。因此，画中篮子里装的根本就不是葡萄，而应该是蚕茧，而另一端多面形的东西就应该是纺车了。

《龙女图》中描绘的是，一个头梳高髻的裸女，佩戴项圈、臂钏、手镯，站在莲花池中，左手抚乳右手置腹，扭腰出胯呈三道弯姿势，欣喜而又羞涩地回首俯视脚下的男童。男童也赤身裸体，双手抱住裸女的腿，仰望着她。那么，这幅画又是什么意思呢？细读《大唐西域记》，你会发现这与其中的故事《龙女索夫》惊人地吻合。

传说于阗城东南方有一条大河，用以灌溉于阗国无数的农田。可是不知怎么回事，河水突然断流了。这让百姓不知如何是好。听说这与河中住着的龙有关，于是国王就在河边建了祠庙进行祭祀，果然河里出现了一个龙女。她说自己的丈夫去世了，如今自己无依无靠，希望国王能给她找个丈夫，到时水流就会恢复如常。于是国王挑选了一个臣子，穿着白衣骑着白马跃入河中。从此，河水就再也没有断流过。根据佛教绘画神大人小的处理方式，画中的裸女应该就是龙女，而那个男童就应该是她的新婚丈夫。

但是对于这样的解释，有些专家学者提出了异议。他们认为这些木版画和壁画是佛教绘画，应该从佛教故事中寻找来源，而不是从当时的世俗生活寻找。仁者见仁，智者见智。无论如何，丹丹乌里克发现的绘画作品，为人们打开了古代于阗社会生活的一幅幅画卷，其意义远远超出艺术本身的价值。

"南海一号"南宋沉船之谜

1987年，广州救捞局和英国某潜水打捞公司，在广东阳江海域发现了一艘南宋时期的木质古沉船，这就是"南海一号"沉船。

"南海一号"是尖头船，整艘船长30.4米、宽9.8米，船身（不算桅杆）高8米，排水量估计可达600吨，载重可能近800吨。这是迄今为止世界上发现的海上沉船中年代最早、船体最大、保存最完整的远洋贸易商船，也是唯一能见证古代海上丝绸之路的沉船。

沉船中已出水文物十分丰富，主要以瓷器为主，还包括金器、银器、锡器、铁器、铜钱、漆器、动物骨骼、植物果实等。瓷器造型独特、工艺精美，绝大多数完好无损，为研究宋朝瓷器提供了珍贵的实物资料。发现的铜钱近万枚，最早的为东汉的"货泉"，最晚的年号是南宋"绍兴元宝"。金饰品中有镶嵌珍珠的金戒指，非常精美。

如此丰富的货物加之专家从船头位置的推测，觉得这艘沉船应当是从中国驶出，赴印度等东南亚地区或中东地区进行海外贸易的商船。令人惊奇的是，这艘沉没海底近千年的古船船体保存相当完好，船体的木质仍坚硬如新，敲起来当当作响。不仅如此，沉船还有其他的神秘之处，而这些也引起了人们对它的广泛关注。

船主是什么身份？"南海一号"中保存下来的文物已经十分丰富了，精美绝伦的瓷器、金器、银器、锡器、铁器、铜钱、漆器、动物骨骼、植物果实等这些都不是一般的商船能够承载的，而且沉船本身规模也很宏大。

从这些方面来看，有人推测船主可能非常富裕。加上发现的金手镯、金腰带、金戒指等黄金首饰比较粗大，推测这个人有可能是一名身材魁梧、体形高大的富商。

"南海一号"始发地为何处？有人认为是广东，也有人认为是福建，福建一说较为被人接受。从出水文物来看，大多是江西和福建的瓷器。史料中曾有记载，在宋代广东港的船少有向北航行的。而江西景德镇位于福建的西北方，广东船逆流而上去运货的可能性较小。所以"南海一号"发自广州的可能性不大，很可能是福建泉州地区。

"南海一号"是否因超载而沉船？欧洲有两条著名的军舰，一条是瑞典的"瓦沙"号，另一条是英国的"玛丽·罗斯号"，它们都是因为加装了大炮造成船身载重量过大而沉没的。于是有人猜测"南海一号"船上有如此之多的商货，是否也是因为超载而沉没的呢？但是目前还没有找到能够作为依据的佐证。

船上人员是否逃生？从"南海一号"文物的打捞结果看，目前还没有发现古人骸骨。但有专家推测，由于"南海一号"上出水的腰带、戒指、手镯等金器多为饰品，且数量少，应该不会是远洋货物，极有可能是船上的富商所佩戴。按照这样的推断，"南海一号"沉没时，船上的富商如果可以及时逃离，应该不会将随身所戴的金手镯、金腰带、金戒指全部抛掉再逃生，所以有可能是与"南海一号"一起葬身于大海之中。

"南海一号"为何能够长存水下八百年而不腐？有学者认为这其中有两个原因。一是"南海一号"所沉没的水下环境氧浓度低。沉船位于海面下二十米深处，被两米多厚的淤泥覆盖，从而使船体与外界隔绝，避免了被氧化破坏。专家们在对沉船周围淤泥进行研究时发现，淤泥内有很多生物，但没有存活的，这说明船体周围是一个厌氧状况非常好的环境。二是"南海一号"船身材质不易腐烂。沉船所使用的材质是松木，民间有种说法，

"水泡千年松，风吹万年杉"，这表明松木是抗浸泡比较好的造船材料。

"南海一号"是国内目前唯一能见证古代海上丝绸之路的沉船。它的发现意义不仅在于找到了一船数以万计的稀世珍宝，还蕴藏着超乎想象的信息和非同寻常的学术价值。专家学者们通过对这些水下文物资源的勘探和发掘，不仅可以复原和填补"海上丝绸之路"的历史空白，甚至还可能会促使"海上丝绸之路学"的兴起。

神秘的西夏王陵

被称为"东方金字塔"的西夏王陵，位于银川市以西约 40 千米的贺兰山东麓。陵区东西宽 4.5 千米，南北长 10 千米，总面积近 50 平方千米，陵区内共有 9 座帝陵，约 250 座陪葬墓。这片陵区地阔野平，居高俯视，可以看到银川平原；极目远眺，可以看到滚滚黄河。

研究者通过科学复原发现，西夏王陵应是八面七层的巨塔，中为夯土，外面砖木结构的檐梁，辅之以角台、碑亭、神墙、月城、献殿、陵台等附设建筑，构成了宏大、壮丽的一代帝王陵园。但是，现在陵园内的地面建筑已经荡然无存。那些矗立在贺兰山下的巨冢，似乎在向人们诉说着西夏王朝昔日的辉煌与不幸。

西夏王朝是以党项族为主体建立起来的一个地方割据政权。隋代以前，善于游牧的党项人开始崛起。不久，他们南征北战，占据了今四川、甘肃、青海及内蒙古的部分地区。到了宋代，党项人与宋、辽展开较量。1032 年，党项首领李元昊登基称帝。从此，西夏开始了近两百年的灿烂历史。

从李元昊建国开始，西夏共出现了十位皇帝。到了十三世纪初，强劲的蒙古军队打败了西夏，于是西夏王国就这样永远沉没于滔滔的历史长河之中。

在宋人眼里，西夏是"叛臣逆子"，所以《宋史》不载；而在元人眼中，西夏有"弑祖之仇"，于是《元史》亦不载。在宋元都不承认的情况下，西夏王朝就成了一个历史之谜。

其实受汉文化的影响，西夏有自己的方块文字和历法，还有一套完整的政治和宗教体系。近年来西夏文字也屡有出土，但是，想完全解读破译西夏文还难以做到，所以这一西夏文化的载体，并不能告诉我们关于这段历史更多的信息。然而当西夏王陵被发掘出来之后，虽然它本身又有着许多未解之谜，但让人们对了解西夏的历史又有了信心。

西夏王陵对人们来说是神秘的，主要表现在至今没有人能破解其建筑形式和文化内涵的谜团。由于缺乏文献记载，至今还难以确定陵区每座陵墓的主人是谁。西夏陵区的每一座帝陵，都是由宫城和其他附属建筑组成的独立完整的建筑群体，它们均坐北朝南，基本结构大体相同。如果从陵园宫城的墙垣形制考察，其平面结构像一个倒置的"凸"字。

西夏陵园内最为高大醒目的建筑，是一座残高 23 米的夯土堆，状如窝头。仔细观察，其为八角，上有层层残瓦堆砌，多为五层。于是有学者认定，这在未破坏前是一座八角五层的实心密檐塔，便有了"陵塔"之说。但陵园之内为何会有塔式建筑，其功能作用又如何，目前还未有人能说清楚。至于这座"陵塔"又为什么要建在陵园的西北隅，学术界的说法也莫衷一是。

自二十世纪七十年代初西夏王陵被发现以来，它一直在人们心中保持着神秘感。后来，专家们绘制了一个关于西夏王陵的精确坐标图，人们惊讶地发现，九座帝王墓的组成正是一个北斗星的图案，而它的陪葬墓也都是按各种星象的布局来设计的，这使西夏王陵更增添了神秘的色彩。

西夏王陵无处不透露着神秘的色彩，但人们相信随着时间的推移，"东方金字塔"之谜必将被破译，而当年突然湮灭的西夏文明也必将重见天日。

护珠斜塔不倒之谜

在我国上海松江的天马山上有一座护珠塔，这座塔建于宋代，至今已经有千年历史。但令人觉得神奇的是，它是一座斜塔，而且比比萨斜塔的斜度还要大。

那么这座塔是怎么开始倾斜的？为什么至今没有倒塌？有人说这座塔里藏有宝贝，由于不断有人来此挖宝，所以致使塔倾斜。也有人说是一场天火把塔烧斜的，那么到底真相是怎样的？

松江博物馆馆藏的《干山志》中有明确记载，这座塔建于南宋绍兴二十七年（1157 年），建塔人叫周文达。因为他征战有功，高宗就赏赐给他两件宝贝，一件是打仗用的银色盔甲，另外一件是五色舍利子。周文达得到宝贝之后，很是高兴，但是怕别人觊觎，于是决定把这两件宝贝供藏起来，选来选去终于决定把宝贝藏在自己的老家松江天马山。周文达回到家乡之后，便在山上建了一个家庙，把银盔甲供在家庙里，然后又在山上建了一座塔，专门保藏舍利子，遂取名为护珠塔。

若是如此，护珠塔修建的时候不可能是斜的，因为出于对皇家赏赐的尊重，周文达不可能建一座斜塔。有学者为此还找到了佐证，找到了一幅明代描绘天马山风景的古画，从画中可以看出，护珠塔的形象是垂直耸立在山间的，这说明护珠塔至少在明代时不倾斜。那到底是什么原因使护珠塔后来倾斜成这样？

传说几百年前一个漆黑的夜晚，几个神秘人来到护珠塔脚下。他们用镐在塔底刨个不停，一阵忙碌后，就将护珠塔的镇塔之宝给挖走了，于是护珠塔就倾斜了。

还有一种说法，传说塔里埋藏了舍利子后，人们都慕名跑过来朝圣，所以很长一段时间香火非常旺，到了乾隆年间，朝拜时焰火掉在塔心里，造成了火灾，于是护珠塔就摇摇欲坠了。

传说虽如此，但是人们却发现了一件不可思议的事，塔身并没有向倾斜破损的西北大洞方向倾斜，而是向相反的东南方向倾斜，这到底是怎么回事？

对此，早年参与护珠塔保护工作的中国著名古建筑专家杨嘉祐给出了答案：塔建在一个山坡上，从土层来讲，东南土深一点，西北土浅一点，那么它的基础是一边硬一边软，这就是塔倾斜的最主要原因。另外，乾隆时期的那场大火对塔身破坏比较严重，也进一步加剧了塔身的倾斜。

虽然护珠塔倾斜的真正原因被找到了，但这座斜塔会不会突然倒塌呢？

建筑力学专家认为，意大利的比萨斜塔高 54 米，全都用白色大理石建造而成，距今已有六百多年历史。按理说，比萨斜塔很容易倒塌，但从一开始建造时，就采取了各种保护措施，因此一直到现在保持斜而不倒的姿态。但是护珠塔的倾斜角度要比比萨斜塔斜很多，以前从没采取过任何保护措施，并且经历了各种天灾人祸的威胁，从这点上看，护珠塔能够至今倾而不倒，算得上是一个奇迹。那么到底是什么原因使护珠塔倾而不倒？

对此，建筑专家给出了答案，这应该与塔的建筑材料有很大关系。护珠塔的材料是"混凝土"结构。古代建筑用很黏稠的米烧成粥，打成浆，和石灰、沙子拌在一起，这样的材料很坚固，接近于现在的钢筋混凝土。

除了建筑材料外，护珠塔的建筑结构也很特殊。护珠塔的塔身是一个八角形结构。塔门的设计是每隔一个面开一个门，而且每层的门不开在同一个方向的墙面上，这样就使每个没开门的墙面像四条腿一样支撑着每一层塔身。每层墙面之间既相连又不承受一层的压力，使塔身受力十分均匀。又因为牢固的石灰糯米等材料，即使遇上较强的台风、地震，某些墙面断裂，塔身也不会轻易倒塌。虽然因为地层原因护珠塔发生倾斜，但依旧可以保持塔身斜而不倒的姿态。

明孝陵究竟藏了什么?

明孝陵是中国古代最大的帝王陵墓，距今已有六百多年历史。明孝陵中埋葬着明朝开国帝王朱元璋和皇后马氏，因为马氏谥号"孝慈"，故以"孝陵"为名。

明孝陵宏伟壮观，具有很高的美学价值，影响了之后明代清代帝王陵寝的制式。明洪武十四年（1381 年）明孝陵正式动工，二十五年后的明永乐三年（1405 年）才正式完成。陵墓内部亭台楼阁无一不备，掩映在苍松翠柏之间。当时明王朝在孝陵驻扎了一万多护陵军，守卫十分严格。古人以鹿为瑞兽，陵园内放养了近千头鹿，每头鹿项下都挂着银牌一枚，上面铭刻着"盗宰者抵死"的字样。

明孝陵在六百多年的时间里屡遭兵火，现在留存的建筑不多，留存下来的基本都是一些砖石建筑，如下马坊、禁约碑、内红门、碑亭中壁、石像路等。明孝陵的神道很有特色，其最大特点是建筑与地形地势能够完美结合，没有依照前朝旧制修成直线，而是依地形山势建造得蜿蜒曲折。神道两侧安放着狮子、獬豸、骆驼、象等石像，威严肃穆。

明孝陵虽为朱元璋陵寝，但后人一直无法确定地宫的位置。朱元璋墓葬疑团重重，据说这位皇帝去世后，在十三个城门同时出殡，之后尸骨是埋葬在了北京的万岁山还是南京的朝天宫，也众说纷纭。那么，朱元璋究竟有没有葬在明孝陵?

1998 年，南京市文物专家使用精密磁测手段勘测明孝陵。这是一个精细的工作，整整花去了六年时间。专家们得出结论，朱元璋的地宫在明孝陵独龙阜地下数十米处，并且没有发现被盗挖的迹象。

朱元璋地宫位置确定了，它的入口在哪里? 通过专家们的勘测数据可以发现，地宫有隧道状建筑物，长 120 米，宽 5~6 米，有多个入口，其中一个在明楼东侧宝城城墙下。从外部看，这段城墙有明显的裂口和下沉痕迹，显然，这里曾建有地宫入口的地面建筑，由于某种原因坍塌消失了。

其他朝代的帝王陵墓的墓道多是笔直的，但是明孝陵的墓道却是弯曲的。专家认为，这是当地地理原因造成的。明孝陵地下由两种不同种类的岩石组成，一种是侏罗纪砾岩，一种是长石石英岩。两种岩石磁性不同，软硬不同。砾岩特别坚硬，不好开凿。很有可能当年的设计者预先设计好的是笔直的墓道，施工过程中发现了问题，临时调整了施工方案。

明孝陵还有一处让人不解的地方，就是独龙阜山体上的巨型卵石。独龙阜山体至少有六成是被人工修补过的，其上规则排布着很多巨大的卵石。当年修建陵寝的工匠花费巨大精力将这些石块运上山，是出于什么目的？是为了防止盗挖，还是为了减少雨水对陵墓的冲刷？抑或只是单纯出于美观考虑？答案至今没能揭晓。明孝陵的谜团，期待着更多专家关注、破解。

为什么十三陵中只有长陵有碑文？

明十三陵位于距离北京市约 50 千米处的天寿山麓，是自明朝迁都北京后的十三代帝王的皇陵总称。这十三座陵墓分别为：长陵（明成祖墓）、献陵（明仁宗墓）、景陵（明宣宗墓）、裕陵（明英宗墓）、茂陵（明宪宗墓）、泰陵（明孝宗墓）、康陵（明武宗墓）、永陵（明世宗墓）、昭陵（明穆宗墓）、定陵（明神宗墓）、庆陵（明光宗墓）、德陵（明熹宗墓）、思陵（明思宗墓）。明代十三陵的坐落之处山色青翠、风景秀美，是现今保存比较完好的陵墓群落。

令人不解的是，如此大规模的一座陵墓群落，其中居然有十二座陵墓是无碑无文的。这种情况不禁让人想起女皇武则天陵，她的墓碑上也没有碑文刻录，后人也因此浮想联翩，终不得定论。但是明十三陵中无字碑文数目之大却更加耐人寻味，究竟为何？

这样的疑问也让清乾隆帝好奇得很，他在《哀明陵三十韵》中问道：

"明诸陵，唯长陵有圣德神功碑文，余俱有碑无字。检查诸书，唯徐乾学《读礼通考》载，唐乾陵有大碑，无一字，不知何谓？而明诸陵效之，竟以为例，实不可解也。"

有一种普遍的看法是：由于皇帝是一国之君，他的功绩之大不是一座小小的碑文就可以覆盖的，所以明代的历代皇帝也就不刻碑文了。而且相传明成祖也曾经说过，"皇陵碑记，皆儒臣粉饰之文，恐不足为后世子孙戒"，由臣子们所撰写出来的碑文都是好话言尽，是不是能够得到后人的认可也不能断定。因此后来的官吏都不敢在皇帝的墓碑上刻录功绩，树立碑文的权力只有继位的皇帝才拥有。

其实明成祖之后的六代皇帝都没有神功圣德碑及碑亭，现在的六块圣德碑还是明世宗嘉靖所补立。嘉靖曾对大学士夏言下达谕旨："前在陵工曾谕卿，独长陵有功德碑而六陵未有，无以彰显功德，今宜增立，示所司行。"

在工程全部完结之后，严嵩就上奏嘉靖皇帝，要求撰写碑文，其云："查得成祖文皇帝圣德神功碑文乃仁宗昭皇帝御撰，今献陵等陵碑文，伏请皇上亲御宸翰制文，镌石以记述列圣功德，垂示于万万世。"假若碑文由嘉靖所撰，是符合明代皇陵碑文撰写要求的，然而嘉靖皇帝却始终没有完成这项大业。有人认为嘉靖沉迷于歌舞声色，无暇顾及碑文的撰写；也有人说是因为嘉靖受了道家思想的影响。众说纷纭。

明十三陵中只有明成祖的长陵之上刻有碑文，其余十二陵的无字碑文因何而来，看来仍旧是一个不解之谜，它等待着更多有兴趣的人来探讨。也许想要引起后人兴趣这一目的，也是谜底之一吧。

塞外彩色陶罐来自何方？

在乌鲁木齐南郊乌拉泊水库旁的一座古墓里，曾出土了一件彩色单耳小陶罐。

这个陶罐高 14.8 厘米，口径 9.5 厘米，底径 5.5 厘米，敞口短颈，鼓腹圆底，在颈腹间还有一宽带状的单耳。陶罐为手制，外涂一层土红色的陶衣，陶衣上通体涂绘暗红色的花纹。陶罐颈部是上下两排三角形花纹，腹部为上下两个三角形花纹演变而成的勾连的涡卷纹，耳柄上绘有斜纹方格网状纹，口沿内壁还绘一圈带纹。整个陶罐制作精巧，色泽艳丽，纹饰醒目，是一件美丽的原始艺术品。

令人惊异的是，在哈密哈拉墩地区和乌鲁木齐南山阿拉沟地区的古墓中，也发现了同样的陶罐。于是人们不禁要问，这是古代哪个民族创造的艺术品？陶器上彩绘三角纹、涡卷纹的花纹表现了什么？这些问题至今还不得其解。但在专家学者长期的研究中人们发现，这些彩色的陶罐应该与中原文化有着一定关系。

其实，新疆地区在很早以前就跟中原有联系了。

战国时期的《山海经》和《穆天子传》中有记载，说周穆王曾西巡昆仑会见西王母。这个故事应该是中原王朝与当时的新疆地区有接触的最早记录。新疆境内考古发掘出土的大量陶器，其中不少彩陶的图案纹饰与中原内地同期出土的陶器图案纹饰相同或相近似。距今三千年前，新疆出土的彩陶三角形纹、涡纹、弦纹的绘制和诸如陶豆一类器形，说明甘肃和内地彩陶艺术已影响到新疆彩陶文化的发展。

两汉时，汉武帝统一西域，开通丝绸之路，于是东西方文化在这里会聚、交融，促成西域文化空前繁荣发展。在尼雅遗址出土的锦被上写有"王侯合昏，千秋万岁宜子孙"的小篆汉字和纹样，出土的锦袋上有"五星出东方利中国"的篆书文字。这些文物都揭示了汉、晋时期尼雅与中原王朝密切的政治和经济关系。

唐代时，岑参、骆宾王、洪亮吉等诗人都曾写过脍炙人口、久传不衰的"边塞诗"，说明当时的文人雅士也已经开始与西域有联系。

十三世纪初，成吉思汗率军进入新疆后，新疆被其分封给子孙。

到清代，清王朝进一步加强新疆边防，大批内地汉族军民进入新疆北路屯戍落户，在乌鲁木齐巴里坤、奇台一带，汉族文化成为当地文化的主体。纪晓岚、林则徐、戴澜、刘锷等都曾被谪来疆，在新疆还留下了不少名篇佳作。

由此看来，这个塞外彩色陶罐很有可能是在中原文化、内地彩陶艺术的影响下制作出来的。

中国古人的照明之谜

在漫长的古代社会里，在那些幽暗的夜晚，我们的老祖宗是如何解决照明问题的？

其实，古时候的人习惯了黑暗，不像现代人对明亮有着那么大的渴望和苛求。有记载说，古人其实不喜欢夜里用火烛。第一，易燃，不安全；第二，费用太高；第三，夏夜本来闷热，围一团火温度更高；第四，要有专人持烛，麻烦；第五，满地灰烬要清扫，费事。有了这么多的理由，古时候即使是富贵人家，在宴请宾客时，也要先摸黑，等客人全都到齐了、入了席，才隆重地掌火烛。而这种场合的专职执烛人是"不让，不辞，不歌"的，木头人一样端立，怕一不小心，引发火灾。

战国的时候，我国已经有了油灯，《楚辞》中就有"兰膏明烛，华容备些"的记录。早期的油灯燃烧的是动物膏脂，富贵人家也有在膏油里添放一些香料，随着光亮还带来香气。原来用薪束照明，满屋子都是烟火气，后来有了油灯这种设备，是古人在照明工具上革命性的进步。

1986 年，在河北满城汉墓窦绾墓出土了一件朱雀铜灯。铜灯朱雀昂首翘尾，做展翅欲飞状，朱雀嘴衔一环状圆凹槽，内分三格，每格各有支钉一个。当人们看到这件铜灯的时候，不少人首先为之折服的就是它精美的造型，其次就是它所蕴涵的深刻内容。然而，这盏灯是如何点燃的呢？许多人都认为，环状凹槽内有三个支钉，将蜡烛插在上面就行。但是，这种看法是否正确？

1968 年，在河北满城汉墓刘胜墓出土了羊形铜灯。铜灯为一羊形，卧式，头部昂起，双角卷曲，身躯浑圆，短尾巴。在羊脖子后面有一个活钮，臀上有一小提钮，可将羊背向上翻开，平放于羊头上作为灯盘。灯盘略呈椭圆形，一端有小流嘴。羊的腹腔是空的，推测应该是用来储藏灯油的。当灯不用的时候，可以将灯盘中还没有烧尽的灯油通过小流嘴倒入腹腔内。那么，按照人们的推测，这件灯该如何来点燃？因为灯盘上没有钎形支钉。

其实，中国自战国到唐以前的灯具，灯盘中心都会立一个支钉或不立支钉，质地较硬的灯芯插在支钉上或者是放置在灯盘中点燃。如果是质地较软的灯芯，则是在灯盘中心做一个小台子，灯芯就放置在小台子上点燃，专家称之为"盏中立柱式"。

在汉代，灯芯大多是用麻秸等质地较硬的东西做成的。而在广东省东汉后期的墓葬中出土了几件最早的烛台，表明最迟在那时候，中国就已经有柱状的蜡烛了。

武夷山九曲溪悬棺之谜

在我国福建省武夷山九曲溪两岸的山崖峭壁上，有十余处古老的悬棺遗迹。

同天葬、水葬一样，悬棺葬是一种古老的丧葬形式。葬址一般选择在临江面水的高崖绝壁上，棺木被放置在距水面数十至数百米的洞穴中，有些则是直接放在悬空的木桩上面。经过测定，棺木年代最古老的距今已有三千多年。

武夷山有"悬棺数千"，为什么要把它高放在悬崖绝壁之上？

　　有人认为这是为了表达后人对死者的虔敬，"弥高者以为至孝"，放置得越高就越吉利、越吉祥；有的认为是部落酋长为了显示身份、显示势力、显示与众不同的一种方式，其中也有子民们臣服的意识；有人认为这是为了保护尊者的遗体不受野兽的侵扰，以保佑亡灵平安无恙，从而更好地庇佑后人；有人认为这是古人山岳崇拜意识的体现，是为了使亡者的幽灵更便捷地升入天国。

　　最近又有人提出一种观点，认为当时的九曲溪一带水位比较高，古人将死者放入木棺船中，让其在水中漂浮，然后直接划进石缝里。明代文人张于垒曾提出："当是尔时溪流浩荡与峰等，船搁石隙，及蓬莱清浅，顿尔相失……"即认为当时的武夷精舍处于水泽之中。可是根据地质研究，这种地貌变化的过程至少要千百万年，又怎么能在三四千年内完成？

　　不管后人怎样猜测，在学术界没有定论前，这还是个令人绞尽脑汁的难解之谜。那么，重达数百公斤的棺木是如何安放在悬空的绝壁上的？

　　有人根据明代的记载，加上棺木棺盖首尾两端凿有穿绳用的方孔，提出可能是从岩顶将棺木悬吊垂下至洞穴，将棺柩移入的。如唐以前的五溪蛮，于"临江高山半肋，凿龛以葬之，自山上悬索下柩"。但三四千年前人类还未发明使用辘轳等机械，船棺的长就有近5米，形体巨大，难以控制，有的岩石突出，可能会将船棺撞毁，而且有的山峰根本就无法攀登，这种说法难以让人信服。

　　是否可能架栈道将船棺移入？武夷山自古就有许多飞阁栈道的记载，虽然架设栈道的工程量浩大，但武夷悬崖多是单独成峰，突兀峭拔，无缓坡可供架设。有人发现在某些峭壁间似有插孔为栈的痕迹，但考古工作者利用现代化工具在白岩考察二号船棺时，曾仔细观察过，白岩峭壁间绝无栈道痕迹。

　　是否可能用搭设台架的方法升置船棺？在广西有这样的例子："土酋威

尊无上，殚民之力，筑土为台，运棺其中，事后台卸土撤，而棺乃独立岩际。"姑且不论搭设三五十米的台架要耗费多少人力物力，单四曲大藏峰之金鸡洞，下临 40 米的巨潭，水流洄洑，台架又何处可搭呢？

也有人提出可能使用提升式的方法。曾经有研究者在贵溪尝试过用这种方法吊装船棺，却也不得不使用机械，甚至还使用了润滑油，才终于完成这个实验。他们是以春秋、战国时期的科技条件为基础设计，而且一般来说，山顶到山谷底常有一二百米之高，依当时的技术条件，在复杂的峰岩洞壑中，仅用绳子牵拽，是无法完成船棺安置的。

有人又在此基础上提出，是否可能让人先进入洞中，然后再由数人合力设法将船棺拉进洞？这相比于提升式，大约可减少一半的距离，就操作来说，也便捷多了。但是武夷山的山洞，小的仅只能容一具船棺而已，有的甚至只能容下半个——剩下的半个常常悬在半空，这样的洞穴怎能容很多人？可一两个人能将这庞然大物提升几十米而移入洞穴中吗？

对于棺木是如何被放置在悬崖绝壁上这个问题，人们各抒己见，至今还在力图互相说服。而四千年前的武夷族先人早已悄悄把棺木高放在悬崖峭壁之上了，留下这个令一代又一代后人绞尽脑汁的难解之谜。

小雁塔为何乍分乍合？

去西安旅游，必去之地是小雁塔。小雁塔位于西安城南，在原唐城内安仁坊所在地荐福寺内。

这座塔距今已有一千多年历史了，远远望去非常宏伟，造型秀丽。小雁塔最初建造时有十五层，现在有十三层，高 45 米，采用密檐式砖结构建筑。细心的游客会发现，小雁塔底层北门楣有明嘉靖三十年（1551 年）"三鹤刻石"的刻石题字，上面记述了非常神秘的事件："荐福寺塔肇自唐，历宋、元两代，明成化末，长安地震，塔自顶至足，中裂尺许，明澈如窗，行人往往见之。正德末，地再震，塔一夕如故，若有神合比之者……"

根据这段石刻记载，小雁塔曾经在长安城的一次地震中裂开了，很多人都看到了这一景象，然而奇怪的是，另一次地震之后，塔身又自动合拢了。

翻看史料，小雁塔开裂又合拢的神奇现象并非只有这一次。清代学者贾汉复、王士禛等人做过这样的记录："荐福寺塔……十五级，嘉靖乙卯地震裂为二，癸亥地震复合无痕，亦一奇也。"公元1156年，西安发生了一次地震，小雁塔在这次地震中再次开裂。公元1563年，地震再次发生，小雁塔又重演了明代的奇幻一幕，塔身上的缝隙再次合拢。

小雁塔的奇迹并没有到此结束。清朝道光年间，钱咏在写作《履国丛话》时记录道："西安府南十里有雁塔，嘉靖乙卯地震，塔裂为二，癸亥复震，塔合无痕。康熙辛未塔又裂，辛丑复合，不知其理。"钱咏提到了公元1156年、1563年的地震，并且记录说，公元1691年，没有地震小雁塔也自然开裂了，奇怪的是，过了三十年，塔身竟然再次自动复合。

一座千年古塔，经历过六次地震，次次屹立不倒，并且上演了塔身开裂、自合的神奇景象，让人们啧啧称奇。

中华人民共和国成立后，小雁塔曾再次开裂，这次开裂人们并不是从史书中窥探而来，而是亲眼所见。开裂的具体时间不详，从头到脚开裂的缝隙宽有0.3米。此次开裂后，没有等奇迹再次发生，出于保护文物的目的，西安市人民政府专门对其进行了整修。

总览小雁塔历史，其自开自合的现象共发生过三次。为什么会发生如此神奇的现象呢？

一些专家推测，小雁塔的开合与当地地壳运动有关。当地震发生时，小雁塔脚下的地壳突然开裂，小雁塔也随之分裂。当地壳合拢后，小雁塔的缝隙也随之合拢了。但是这种地壳运动说，并不能使人满意。西安有那么多古建筑，处于同样的地壳变动下，为什么只有小雁塔发生开裂并自动合拢，别的建筑没有此现象发生呢？小雁塔自动开合的真相，还需要世人的进一步探索。

避暑山庄为什么用青砖灰瓦？

避暑山庄是清代皇帝夏宫，为康熙皇帝授意建造。这座宫殿位于距离北京市200千米的承德市武烈河西岸一带狭长的谷地。避暑山庄前后建造了八十七年，始建于康熙四十二年（1703年），建成于乾隆五十五年（1790年），占地面积达564万平方米，规模之庞大为我国现存古典皇家园林之最。避暑山庄最大的特色为山中有园，园中有山，分为宫殿区、苑景区两大部分。其中苑景区分为湖区、平原区和山区，有殿、堂、楼、馆、亭、榭、阁等一百多处建筑，并有两朝皇帝钦定景致七十二处。

清代宫廷建筑以金碧辉煌、恢宏大气为主，避暑山庄可说是其中的异类。它舍弃了故宫、颐和园等传统皇家建筑标志性的红墙黄瓦，一律以灰瓦罩顶。避暑山庄的设计建造者敢于在建筑过程中做如此大的改革，与下令建造这座园林的康熙皇帝是分不开的。

康熙皇帝即使放在整个中国古代帝王史上衡量，也是一位难得的明君。他学识丰富、文武双全，胸中有远见卓识。康熙帝十六岁即剪除鳌拜党羽亲政，在其长达六十一年的漫长执政生涯里，持国有道，深知节俭的重要，他总是以"勤俭可以兴邦，奢侈可以亡国"的道理自勉，所以在修造避暑山庄时，他才会提出用灰瓦罩顶，想要彰显的就是"勤俭"理念。避暑山庄动工时，康熙曾专门指示营造司就地取材，说"陶甓于冶，取材于山，工用无输挽之劳，金钱无逾侈之费"。

最能体现康熙皇帝"勤俭"理念的是避暑山庄楠木殿。这座宫殿为纯楠木结构，天花板及门窗也使用楠木雕刻，顶部铺盖着灰瓦。所谓楠木殿只是俗称，所指的是避暑山庄正殿"淡泊敬诚殿"。诸葛亮《诫子书》中有"非淡泊无以明志，非宁静无以致远"的句子，深得康熙帝心意。于是康熙帝就以"淡泊敬诚"为宫殿命名。所谓"淡泊"指寡欲清心，没有过多的奢求；"敬诚"指唯有在宁静的心态下才能修身养德，追求远大的目标。

除了康熙帝的个人偏好影响，避暑山庄选择灰色的屋顶，在美学角度上也是非常有意义的。这片宫殿地处山野，如果选择红墙黄瓦的设计，与天然野趣格格不入，选择灰色屋顶则要协调美观得多。

一些曾经参观过避暑山庄的游客感到疑惑不解，一座皇家行宫修得如此朴素，为什么与行宫同时修建的、位于行宫旁边的外八庙却如此金碧辉煌？那些宫殿拥有汉、蒙、藏不同风格，一个个恢宏壮丽，高大巍峨，装修规格甚至超过了皇宫。康熙帝舍不得给自己的行宫花钱，"工用无输挽之劳，金钱无逾侈之费"，为什么舍得给这些寺庙涂上金漆、彩画，铺上琉璃瓦甚至金瓦？这要从清政府"尊崇黄教、绥服远藩"的政策说起。清朝统治者十分重视各民族关系，认为"修好一座庙，胜养十万兵"。他们希望宗教能成为维系各族关系的纽带，减少战乱，所以在当时有修庙不修长城之说。这也就是为什么会有这么多金碧辉煌的寺庙矗立在朴素的避暑山庄旁，形成了如此鲜明的对照。

文化钩沉

远古时代人们都穿什么？

　　一般认为最早的服装是在劳动中起源的，支持这种说法的人认为古代神话中炎帝、神农氏的形象就颇似农人。因为神农氏身着红色襦，小腿着绑腿，头戴鸟羽帽，足踏皮制鞋，手执农具。这种提法其实比较有道理。后人对上古的服装多有揣度，比方说不少人认为当时的老百姓头上戴的是尖帽或圆筒高帽等，不过这都无法考证。

　　黄帝、尧舜时期开始有了衣裳，结束了史前那种围披状态。人们穿着这种式样的衣裳，拜祭祖先和天地。那个时候的人很质朴，早晨天未亮时，天空是黑色的，此时一般称为"玄"，因此他们在上衣颜色的选择上，就选了玄色；而大地为黄色，下裳就和地一样，所以服色即用黄色，以此表达对天和地的崇拜。远古时期，以上衣下裳代表服式，又有上衣下裳相连的"深衣制"，这种深衣形式在那时男女没区别。

　　总的来说，远古时期，生产力极端低下，穿着讲究实用，比如人们需要御寒防潮护身免灾等就披上了兽皮和树叶，而在热带地区，因烈日照射，风雨袭击，虫蛇啃咬，人们通常在身上涂上油脂和粘上或绘上花纹，披盖树叶和树皮。再一个，人类为了获得猎物，往往把自己打扮成猎物食物的样子，如戴兽角兽头帽子，穿某些动物的皮毛，以便靠近狩猎目标，提高狩猎效果，这直接刺激了衣饰的发明。石器时代，人们掌握了制造工具和使用工具的方法，发明了骨锥和骨针，从此原始服装便产生了。

随着生产力和社会分工的发展，原始社会的解体，人类社会发展进程出现了一个质的变化，从无阶级社会过渡到了阶级社会。从此，衣冠服饰便成了统治阶级"昭名分，辨等威"的工具。大约在夏商以后，中国的冠服制度初步建立。而由于社会生产力的发展和土地所有制的变化，西周时，等级制度也开始逐步确立，与这种等级制度相适应的冠服制度也就逐渐完备。

惨绝人寰的活人殉葬制度

用活人陪葬是古代丧葬常有的习俗。就考古发现，用活人殉葬最早始于殷商时期。在河南安阳发掘的奴隶主墓葬中，一般都有几个、几十个人殉葬，有的大墓中，有二三百人殉葬。有的骨架旁放着刀剑，是武士奴隶；有的骨架旁摆着车马，是驾车奴隶；有的骨架残存有狗骨，是养狗奴隶；有的骨架旁没有头骨，头骨在另一边，是被杀后殉葬的奴隶；有的骨架上手骨还被反绑在背后，并有明显的挣扎痕迹，是被活埋殉葬的奴隶。

战国时期，史籍关于人殉的记载很多。《墨子·节葬》中有："天子杀殉，众者数百，寡者数十；将军大夫杀殉，众者数十，寡者数人。"《西京杂记》载："幽王冢甚高壮，羡门既开，皆是石垩。拔除丈余，乃得云母，深尺余，见百余尸，纵横相枕藉，皆不朽。唯一男子，余皆女子，或坐或卧，亦犹有立者，衣服形色，不异生人。"唯一男子应是幽王，百余女子应是殉葬的宫婢、妃妾。《史记·秦本纪》还说："葬既已下，或言工匠为机，臧皆知之，臧重即泄。大事毕，已臧，闭中羡，下外羡门，尽闭工匠臧者，无复出者。"因为担心这些工匠泄漏墓中的机密，便将他们置于死地，估计秦始皇墓中为之殉葬者将以万计。

汉朝依旧保留活人殉葬的习俗，如汉武帝死有活人殉葬。但从汉朝到宋朝，除边远地区以外，殉葬作为一种制度，已不复存在。到明代，人殉之风死灰复燃，明太祖首开先例，明英宗结束了殉葬制度。后清代皇太极、顺治时都存在殉葬，以人殉葬的制度最终止于清代康熙年间。清圣祖康熙年间，御史朱斐上书："屠残民命，干造化之和。僭窃典礼，伤王制之巨。今日泥信幽明，残忍伤生，未有如此之甚者。夫以主命责问奴仆，或畏威而不敢不从，或怀德而不忍不从，二者俱不可为训。且好生恶死，人之常情，捐躯轻生，非盛世所宜有。"

至于为什么实行人殉，历来说法不一。

有人说："古人相信人死以后，灵魂依然存在。为保证死者亡魂的冥福，亲人多以器物、牲畜甚至活人陪同死者葬入墓穴。"

有人说："有'人'殉葬，死者可以在'阴间'或'来世'得到富贵。"

但主流的观点认为，由于当时的特权统治阶级占有绝大多数社会财富，并且拥有大量毫无人身自由的奴隶。他们希望自己在死后也能同生前一样享受富贵，于是在自己的坟墓里放置大量活人用的器物，并杀死奴隶使之与己同葬，希望自己在死后可以照样受这些奴隶服侍。殉葬者先斩首后埋者有之，被肢解者有之，被活埋者亦有之。死状不一，当时奴隶主之残忍可见一斑。

综观中外历史，几大文明古国都有以人殉葬的习俗。无论是埃及法老的金字塔里，还是巴比伦国王的陵寝中，都曾发现过大量殉葬者。

《庄子·逍遥游》宣扬"绝对自由"吗？

庄子的《逍遥游》以其大气磅礴、构思奇妙而成为千古佳作，但长期以来被打上"绝对自由"的标签。其实，这都是对文章内容的曲解。

在《逍遥游》中，庄子运用想象、寓言和传说，论证了"小"和"大"的区别。例如：

"北冥有鱼，其名为鲲。鲲之大，不知其几千里也。化而为鸟，其名为鹏。鹏之背，不知其几千里也。怒而飞，其翼若垂天之云。是鸟也，海运则将徙于南冥。"

"蜩与学鸠笑之曰：'我决起而飞，抢榆枋而止，时则不至而控于地而已矣，奚以之九万里而南为？'"

"小知不及大知，小年不及大年。奚以知其然也？朝菌不知晦朔，蟪蛄不知春秋，此小年也。楚之南有冥灵者，以五百岁为春，五百岁为秋；上古有大椿者，以八千岁为春，八千岁为秋，此大年也。而彭祖乃今以久特闻，众人匹之，不亦悲乎！"

文章着重阐述"小智"和"大智"，"小寿"和"大寿"的区别。这种充满辩证主义的思维方式怎么可能是"绝对"？

庄子认为，"小"和"大"本是客观存在的事实，各有各的逍遥。要是己小却不理解"大"，甚至加以讥笑的话，那就是"小智"，是燕雀不知鸿鹄之志的悲哀。

文章倡导的是"大智"，"无所可用，安所困苦哉"，是突破世俗的权、势、功、名、利、禄、物、我、生、死等的束缚，顺应自然，使精神达到无记挂、无阻碍的"逍遥自在"，乃至"无己"，即"物我两忘"的境界。

庄子所说的"无待"，并非人们一直指责的不讲条件或脱离任何条件的"绝对自由"，而是顺应自然规律，把握六气变化之道，以遨游于宇宙的逍遥自在！

《逍遥游》向我们昭示的思想境界是：崇尚"大智"，崇尚像大鹏那样的雄健体魄、磅礴气度，尤其是顺应自然规律，凭借厚积的风力扶摇直上九万里，直飞南海天池的气概。能像大鹏那样展翅高飞，就可逍遥自在。大鹏之游就是庄子所提倡的"逍遥游"。

这种无拘无束的逍遥自在虽然带有理想主义色彩，但没有宣扬不讲条件的"绝对自由"！

《国语》的作者是谁？

我国第一部国别体史书是《国语》，全书二十一卷，七万余字。它按照周、鲁、齐、晋、郑、楚、吴、越八国，分别记载了上自西周穆王征犬戎，下至战国初年赵、魏、韩三家灭智氏，约五百年间的部分历史人物的言论和史事。自古以来，历史学家和文学家都在探讨《国语》的作者究竟是谁，但至今没有定论。

最早提出《国语》作者为左丘明的是西汉大史学家司马迁。他在《报任安书》中说："左丘失明，厥有《国语》。"此后东汉史学家班固在《汉书·艺文志》中也记载："《国语》二十一篇，左丘明著。"按照他们的说法，左丘明为孔子《春秋》作传后，不幸失明，但他"雅思未尽……稽其逸文，纂其别说……"根据作传所剩下的材料，又编辑了一本书，即《国语》。

然而，唐宋以后很多学者对左丘明著《国语》一事产生了怀疑。唐代文学家柳宗元最先提出反对意见，他写有《非国语》两篇，明确指出左丘明不是原作者。此后，宋人刘世安、吕大光、朱熹，清人尤侗、皮锡瑞等，也都对左丘明著《国语》存有疑问。

即使到今天，这个问题仍是文学界讨论的热点话题。虽然一直有人否认左丘明是《国语》的作者，但拿不出有力的证据。在众多争论中，有一种观点普遍得到学者认同，即《国语》是由各国史料汇编而成，并非出于一人、一时、一地。它主要来源于春秋时期各国史官的记述，后来经过熟悉历史掌故的人加工润色，大约在战国初年或稍后编纂成书。

《国语》的作者究竟是谁有待进一步考证，但是《国语》在中国文学史上的地位却有目共睹。《国语》开创了以国分类的国别史体例，对后世产生了很大影响，陈寿的《三国志》、常璩的《华阳国志》、崔鸿的《十六国春秋》、吴任臣的《十国春秋》，都是《国语》体例的发展。另外，其缜密、生动、精练、真切的笔法，对后世进行文学创作有很好的借鉴意义。

古人已有环保意识

从二十世纪五六十年代以来，很多国家开始反思工业发展带来的环境问题，并订立了一系列环境保护法，我国也于 1989 年颁布了《中华人民共和国环境保护法》。于是，在很多人眼里，以为环保观念是现代才出现的，殊不知，我国古人早已懂得爱护环境。

苏颂在《本草图经》中就忧心忡忡地谈到了丹砂对水体的污染。"春州、融州皆有砂，故其水尽赤，每烟雾郁蒸之气，亦赤黄色，土人谓之朱砂气，尤能作瘴疠，深为人患也。"

荀子非常重视生物与环境之间的依存关系，他说："树成荫而众鸟息焉，醯酸而蚋聚焉。""川渊深而鱼鳖归之，山林茂而禽兽归之。""川渊枯则龙鱼去之，山林险则鸟兽去之。"

而《淮南子》则主张要想获得更多更好的自然资源，人类就要优化环境，"欲致鱼者先通水，欲致鸟者先树木，水积而鱼聚，木茂而鸟集"，提出了可持续发展的生态观念。

古人不但在思想上关心环保，还用法律来保护环境。如夏代的"禹之禁"规定："春三月，山林不登斧斤，以成草木之长；夏三月，川泽不施网罟，以成鱼鳖之长；不麛不卵，以成鸟兽之长。"

更令今人想不到的是，古人的环境保护甚至不惜动用严刑峻法。据《韩非子》记载，商代"殷之法，刑弃灰于公道者断其手"。随地乱倒垃圾是要被砍手的。秦国商鞅变法，这一条文更被改为"弃灰于道者被刑"，真是令人不寒而栗。同时，历朝还设立了"林""虞""牧"等环境管理的官员。

另外，古人还发明了一些绿色环保用具来保护环境。例如 1983 年山西朔县西汉墓出土的"雁鱼灯"就是非常科学的环保产品。它的外形是一只体态丰满的大雁，短尾上翘，双腿直立，脖颈向上延伸，然后回首张口，衔住一条肥鱼。大雁的背部还驮着灯盘、灯罩，其中灯罩的上边刚好卡在鱼的腹内。鱼和大雁的身体都是空心的。当灯盘上的灯油点燃后，所产生的油烟被灯罩挡住，不能乱飞，只能向上进入鱼的体内，再经过大雁的头部、脖颈，飞到雁的腹腔。由于人们早已在雁的腹腔里注进了一些清水，那些烟尘便自然溶入雁腹里的清水中。

这种带有烟管的灯，在汉代是比较多见的，其类型也是多种多样，目前已见到的有人形、牛形、鼎形、凤凰形等，根据灯上的铭文，这种灯在汉代被称为"灯"，而且这一名称延续到宋代。

明朝"木美人"画像之谜

在中国广东省新会区博物馆的展厅里，陈列着一幅非常名贵的油画——《木美人》。这幅油画画在两块木门板上，画中有两个与真人一般大小的西洋美女，身高 160 厘米，穿低领汉式襟衣，梳着高耸的发髻，这对"木美人"都是鹅蛋脸，高鼻梁，凹眼窝，有明显的西洋人特征。

这对"木美人"原本在新会县（1992 年撤县设市，2002 年撤市设区）司前镇天等村，中华人民共和国成立后，村人把它们捐献给新会县博物馆。从李氏族谱记载中我们可以看到，关于这对"木美人"还有一个美丽的神话传说。

明朝洪武年间，在福建莆田住着一位无儿无女的老人，他在路边开了一间简陋的酒坊，以卖酒为生。因老人热情好客，诚实厚道，不少路过的客人都喜欢到他这里歇脚，这其中就包括一个道人。随着逐渐地熟悉，道人看老人无依无靠，非常同情，就在老人搁酒埕的门板上画了两个美人像，然后把老人叫到身边说："老人家，我要离开这里到很远的地方去，就把这对美人像送给你吧，你每日用竹叶蘸水酒洒在画像上，七日后，就会有奇迹出现。"

道人走后，老人遵照他的嘱咐，每天都用竹叶蘸水酒洒在画像上，到了第七天的清晨，从这副门板上竟然走出两位与画中一模一样的美人来。从那以后，这两位美人白天就帮助老人操劳家务，晚上则返回画中，老人也把她们当作自己的亲生女儿看待。

不久，这件事情传到知县的耳中，受贪念驱使，知县派人把老人的画像门板抢回县衙。但千呼万唤，美人就是不走出画像。后来知县因为贪赃枉法被关入大牢，这幅画则被县教谕李仕升所得。不久，县衙失火，屋内的物品全部被点燃，但烈焰烧至"木美人"画像时马上停止，大火过后，其他物品都化为灰烬，唯有这对"木美人"画只受烟火轻微熏烤，基本完好无损。后来李仕升退归故里，也将"木美人"门板带回家乡（现新会区司前镇），供奉在天后庙中。

李氏族谱中的记载虽然带有神话成分，但这对"木美人"门板油画仍然给我们留下了许多未解的谜团。有关专家经过研究证明，它们是明朝之物，距今至少有五百多年历史，比公认的西洋油画传入中国的时间早一百年。但是它们是何人何时所作？为什么画中的西洋女子会穿汉代服装？油画曾被烟火熏烤，为何能幸免于火灾？至今仍是谜。

《广陵散》之谜

我国传统的乐器有唢呐、笛子、竹箫、琵琶、二胡、古筝等，代表的作品有《广陵散》《春江花月夜》《二泉映月》《十面埋伏》等，其中以《广陵散》最为传奇。广陵散的作者是谁无从考证，但将其发扬光大的是三国魏文学家、音乐家嵇康。

当时司马氏与曹魏争权，"性烈而才俊"的嵇康站在曹魏一边，对司马氏始终抱着不合作的态度。嵇康对司马氏集团的抵触最终招来了杀身之祸，公元前 262 年，嵇康以"乱政"之罪被斩首。临行前，嵇康要过一架琴，在高高的刑台上，面对成千上万前来为他送行的人，弹奏了《广陵散》，并说："我外甥袁孝尼曾向我求学此曲，我没答应，《广陵散》于今绝矣。"

许多人以为《广陵散》会随着嵇康的逝去而绝于世，但值得庆幸的是，明代琴学大师朱权将此琴谱保留了下来。此人不但写有许多戏曲论著，还广泛收集古代琴曲。而失传多年的《广陵散》就被他收录在《神奇秘谱》中。于是，这才有了我们现在听到的《广陵散》。

《广陵散》共有四十五段，每段都冠以小标题，如"取韩""呼幽""冲冠""发怒""投剑""长虹"等，依据这些标题，历代琴曲家都把《广陵散》与《聂政刺韩王》看作是异名同曲。琴曲的内容据说是讲述战国时期聂政为父报仇，刺杀韩王的故事：当年聂政的父亲为韩王铸剑，因超出规定限期而被杀。聂政长大后从母亲口中得知父亲遇难的经过，便发誓要为父报仇。他得知韩王喜欢听琴，便上山跟一位仙人学艺。十年后，聂政学有所成，其精湛的琴艺令"观者如堵，马牛止听"。为防止他人识破自己的身份，他用石头砸掉牙齿，吞炭把嗓子弄哑，并用漆涂脸颊。好琴的韩王听说国内有如此高人，立即召见聂政，命他当众鼓琴。聂政看到时机成熟，遂从琴里拿出早已准备的匕首，刺向韩王。韩王应声倒地，聂政报了杀父之仇。由于害怕连累母亲，聂政先自毁容貌，割下了耳朵、鼻子、眼睛等器官，后自刎而死。韩王的大臣悬赏千金寻求刺客的姓氏和籍贯。聂政的母亲不忍心丢弃孩子，前去认领尸首，因此被杀。

经现代学者考究，"广陵"实际是扬州的古称，"散"是操、引乐曲的意思，《广陵散》是一首流行于古代广陵地区的琴曲。其作者可能是广大劳动人民，后经懂音律的人加工而成。起初，《广陵散》有多个曲谱，据张永的记录："又有但曲七曲：《广陵散》《黄老弹飞引》《大胡笳鸣》《小胡笳鸣》

《鸱鸡游弦》《流楚》《窈窕》，并琴、筝、笙、筑之曲。"可见，《广陵散》不仅是古琴曲，还是被古筝、笙、琵琶等乐器演奏的"但曲"。只不过其他乐器演奏《广陵散》的曲谱皆已失传，唯有琴曲保留下来。

怎样理解王阳明的哲学理论致良知？

王阳明，名守仁，出生于浙江余姚，他在被贬贵州时曾在阳明洞中学习，后世便称他阳明先生、王阳明。阳明先生是明代著名的哲学家、思想家、政治家和军事家，也是朱熹后的另一位大儒，"心学"最重要的大师。

据说有一天，王阳明突然心中一亮，对《大学》的中心思想有了新的领会，从而顿悟，即要推究事物原理获得知识，应当自己求之于心，不应当求之于外物，这就是他自己的哲学体系的萌芽。这套哲学体系影响了明朝后来的文化以及市民生活观念的走向。

他的观念三字可蔽之：致良知。

他后来多次激动地描述他一口道尽这千古圣学之秘的心情："吾良知二字，自龙场以后，便已不出此意，只是点此二字不出，于学者言，费却多少辞说，今幸见出此意，一语之下，洞见全体，真是痛快！"也就是说，自龙场时这"良知"二字已在他心中盘桓了，他当时所悟还差一点，就为了这一点，他先是说"心即理"，后又讲"诚意"，讲"克己省察""收放心"，讲"知行合一"。基本方向一致，但都不如"致良知"一语中的，既包含了本体又包含了方法，简易精一。就像马克思好不容易发现了唯物主义原理一样，王阳明这唯心主义的原理也得来不易，他说："某于此良知之说，从百死千难中得来，非是容易见得到此。"真是三字二十年得，一吟便到白头。

"致良知"之说一经出世，便影响深远。史学家张岱说："阳明先生创良知之说，为暗室一炬。"思想家黄宗羲也说王阳明学说可谓"震霆启寐，烈耀破迷，自孔、孟以来，未有若此深切著明者也"。自古能与孔、孟比肩者能有几人？而在后人眼里，王阳明的思想可比肩圣人，这是何道理？其个中缘由当由当时的大环境说起。

明朝前期尊崇宋代的程朱理学，它强调"存天理，去人欲"，是"格物致知"，这一时期士尚质行，学无异端。这严重束缚了人们的思想，每一个人都在礼教的道德规范之内，忠臣、义士、孝子、节妇、贞女构成一系列普遍伦理价值型人格。而王阳明这一"致良知"学说的出现，对朱熹的这一套理学思想恰好是一个叛逆，也产生了强大的冲击力。

其实，未悟道之前的王阳明也是朱熹的后世门徒。据说有一次，他为了亲身实践朱熹"格物致知"的教诲，就把竹子当作研究对象。他专心致志地"格"竹子这个"物"，用了七天七夜时间，却一无所得。不知这是否使得他对朱熹等创造出的这一套理论产生怀疑，但可以肯定的是，王阳明建构自己的哲学体系，本来没想要冲击朱熹的"存天理，去人欲"的理学，他的目的也在于挽救逐渐没落的封建统治，可这一思想一问世，便成了引发思想解放的催化剂。他的哲学，已经在不同程度上冲击了"圣贤"与"六经"两大权威。

他有很多追随者，被称为王氏后学，例如后来的泰州学派、李贽、公安派，以至于明末清初的黄宗羲、茅元仪、孙奇逢等人，他们对王阳明的思想进行发展，从而使得明末出现了个性解放的人文主义思潮，这一思潮影响到市民阶层的各个方面。

王阳明的哲学将儒家的思想通俗化，带有世俗人情的味道，从而容易为普通人所接受，这就影响了明末市民的生活方式，同时也影响了后期的文化艺术，出现了以"文化"和"娱乐"为中心议题的市民文化。这就是中国文化与思想的大进步，阳明功不可没。

梁启超说："王阳明是一位豪杰之士，他的学术像打药针一般，令人兴奋，所以能做五百年道学结束，吐很大光芒。"实为精到评价。

《金瓶梅》是不是淫秽小说？

提到淫秽小说，不少人就会把它与《金瓶梅》联系起来。因为《金瓶梅》自古以来就是被当作"淫书之首"的禁书。

《金瓶梅》以《水浒传》中武松杀嫂的故事为引子，通过对封建市侩势力的典型代表西门庆及其家庭罪恶生活的描述，揭露了北宋中叶社会的黑暗和腐败，具有较深刻的价值。书中描绘了一个上自朝廷擅权专政的太师，下至地方官僚恶霸乃至市井间的地痞、流氓、帮闲所构成的鬼蜮世界。西门庆原本是一个破落财主、生药铺老板。但是他善于钻营，巴结权贵，巧取豪夺，荒淫好色，无恶不作。他抢夺寡妇财产，诱骗结义兄弟妻子，霸占民间少女，谋杀姘妇的丈夫，由于有官府做靠山，特别是攀结上了当朝宰相蔡京并拜其为义父，他不仅没有遭到应有的惩罚，反而左右逢源，步步高升。这些描写都反映了明代中叶以后，朝廷权贵与地方豪绅官商相勾结，压榨百姓、聚敛钱财的种种黑幕。

《金瓶梅》里的确有很多关于淫荡生活的描写，但是《金瓶梅》并非专写性的淫秽小说，而是一部百科全书式的作品，是一部"人间喜剧"式的作品。作者淋漓尽致地写西门庆的性事（变态性心理与性行为），正是从人类生活的一个方面揭示封建末世官僚阶级万劫不复的没落和腐败。

另外，《金瓶梅》是中国文学史上第一部文人原创的长篇小说。《金瓶梅》之前的长篇小说，莫不取材于历史故事或神话、传说。《金瓶梅》摆脱了这一传统，关注市井人物的平凡生活，以现实社会中的人物和家庭日常生活为题材，使中国小说现实主义创作方法日臻成熟，为其后《红楼梦》的出现做了必不可少的探索和准备。

《红楼梦》是否由高鹗续写完毕？

长期以来，人们普遍认为《红楼梦》前八十回为曹雪芹所作，后四十回为高鹗所写。但事实上真的如此吗？

二十世纪初，"红楼梦作者究竟是谁"这个问题曾经引起中国学界的争论，并持续至今。最先提出"高鹗续写红楼"的是我国大学者胡适。他认为，小说中的诗词是在暗示人物的命运和结局，但是结尾处，人物命运并非按照诗词所预言的那样。同时，经他考证，高鹗的同年进士张船山的《船山诗草》内有一首《赠高兰墅鹗同年》，诗题下有"注"。"注"的全文是：传奇《红楼梦》八十回以后俱兰墅所补。于是，胡适认为高鹗为红楼续写。"高鹗续书"观点提出后长期被人们接受，这也就是人们普遍认为《红楼梦》后四十回为高鹗所写的直接原因。

但是，随着"红学"的研究不断加深，人们对高鹗续写红楼提出疑问。综合起来，主要有以下几点：

一、《红楼梦》第一回正文中提到，此书经曹雪芹"于悼红轩中，披阅十载，增删五次，纂成目录，分出章回"。这十年里，曹雪芹有批阅和增删的时间，难道没有足够的时间写完后四十回？

二、据考证，高鹗写红楼的时间是 1791～1792 年，短短两年时间内他就能将占全书 1/3 的后四十回写完吗？何况还要揣摩曹雪芹的创作意图，熟悉曹雪芹的语言习惯、艺术构思、创作手法等。这几乎比原创还要难。与此同时，高鹗正在为科举考试做准备。难道他会为了一本小说而放弃自己的前途？

三、与高鹗同时的程伟元在一百二十回本《红楼梦序》中说："是书既有一百二十回之目，岂无全璧？爰为竭力搜罗，自藏书家甚至故纸堆中无不留心。数年以来，仅和二十余卷。一日偶于鼓担上得十余卷，遂重价购之。……同友人（指高鹗）细加厘剔，截长补短，抄成全部。"也就是说，程伟元用了多年的时间，终于在偶然间，从货郎担子上获得了《曹雪芹》后四十回的原稿。他和高鹗对原稿进行修补，而不是补写、续作。

《红楼梦》一百二十回全部由曹雪芹所著，还是曹雪芹写前八十回、高鹗写后四十回，抑或其他人所续写，这个问题至今是谜。但不管怎样，《红楼梦》是中国古典文学宝库中的一颗瑰宝，它的深刻的反封建的思想内容和作者对美好生活的憧憬，至今仍具有现实意义。《红楼梦》是中国古典文学艺术中的一座高峰，其艺术魅力和美学价值是永存的。它不仅是中国人民的宝贵精神财富，也是世界人民的宝贵精神财富。

中国绘画的始祖是谁？

新石器时代的彩陶上绘有各种图案，如鱼、草、花等，以此说明，早在原始社会时期中国就已经产生绘画。虽然绘画技术较幼稚，但人们已能抓住动物、植物等主要特征。那么是谁创造了绘画？何时何地创造了绘画？这一谜团千年来令人不可捉摸。

曾有人提出"白阜始作图画"。据《画史会要》记载："火帝神农氏，命其臣白阜，甄四海，纪地形而图画之，以通水道之脉。"他们之所以将白阜作为绘画始祖，是因为白阜最早画地形图。但地形图是否属于绘画？这个问题值得商榷。

又有人说伏羲是绘画始祖，因其创造了八卦。《周易·系辞山传》云："古者包羲氏之王天下也，仰则观象于天，俯则观法于地，观鸟兽之文与地之宜，近取诸身，远取诸物，于是始作八卦，以通神明之德，以类万物之情。"

汉代学者许慎在《说文解字》中记载："画嫘，舜妹。画始于嫘，故曰画嫘。"明代画家沈颢在《画尘》中说："世但知封膜作画，不知自舜妹螺始。客曰：'惜此神技，创自妇人。'余曰：'嫘尝脱舜于瞍象之害，则造化在手，堪作画祖。'"他们认为绘画的创始人是舜的妹妹——嫘，因"画始于嫘"，故嫘又叫画嫘。

唐代画家、绘画理论家张彦远在《历代名画记》中说，中国最早的绘画与象形文字的形成密不可分。那时，人们多用图画"代表"文字与他人进行沟通，或表达思想感情。当图形与文字脱离开来，绘画才成为一门专门的艺术。因此，他认为绘画由广大人民创造，并非某一人某一时所创造。

那么中国绘画的始祖到底是谁？期待有关专家的进一步研究。

《水浒传》的作者是不是施耐庵？

"大河向东流，天上的星星参北斗……"1996 年，一曲《好汉歌》传唱大江南北，与此同时，《水浒传》这部中国四大名著之一的佳作也再次风靡起来。在史学家眼中，《水浒传》无论在思想性上，还是在艺术性上，都达到了相当的高度。且不说它所反映的社会背景有多么深刻，单就那形色各异、性格迥然的一百单八将，其形象之丰富，已经牢牢地刻印在人们的心中。

众所周知，《水浒传》的作者是施耐庵，但是电视剧《水浒传》原著的一栏上，写下的却是施耐庵、罗贯中两人，这不禁令许多人脑海中浮现了问号。难道《水浒传》并不是施耐庵独立创作的吗？

其实几百年来，关于《水浒传》作者的问题在学术界始终难以统一，一般流行的说法是作者为施耐庵，这在《水浒传》雄飞馆刊本、贯华堂刊本，以及胡应麟《少室山房笔丛》、徐复祚《三家村老委谈》、徐树丕《识小录》、周晖《金陵琐事》、刘仕义《玩易轩新知录》、曹玉珂《过梁山记》、王士禛《居易录》、梁玉绳《瞥记》、焦循《剧说》等书均可见。

也有人认为《水浒传》的作者是罗贯中。据考证，罗贯中在《三遂平妖传》中的二十一篇赞词，有十三篇重复出现在《水浒传》里，这证明两书的作者大有可能为同一个人。但对此有人进行了反驳，因为《水浒传》的写作风格与罗贯中《三国演义》的风格不符，不像是出自同一人之手。

部分研究学者还提出了《水浒传》的作者是郭勋的可能性。郭勋为明初开国勋臣武定侯郭英六世孙，善书法，著有《水浒传》百回本。由于最早谈到《水浒传》的文献出现在嘉靖年间，距明初一百多年，与郭勋在世时间相符，在此之前并没有人提到过《水浒传》，而施耐庵是元末明初的人，因此部分学者更加肯定《水浒传》的作者应该不是施耐庵，或者施耐庵是作者之一，又由嘉靖年间的人修订。况且，《水浒传》中提及的地名许多都是在明朝建立百年期间的更名，施耐庵身处元末，如何能知道明中期的地名呢？

不管怎样，纵览大多数史料上的记载，施耐庵是《水浒传》作者之一的可能性最大。他与罗贯中合作的可能性也有，但二人具体的合作方式没有人清楚，也没有具体的史据可查。

虽然数百年，围绕《水浒传》的作者及版本问题，研究者们始终不曾停止争论，不过对于"水浒迷"来说，《水浒传》的身世越是扑朔迷离，其书才越耐人寻味。

《满江红》的作者是不是岳飞？

长期以来，人们认为《满江红》的作者是宋代爱国将领岳飞，他在写这首词时，正值中原遭受女真铁骑蹂躏的岁月，岳飞怀着一腔热血，矢志抗金，而这首词真实、充分地反映出岳飞精忠报国的英雄气概。对此，没有人怀疑它的真实性。

但是，近些年来，有关专家对这首词的作者产生了疑问，认为它并非岳飞所作。

专家余嘉锡根据对《四库提要辨证》的考证提出了两点疑问。岳飞的孙子岳珂所编《金伦粹编·家集》中没有收录这首词，而岳珂在收集岳飞的文章时不遗余力，此集从编定到重刊，历经三十一年，却没有收录这首比岳飞其他诗词都著名的词。《满江红》这首词最早见于明代嘉靖年间徐阶所编的《岳武穆遗文》，是根据弘治十五年（1502 年）浙江提学副使赵宽所书岳坟词碑收入的，赵宽亦未说明这首词的来龙去脉，而且赵宽碑记中提及的岳飞另一首诗《送紫岩张先生北伐》经历史学家考证是伪作。在此之前，宋、元时期的相关记载和题咏中并未发现它的踪影。

此外，在岳飞的朋友和跟岳飞有交往的其他同时代人的作品中，也从来没有提到过这首词。直到四百多年后，并且又是到了跟宋朝的情况有些相似的明朝中后期才发现，这是不是说明朝人为了鼓舞士气，才假托岳飞之名而伪造的呢？并且这首词慷慨雄壮的风格，与岳飞其他诗词作品中的委婉曲折有所不同。

另外，词中有一句"驾长车，踏破贺兰山缺"，这与当时的历史情况有出入。贺兰山在今内蒙古河套之西，南宋时属西夏，并非金国土地，而金国黄龙府，在今吉林省境内。岳飞不可能以在西夏境内的"贺兰山"来比喻攻打金国黄龙府的志愿，岳飞曾与将士们相约"痛饮黄龙府"，所以他进攻的方向应是今天的吉林省农安县。实际上是明代北方鞑靼族常取道贺兰山入侵甘、凉一带，明弘治十一年（1498 年），明将王越曾在贺兰山抗击鞑靼，打了一个胜仗。

因此，从"求真"的角度来说，《满江红》不能肯定出自岳飞之手。

第十六篇

世人的误解

"不刊之论"其实是好文章

曾经有这样一句话：这篇文章见识浅陋，属于不刊之论，总编决定不予发表。很显然，"刊"在这里被解释成"表达、发表"的意思，就是说"这文章很糟糕，不值得表达、刊登出来"。

实际上这犯了望文生义的毛病，要想真正理解它的意思，就得追根溯源。

古代没有纸，在造纸术产生之前，古人写字时用竹简、木牍。竹简、木牍均是用以记事、书写的狭长竹片、木片。成语"罄竹难书"中的"竹"就是指写字用的竹片。

古人在简上刻写字，远没有在纸上书写方便，刻写错了也不容易涂改，只能用一种叫"削"的青铜利器削去一层重写，这种行为叫"刊"。"刊"便是消除、修改的意思。《说文解字》："刊，剟也。"段玉裁注释："凡有所削去，谓之刊。"因竹简木牍都要反复使用，可以把旧文削去，重写新文，这个过程就称"刊削"。

所以，这个"刊"字就兼有"写"与"删"两种意思。而重要的文字才能称为"不刊之论"，指不能被删改。起先只能用于帝王诏令、典章规条之类，后来应用渐广，但也仅能指真理或伟论，其规格甚高、褒义强烈。"不刊之论"最初源于"不刊之书"，汉代扬雄《答刘歆书》中写道："是悬诸日月，不刊之书也。"意思是说，你的书是可与日月争辉，不容删减一字的大作！

直到宋代才出现"不刊之论"，如宋熙宁七年（1074年），郭若虚著《图画见闻志》中云："况唐室已上，未立曹吴，岂显释寡要之谈，乱爱宾不刊之论。"

所以，在使用成语时一定要多加注意，每个成语都有其特定的语境与背景，把"无须改动的好文章"理解成为"文字粗劣，不能刊登的文章"，谬之千里矣。

"衣冠禽兽"原意是夸人的

提起"衣冠禽兽"一词，想必很难有人对这四个字产生好感，通常这个成语都是用来指道德败坏的人，说某些人徒有人的外表，穿着人的衣服，却干着禽兽不如的坏事。

其实，这个成语原意并非如此。"衣冠禽兽"源于明代官员的服饰，在当时，"衣冠"作为权力的象征，受到统治阶级的重视，在官服上绣以飞"禽"走"兽"，来显示文武官员的等级。据明、清两史的《舆服志》记载，文官官服绣禽，武官官服绘兽，而且等级森严，不得逾越。"衣冠"上的"禽兽"与文武官员的品级——对应。具体规定是：文官一品绣仙鹤，二品绣锦鸡，三品绣孔雀，四品绣云雁，五品绣白鹇，六品绣鹭鸶，七品绣鸳鸯，八品绣黄鹂，九品绣鹌鹑。

武官一品、二品绘狮子，三品绘虎，四品绘豹，五品绘熊，六品、七品绘彪，八品绘犀牛，九品绘海马。

文武官员一品至四品穿红袍，五品至七品穿青袍，八品和九品穿绿袍。

只有官员才能穿上描禽画兽的官服，享受一定的待遇，自然与平民百姓不同，所以，"衣冠禽兽"是一个褒义词，带有老百姓的羡慕眼光。

后作为贬义词，是出现在明末陈汝元所写的《金莲记》一书中。因为在明朝中晚期，宦官专权，官场腐败，文官爱钱，武将怕死，欺压百姓，无恶不作，声名狼藉，老百姓民不聊生，将穿着官服的人视为匪盗瘟神，于是，"衣冠禽兽"一语开始具有了贬义，老百姓将为非作歹、道德败坏的文武官员称为"衣冠禽兽"。

"鸳鸯"原非指夫妻

人们对鸳鸯并不陌生，它在人们心目中一直是夫妻和睦相处、爱情永恒的美好象征。传说中认为鸳鸯一旦结为配偶，便游则并肩、飞则比翼、睡则交颈，即使一方不幸死亡，另一方也不再觅新的配偶，而是孤独凄凉地度过余生。

于是，鸳鸯常被诗人写入诗中，从而留下"鸳鸯相对浴红衣，短棹弄长笛""梧桐半死清霜后，头白鸳鸯失伴飞"等无数动人的佳句。

其实，"鸳鸯"最初并非喻指夫妻，而是用来比喻兄弟之间的友好、亲密。

《文选》中有一篇《苏子卿诗四首》，其中第一首诗云："昔为鸳和鸯，今为参与辰（指天空中的两个星名）。"而从"骨肉缘枝叶""况我连枝树"等诗句来看，这显然是一首兄弟之间的赠别诗。

另外，晋朝的郑丰有《答陆士龙诗四首》，其中第一首《鸳鸯》的序文中说："鸳鸯，美贤也，有贤者二人。双飞东岳，扬辉上京。"很明显，这里的鸳鸯是比喻陆机、陆云兄弟二人。三国时期魏国人嵇康曾经写过《赠兄秀才入军》的诗，也是用鸳鸯来比喻兄弟和睦相处、友好无比的。而再上溯到《诗经·小雅》其中"鸳鸯于飞"的句子，也不是比喻夫妻的。

那么，从何时起，鸳鸯才成为美丽忠贞爱情的化身呢？

据考证，以鸳鸯比作夫妻，最早出自唐代诗人卢照邻《长安古意》一诗，诗中有"愿作鸳鸯不羡仙"一句，赞夫妻之间美好的爱情，当时的文人觉得十分形象有趣，便纷纷效仿。

渐渐地，鸳鸯便成为夫妻的代名词。

然而，鸳鸯真的是情笃楷模，一生不离不弃的"爱情鸟"吗？

科学家观察到，鸳鸯只是在繁殖期建立固定的配偶关系，的确，从表面上看是亲密相处、形影不离，而实际上，产卵、孵化、育雏都是雌鸟单独承担。雄鸟自"交配"以后，恰似"花花公子"一样，逍遥自在，各处游玩，把繁育后代的事情一股脑儿地都推给了雌鸟。另外，一旦有一方死去，另一方也不会"守节"，而会再行婚配。

而且，一只身强力壮、繁殖力强的雄鸳鸯，往往同时占有几只雌鸳鸯，而体弱的雄鸳鸯常常被排斥赶走，因得不到配偶而被淘汰。

原来，自然界中的鸳鸯并非想象中那样美好。

"千金"原不是指女子

长久以来，"千金"是对宝贝女儿的爱称，如果某人的妻子生下一个女儿，我们便要恭喜他们"喜得千金"。一个美丽乖巧的女儿，在父母的眼里，是掌上明珠，无异于价值千金。

在中国古代"金"不是指金子，而是黄铜，当时黄铜十分稀有，"物以稀为贵"，同时"金"又作为当时重要的货币单位，所以"千金"实为"铜千金"，这并非实指，只是言其珍贵。

只不过，令我们没想到的是，"千金"最初是用来称呼男子的。

据《史记·越王勾践世家》记载：范蠡之子因杀人而犯死罪。范说："然吾闻千金之子，不死于市。"意思是说富贵人家的子弟，不能让他在闹市受戮，因而以重金为之赎命。可以看出，在春秋时期，"千金"是作为富家子弟之称的。

发展到南北朝时，"千金"也仍指男子，并未发生改变，如《南史·谢朓传》中记载了一个小故事：

南朝梁司徒谢朓幼时聪慧，十岁就能赋诗，特别受父亲谢庄喜爱，常被带在身边。他也非常争气，人们都称呼他为"神童"。有一次他随父亲游山，受命作游记，提笔便成，文不加点。宰相王景文对谢庄夸他："贤子足称神童，复为后来特达。"谢庄也手扶儿子的背说："真吾家千金。"

这一"千金"的用法一直延续了两千多年，直到元代才发生了改变。在元代曲作家张国宾的杂剧《薛仁贵荣归故里》里有这样一句话："你乃是官宦人家的千金小姐，请自便。"后来在明清时期的一些拟话本和小说中，称女孩儿为"千金"的情况就更普遍了。如《红楼梦》第五十七回，薛姨妈笑说史湘云："真是个侯门千金。"渐渐地，人们都用"千金"来称呼女孩了，"千金"体现了父母对女儿的爱，也彰显出女孩的高洁与尊贵。

"坐怀不乱"：千年的美丽谎言

古人以"坐怀不乱"一词，形容男子在两性关系方面作风正派。所谓的"坐怀不乱"者，指的便是春秋时期鲁孝公之子公子展的后裔柳下惠。事实上，"柳下"是他的食邑，"惠"则是他的谥号，所以后人称他"柳下惠"。

柳下惠曾被孟子尊称为"和圣"，道德学问深厚，名满天下，在当时受到很多名门贵族的推崇。有一段时间，柳下惠任鲁国大夫，后来遭人排挤，仕途蹭蹬，遂隐遁成为"逸民"。有许多贵族招揽他，但都被他拒绝。《孔子》曾记载过他不再出仕的理由："直道而事人，焉往而不三黜？枉道而事人，何必去父母之邦？"言下之意是说，自己在鲁国之所以屡被黜免，是因为坚持了做人的原则，如果不改原则，到了哪里都会遭到黜免。倘若真的可以委曲求全，何必舍近求远？在鲁国就能够得到荣华富贵。

　　柳下惠如此德行，自然深受诸子推崇，也正因为其品德谦厚，对礼学深有研究，于是在《诗经·小雅·巷伯》的西汉毛亨传本里，记载了这样一段与柳下惠有关的故事：

　　鲁国有男子名为颜叔子，独居一室，邻居独居一寡妇。一天夜里，暴风雨大作，寡妇的房子被摧毁，遂来到颜叔子这里请求庇护。颜叔子不让妇人进门，妇人问何故，颜叔子说："我听说男女不到六十岁不能同居一室。如今我年纪轻轻，你亦如此，我怎可放你进来？"妇人说："你为何不像柳下惠那样，用身体温暖来不及入门避寒的女子，而别人也不认为他有非礼行为。"男子说："柳下惠可以开门，我不能开门。所以我要以'不开门'来效仿柳下惠的'开门'。"

　　看罢该则典故，人们应当发现，柳下惠"坐怀不乱"是在西汉学者毛亨《诗经》传本中提及的，且"坐怀不乱"典故出于颜叔子之口，而春秋时期并没有关于柳下惠"坐怀不乱"的实际记载。直到元时，胡炳文在《纯正蒙求》卷上才记录道："鲁柳下惠，姓展名禽，远行夜宿都门外。时大寒，忽有女子来托宿，下惠恐其冻死，乃坐之于怀，以衣覆之，至晓不为乱。"

　　从春秋到元代，时隔一千五六百年，纵观整个春秋史，根本没有柳下惠"坐怀不乱"之说，乃至西汉始有提及，元代方才形成真正的故事。原来人们对柳下惠在男女关系上正派的想法竟是一个天大的误会。

　　那么，究竟是谁杜撰了柳下惠"坐怀不乱"的故事呢？有人认为，元人应当是受了宋代程朱理学"存天理，灭人欲"的影响，为了彰显儒家传统道德，教育世人洁身自好，所以借古人做话题。而柳下惠因为是古代著名的道德学者，素有"以礼治邦""执法以平""治国以德"的美名，再加上西汉毛亨《诗经》传本中提到了柳下惠的有关内容，自然就被元人拿来大大地夸张一番。不过，西汉的毛亨作为著名的训诂学者，为何也会讲柳下惠"坐怀不乱"呢？

或许，是柳夫子的高贵品行给了世人过多美好的想象，才造成了后世诸多的误解，不过这个误解尚算理想，也算是评价男子品性的标准之一。

"中庸"不是插科打诨的中间政策

一提起中庸思想，许多人便会很反感，对中庸思想不屑一顾，认为中庸就是折中思想，是社会糟粕，是油滑世故，没有原则，是蒙蔽人们思想的病根，是阻碍社会发展的绊脚石，是酱泡软化中国人血性并导致近代中国差点亡国的罪魁祸首。

对于中庸这个概念，许多人只是从其字面上加以理解为"过犹不及""执两用中""不偏不倚""不左不右"和"取其正中"等。这样理解，其实是对中庸的曲解，比较表面化、简单化，未能掌握其真谛。中庸之道并不是算术概念中的平均数和中位数，它常因人、因事而异，是不断变化发展的，不是机械地生搬硬套。譬如吃饭，每个人的饭量不同，饭量大的吃三碗比较合适，饭量小的两碗比较适合，在这里不能绝对取其平均数，将两碗半敲定为人最合适的饭量。同时，即使是同一个人在不同时期，饭量也迥然不同。所谓的中庸不能简单地划定为某个中间数字或愈趋向中间愈好，中庸之道应该是取其最合理、最合适的部位。

中庸思想的内涵实质是要求我们认识客观规律、遵循客观规律，对任何事物都持谨慎与理智的态度，不盲从、不躁动，适可而止。儒家的中庸首先是指适宜、符合"礼"的行为。"庸"在这里作"用"讲，"中庸"的含义就是使自己的行为适宜、符合实用，也就是符合"礼"。在《礼记·仲尼燕居》中，"子曰：敬而不中礼，谓之野，恭而不中礼，谓之给，勇而不中礼，谓之逆……子贡越席而对曰：敢问将何以为此中者也？子曰：礼乎礼，夫礼所以制中也"。由此可见，孔子所谓"中"是以"礼"的要求为标准的。

《中庸》里说，"喜怒哀乐之未发，谓之中"，可见"中"指的是没有产生喜怒哀乐的这种心理状态，如《礼记·乐记》所谓"情动于中，故形于声"，《左传》中所谓"信不由中，质无益也"。在《中庸》中之所以用"中"指喜怒哀乐的含而未发之情是为了说明礼是道德准则，是根源于人的含而未发的内心的。

由此可见，"中"是内外贯通的。一方面，"中"是指人内心的某种状态，即含而未发的内在要求；另一方面，"中"又是外在的，即表现于外部行为上的"中道"，合于礼。内心的"中"是行为"中道"的前提，而行为的"中道"则是内心之"中"的结果。

总的来说，所谓"中庸"，就是要以人的内在要求如人性、本心等为出发点和根本价值依据，在外部环境包括自然的和社会的环境中寻求"中道"。也就是使内在要求，在现有的外在环境与条件下，得到最适宜的、最恰当的、无过与不及的表达与实现。这也就是《中庸》所说的"致中和""合内外之道"。如果人们能恰到好处地修身处世做事，则"天地位焉，万物育焉"。

所以，中庸思想不是折中思想，中庸思想其实是一种伦理学说，也是一种思想方法。它强调的是内心之"中"与外在之"节"的准确契合，以达到"和"的大功用；而"中"的基本原则是适度，无过、不及，恰到好处。追求中常之道，内外协调，保持平衡，不走极端。

孟子没有主张"性善论"

历来学术界一直公认孟子主张"性善论"，大多数人也对此深信不疑。但实际上这是对孟子思想的错误认识。

孟子所处的时代，人性问题已经成为热门话题，出现了立论各异的学说。据《孟子·告子下》载，当时已有"性有善有不善""性可以为善，可以为不善""有性善，有性不善"等各种不同的说法。孟子之后还有荀子的"性恶论"，商鞅和韩非的人性"好利恶害"等观点。这些人性学说基本上都是以人的"食色"等自然生理属性来定义人性的。唯有孟子的人性论独树一帜：他对人的自然生理属性和社会道德属性作了严格区分，认为前者只是"性"，后者才是"人性"。

孟子是在人与动物的比较中界定"性"与"人性"的。他所说的"人性"就是"人之所以异于禽兽者"，包括"人皆有之"的"恻隐之心""羞恶之心""辞让之心"和"是非之心"。他认为，凡是人，都有这"四心"，没有这"四心"的就不能算作是人。可见，"四心"就是人之所以为人的本质所在，亦即人性的具体内容。

人除了具有与动物不同的"四心"之外，还有与动物的相同之处，孟子说"人之所以异于禽兽者几希"。但他并不把这些看作人的本质属性，因而也不认为它属于"人性"，只称之为"性"。"口之于味也，目之于色也，耳之于声也，鼻之于臭也，四肢之于安佚也，性也。"他所说的"性"显然就是人的生理欲求，即人跟动物相同的自然属性；而"人性"，则是"人之所以异于禽兽"的道德属性，集中表现为能够把人和动物区别开来的仁义礼智等善德。为显示这两者的不同，孟子在称"人性"时，通常总是在"性"之前加上"君子""其"等限定语，以免与表明人的"食色"等生理欲求的"性"相混淆，如"君子所性，仁义礼智根于心"，"存其心，养其性，所以事天也"，"尽其心者，知其性也"。

孟子对"人性"与"性"，是有着严格区分的。他说："人之有道也，饱食、暖衣、逸居而无教，则近于禽兽。"一味满足人的"性"（自然属性）而不进行道德教化，人就会变得跟禽兽相差无几，"性"是陷人于不仁不义的罪恶之源。因此，一提到"性"和"欲"，他就告诫人们要"忍"、要"寡"；而一谈起"人性"或"四心"时，则视为"善端"并赞美备至，极力主张要"养"、要"存"、要"扩充"。由此可见，"性"和"人性"在孟子心目中是泾渭分明、不容混淆的。他所主张的实际是"人性善"而非"性善"。对于表明人的自然欲求的"性"，在他看来不仅不善，甚至可以说是"恶"了。孟子从"人性"为善端、"性"为恶源的认识出发，进而提出扩充善端、抑制恶源的道德修养原则。

因此，孟子所主张的并不是"性善论"，而是"性恶论"和"人性善论"。

"民可使由之，不可使知之"不是愚民政策

在《论语·秦伯》里，孔子说："民可使由之，不可使知之。"按照字义，这句名言大意是：国家统治百姓，指使、驱赶他们去做事就行了，不要让他们明白他们在做什么。在很多人看来，这句话主张的是愚民政治。老百姓嘛，让他们知道那么多干什么？最好都是浑浑噩噩的顺民，只知道照着统治者的意思庸庸碌碌过一辈子即可。这句训诫不可谓不恶毒，它被千百年来中国的大小封建统治者奉为至宝，抹杀了很多真理与百姓的创造性。

但实际上，孔子并没有主张过愚民，这只是后人别有用心地断章取义，刻意在句子的中间用一个不恰当的"句读"使这句话产生了歧义。如果我们结合上下文的语境，就很容易得出这句话正确的分句方法："子曰：兴于《诗》，立于礼，成于乐。民可，使由之，不可，使知之。"孔子的整句话就是说，《诗》、礼、乐这三样东西是教育民众的基础，一定要抓好，如果百姓掌握了《诗》、礼、乐，那是好事情，应该让他们自由发挥，如果百姓还没有掌握的话，我们就要去教化他们，让他们知道和明白这些东西。

由此可见，孔子的这句话并没有愚民的意思。从孔子的一贯主张来看，他并没有赞成过愚民政策。孔子打破"学在官府"的知识垄断局面，是中国第一个创办私学的人，他让很多平民享受到了受教育的权利。他提倡"有

教无类"的普遍教育理念，有弟子三千，七十二贤人，并把一生中的精力奉献给教育事业。他主张的是不断学习探索未知的东西，"自行束脩以上，吾未尝无诲焉"，"学而不厌，诲人不倦"，这样的人怎么会主张实行愚民政策呢？

从历史上看，孟子是孔子的忠实信徒和继承人，孟子主张民贵君轻，主张民贵君轻的人提出愚民政策绝对是自相矛盾的。当然，孟子不是孔子，孟子比孔子晚一百多年。如果孔子存在严重的愚民倾向，不会不在孟子的著作里有所体现。

因此，当我们在看待某一句话的时候，一定要把那句话放在全文，放在作者的思想体系里，放在整个社会大背景下来理解，而不能断章取义就把一句经典好话给误解了、否定了。

朱熹从未给女性立贞节牌坊

朱熹在他的《与陈师中书》中说："饿死事小，失节事大。"柏杨认为："中国对妇女的贞操问题，尺度一向很宽。像当过短期宰相的范仲淹的母亲，在范仲淹父亲死了后，即行再嫁，没有人对她轻视。到了程颐，才开始对妇女加强迫害，订立片面的苛刻标准，即男人可以随便再娶，妇女则绝对不可以再嫁。曾有人问他：'寡妇贫苦无依，能不能再嫁？'程颐断然说：'绝对不能，有些人怕冻死饿死，才用饥寒作为借口。饿死事小，失节事大。'"

程颐和很多人都把"饿死事小，失节事大"这句话给狭窄化了，实际上朱熹当初的这个观点并非专门针对女性提出来的。他的这套理论学的主要思想宗旨是"格物、致知、诚意、正心、修身、齐家、治国、平天下"，这是一套做人的哲学学说，是教导人们如何做一个杰出的人、高尚的人、了不起的人……朱熹本人从来没有针对女性提出具体要求，更没要求女性把贞操看得比生命还重要。他的"饿死事小，失节事大"主要是针对君子和大丈夫提出来的，是宣扬士人刚健挺拔的道德理性和节操意识，所指的是一个男人的气节与骨气。"失节"重于"饿死"，"气节"重于"生命"，这涉及人生观、生死观的问题，是对男人较高层次的精神要求。

朱熹的"饿死事小，失节事大"与孟子的"富贵不能淫，贫贱不能移，威武不能屈"一样，表现的是对个体精神价值的认识，显示了一种藐视权贵的浩然正气和凛然不可侵犯的独立自主人格。这既是孟子坚守仁义节操的自我写照，又是对中华民族不畏强暴、坚守正义、刚直不阿、英勇奋斗等优良传统的概括和总结。这种大丈夫气概，成为鼓舞人们为正义而英勇奋斗的精神力量，对后代许多刚直不阿、忠贞不渝的志士仁人产生了积极的影响。

爱国英雄文天祥就是这样一个坚守民族气节的人，他生前的"衣带诏"里是这样写的："孔曰成仁，孟曰取义，唯其义尽，所以仁至。读圣贤书，所学何事？而今而后，庶几无愧。"

明清之际的洪承畴就因为缺少这种"饿死事小，失节事大"的舍生取义精神，所以背叛了明朝，毫无气节可言。而年仅十七岁的夏完淳却能始终坚守"饿死事小，失节事大"的高尚精神，和文天祥一样保持了自己的气节和尊严。

"在齐太史简，在晋董狐笔。在秦张良椎，在汉苏武节。为严将军头，为嵇侍中血。为张睢阳齿，为颜常山舌……"他们正是因为坚持"饿死事小，失节事大"的大义而成为中华民族的精神脊梁。正是这种对信仰执着追求、刚强坚毅的浩然正气，不畏强暴誓不低头的气节，支撑起中华民族的血性。

朱熹的"饿死事小，失节事大"，与"生，我所欲也，义，亦我所欲也，二者不可得兼，舍生而取义也"，与"人生自古谁无死，留取丹心照汗青"

的精神内涵是一致的。它是一种崇高的品德与境界，是儒家思想中宣扬的自强不息与不畏强暴的精神与信念，是"宁为玉碎，不为瓦全"的高尚气节，是"杀身成仁，舍生取义"的骨气。

所以说，朱熹的"饿死事小，失节事大"，指的是一种精神气节，而不是轻视妇女、灭绝人欲的封建糟粕。

曹雪芹写的小说不叫《红楼梦》

长篇小说《红楼梦》代表了中国古典小说的最高成就，它不但在国内家喻户晓，在世界文坛上也是举世公认的文学名著。但是，曹雪芹当初写的小说书名并不叫《红楼梦》。

曹雪芹，名霑，字梦阮，号雪芹，又号芹溪、芹圃。他一生爱书石，也爱写石头。曹雪芹的曾祖母孙氏，曾是康熙皇帝的保姆。康熙二年（1663年），他的曾祖父曹玺担任江宁织造之职。曹雪芹的祖父曹寅和康熙自幼便有深厚的友谊，康熙五岁受书时，曹寅就是伴读，后曹寅选授銮仪卫事，侍康熙左右，两人的关系更加密切了。曹寅一代是曹家的鼎盛时期，曹寅的两个女儿都被选作王妃。康熙六次南巡，有五次都以曹家的江宁织造署为行宫，可见当时曹家之显赫。曹家祖孙三代四人担任江宁织造之职共六十余年。康熙六十一年（1722年）十一月，康熙不幸病逝，四皇子胤禛上台后党同伐异，曹雪芹之父受到牵连，被免职抄家。曹家自抄家后，家道急剧败落。曹雪芹一生正好经历曹家盛极而衰的过程。因其祖、父均有较高的文字造诣，他耳濡目染，养成了深厚的文学艺术修养，穷困潦倒的生活并未使曹雪芹倒下，他"于悼红轩中，披阅十载，增删五次，纂成目录，分出章回"，写出了一本可以传诸后世的不朽之作。这本书写于曹雪芹凄凉困苦的晚年，创作过程十分艰苦。可谓"字字看来皆是血，十年辛苦不寻常"，可惜没有完成全稿，他就因幼子夭折，感伤成疾，在贫病交迫中搁笔长逝了。

只是，这位曹公做梦也没有想到，他的这部传世之作的名字会一而再，再而三地被"篡改"，改为现在人们所熟知的《红楼梦》。

不错，曹雪芹在作品开头的确曾写道："开辟鸿蒙，谁为情种？都只为风月情浓。趁着这奈何天、伤怀日、寂寥时，试遣愚衷。因此上，演出这怀金悼玉的《红楼梦》。"但是当时曹雪芹给这本以贾宝玉、林黛玉、薛宝钗等人的爱情故事为主线的书定的书名并不叫《红楼梦》。

与曹雪芹同时代的清人裕瑞在《枣窗闲笔》一书中曾这样写道："旧有《风月宝鉴》一书，又名《石头记》"，"曾见抄本卷额，本本有其叔脂砚斋之批语，引其当年事甚确，易其名曰《红楼梦》"。

清人戚蓼生是乾隆三十四年（1769年）进士，也是曹雪芹著作的最早刻印人之一，他的刻本即以《石头记》为名，并附有一篇《石头记序》专论曹雪芹这部著作的艺术特色，此刻本与当时流行的《脂砚斋重评〈石头记〉》一样，都可证明曹雪芹生前从未以《红楼梦》命名他的书稿。

"屋漏"其实是屋陋

八月秋高风怒号，

卷我屋上三重茅。

茅飞渡江洒江郊，

高者挂罥长林梢，

下者飘转沉塘坳。

南村群童欺我老无力，

忍能对面为盗贼。

公然抱茅入竹去，

唇焦口燥呼不得，

归来倚杖自叹息。

俄顷风定云墨色，

秋天漠漠向昏黑。

布衾多年冷似铁，

娇儿恶卧踏里裂。

床头屋漏无干处，

雨脚如麻未断绝。

自经丧乱少睡眠，

长夜沾湿何由彻？

安得广厦千万间，

大庇天下寒士俱欢颜！

风雨不动安如山！

呜呼！何时眼前突兀见此屋？

吾庐独破受冻死亦足！

这首杜甫自伤贫困的《茅屋为秋风所破歌》，作于上元二年（761年）秋八月。杜甫的一生，确系"颠沛流离"的一生。他出生于士大夫家庭，胸怀"致君尧舜上，再使风俗淳"的远大理想。但奸臣当道，应试不第，一直贫苦，四十四岁才得到一个小官。"安史之乱"时他又被俘，后逃出虎口，投奔远在甘肃的肃宗，被任为左拾遗。四十七岁时关内大饥，弃官西行。"三年饥走荒山道"，辗转来到成都。上元二年（761年）春天，知命之年的杜甫求亲告友，在成都西郊的浣花溪边盖起了一座草堂，总算有了一个暂时的栖身之所，并靠故交严武的接济，过上了稍稍安定的生活。不料到了八月，怒号的秋风卷走了杜甫草堂上的茅草，晚上又下了一场大雨，弄得屋漏床湿。仕途多蹇、衰老贫困的诗人感慨万千，写就了这首感人至深的诗篇。

诗中"床头屋漏无干处，雨脚如麻未断绝"里的"屋漏"二字历来被解释为屋里漏雨，这是错误的解释。这里的"屋漏"应该解释为"房屋内的西北角"，是名词而不是动词。

依据《尔雅·释宫》所说："西南隅谓之奥，西北隅谓之屋漏，东南隅谓之宦，东北隅谓之宧。"西北隅谓之屋漏。《辞海》中解释"屋漏"的第一义项是：古代室内西北隅施设小帐的地方。如《诗·大雅·抑》："相在尔室，尚不愧于屋漏。"根据《辞源》的解释是：房子的西北角。古人设床在屋的北窗旁，因西北角上开有天窗，日光由此照射入室，故称屋漏。《疏》：屋漏者，室内处所之名，可以施小帐，而漏隐之处，正谓西北隅也。

从诗文来看，如果把"屋漏"解释成"房子的西北角"，恰好和"床头"相对，对举成文，符合古诗文的词句格局。同时，用屋子里的两个不同的位置，泛指整个屋子（有点借代的修辞味道），说明屋子全都湿了——无干处，从而呼应"茅屋为秋风所破"，与"雨脚如麻未断绝"互相映衬。两句诗连起来就是说：整个屋子都没有干地方了，但还是雨脚如麻下个不停。不直言漏湿而说"无干处"，下句的"雨脚如麻"才无语义重复之嫌。

落霞并非彩霞，竟是小小飞蛾

"落霞与孤鹜齐飞，秋水共长天一色"是出自王勃《滕王阁序》里的千古名句。其对仗工整，几近"工对"。上句的"落霞""孤鹜"与下句的"秋水""长天"都是名词性短语，对仗考究。而更绝的是，上下句中又各自成对，也就是格律上要求较高的"句中自对"："落霞"可对"孤鹜"，"秋水"正对"长天"。其次，上句写动，霞、鹜"齐飞"；下句写静，水、天"一色"。一动一静，以动衬静。上句侧重于目随景而动，突出景物神态；下句侧重于心因景而静，突出景物色彩。画面和谐，美不胜收。

看到这句辞赋，很多人脑海里都会联想出一幅"孤鹜在晚霞里飞翔，秋水和长天连成一片"的唯美意境，甚至连语文老师都是这么解释的。但实际上，这里的落霞不是指傍晚的云霞，而是指"零散的飞蛾"。

对此，宋代吴曾就在其《能改斋漫录·辨霞鹜》中说："落霞非云霞之霞，盖南昌秋间有一种飞蛾，若今所在麦蛾是也。当七八月间，皆纷纷堕于江中，不究自所来，江鱼每食之，土人谓之霞，故勃取以配鹜耳。"宋代俞元德也在其《萤雪丛说下》中说："王勃作《滕王阁序》，中间有'落霞与孤鹜齐飞，秋水共长天一色'之句，世率为警联。然而落霞者，乃飞蛾也，即非云霞之霞，土人呼为霞蛾。至若鹜者，野鸭也。野鸭飞逐蛾虫而欲食之故也，所以齐飞。"由此可知，"霞"不是云霞，而是一种飞蛾。另外，"落霞"之"落"并不是"飘落"的意思，"落"在句中与"孤"相对，意思当相同或相近，是"散落、零散"的意思。"落霞"对应"孤鹜"，与"孤鹜"齐飞，连接起来就是一幅"孤单的野鸭在水面上追捕零散的飞蛾"的画面，从而形成"落霞与孤鹜齐飞"的千古绝唱。

"床前明月光，疑是地上霜"的千年误解

床前明月光，疑是地上霜。

举头望明月，低头思故乡。

这首流传千古、妇孺能诵的《静夜思》，其动人之处，在于平淡自然、意象真切、蕴意绵绵，读起来朗朗上口，声韵铿锵。不少人在儿童时代就能背诵如流。历来读书人无不赞赏这首信口而成、无意于工而无不工的佳作。毛泽东在圈评《唐诗三百首》时，对李白此诗，打上了三个大圈，称赞不已。

可是，很多年来，对于如此简单的二十字诗，却出现了两处误解，很少有人能够真正理解到诗中的含义和李白所处的境况，即李白何时、何地"思乡"。绝大部分人只是望文生义，把"床前"的"床"误认为是"寝

卧之床"，将"疑是"的"疑"误解为"怀疑"。其实，李白此诗所说的"床"，是指"井栏""井垣"；"疑是"的"疑"是比拟、比喻之词，应该解释为"拟似"而不是"怀疑"。

"床前明月光"的诗境是秋夜月明之下筑有水井的庭院，而不是抒写汉唐人席地而居的室内起居中的感受。李白诗集，宋代才见版刻，清中叶乾隆以后，尤其是《唐诗三百首》流行之后，《静夜思》广为流传。但因为后人远离汉唐人的室内生活制度，不熟悉当时墙上的直棂窗或高处设置的瓮窗，不知道透过它很难看到庭院的事物或感受这些事物，以致注家都误释为"床"。专家考证，李白此诗作于唐开元十五年（727年），地点在今湖北安陆，李白置身在秋夜朗月下的水井边，举头望明月，而非床前望明月。

《辞海》里明确注释，床是"井上围栏"。古人把"有井水处"称为故乡。诗人置身在秋夜明月下的井边，举头遥望，顿生思乡之情。床作井栏、井垣解，自古有之。《古乐府·淮南王篇》有句："后园凿井银作床。"李商隐在《富平侯》诗中有句："不惜金弹飞林外，更筑银床在井头。"杜甫亦有诗句："露井冻银床。"这些诗句，"床"与"井"连在一起，就很清楚地表明这些"床"即为井栏。

如果把古人的床全部理解成睡床的话，是很容易闹笑话的。例如李白在《长干行》中的"郎骑竹马来，绕床弄青梅"，难道小朋友会骑着竹子绕"睡床"而玩耍吗？清末大画家青藤老人亦有句"流水细分床畔响"，难道"睡床"之畔有水流吗？

另外，"疑是地上霜"的"疑"字，常有人把它理解为"怀疑"，把这句释为"怀疑地上有霜"，这样解释是不准确的。"疑是地上霜"是用了诗歌"比"的手法，"疑"是比拟、比喻之词，解释为"比如""好像""类似""仿佛"才恰当，即"好像地上的霜"。李白有《望庐山瀑布》诗句："飞流直下三千尺，疑是银河落九天。"杜甫有诗句"弱柳从风疑举袂"，说的都是随风摆动的纤纤杨柳，好像美人扬袖作舞一样。宋代陆游《游山西村》中有："山重水复疑无路，柳暗花明又一村。"这里的"疑"字，当"好像"或"仿佛"解。南北朝大诗人庾信的《舟中望月》"山明疑有雪，岸白不关沙"是指：当空明月光，疑是山有雪；岸边皎亮白，不关是沙澈。这个"疑"字，亦作"好像"解释。

李白崇仰南北朝诗翁，特别是阴铿，所以，杜甫有句："李白有佳句，往往似阴铿。"李白还师学庾信，很明显，在《静夜思》里的头二句"床前明月光，疑是地上霜"是取法和植根于庾信所吟的"山明疑有雪"，但又青胜于蓝。

总而言之，李白诗"疑是地上霜"，应释为"井栏前的月色，好像地上铺满一层洁白的霜"，因为李白此诗开头便已清楚地写出了井前的明月光，又怎么会"怀疑"是地上霜呢？作"怀疑"解乃前后矛盾，不合李白写诗的风格。

"窈窕淑女"不是美女

> 关关雎鸠，在河之洲。
>
> 窈窕淑女，君子好逑。
>
> 参差荇菜，左右流之。
>
> 窈窕淑女，寤寐求之。
>
> 求之不得，寤寐思服。
>
> 悠哉悠哉，辗转反侧。
>
> 参差荇菜，左右采之。
>
> 窈窕淑女，琴瑟友之。
>
> 参差荇菜，左右芼之。
>
> 窈窕淑女，钟鼓乐之。

《关雎》是《风》之始也，也是《诗经》第一篇。每当读到"窈窕淑女，君子好逑"时，也许很多人都会把"君子好逑"的"窈窕淑女"想象成一位身材苗条的绝妙美女。这样理解不免有失偏颇。在古代，人们评价女子，讲究"美心为窈，美状为窕"，所以"窈窕淑女"不仅仅指的是貌美，更重要的是心美。只有内外兼修，达到内在美和外在美和谐统一的女子才是谦谦君子梦寐以求的"淑女"。

美女与淑女是有区别的。美女，顾名思义，外表必须长得漂亮，至于是否德才兼备、心灵美好，没有特殊要求；淑女，不但需要外表长得漂亮，还需要有内在气质修养，例如：纯洁、温柔、善良、矜持、书卷气、善解人意、亭亭玉立、款款而行、笑不露齿、行不招风……

淑女在心爱的男子面前，应内心保持着最柔软的不可触摸的疼痛，保持善良而多情，有所有女子对爱情的渴望。

她们时而情感流溢，时而娇羞万千；时而温柔如水，时而天真烂漫；时而风趣盎然，时而娴静似花，浑身散发着女孩子的清纯气息。

当然她们也会因落寞而难过，也会因感动而掉泪。更知道什么是适可而止，知道该在什么时候出现，知道该如何表现自己的美丽。

窈窕淑女有着东方女子的含蓄之美，犹如玉石，代表着来自灵魂由内到外的完美。她们有一定的文化和艺术修养，谈吐大方又不失文雅，五官端正，体形和脸形匀称，有着一股无形的高贵气质。明眸流盼，深情、神秘，在羞涩中却又淡淡地透露着内在的热情，有温存也有坚强，总让人很想亲近又不敢轻易亵渎。

"美女"不是窈窕"淑女"，"淑女"是美女的升级版，"淑"讲究的是内在修养和美丽容貌的和谐统一。不少美女慨叹"红颜弹指老，刹那芳华"，因此宁愿抓住一切机会来美化容颜、保持苗条身材，也不愿意去提升内在素质。真水无香，淑女是越看越顺眼的美女，但是美女却可能因为缺少这份灵性而失去应有的光彩。

萧郎其实不姓萧

"公子王孙逐后尘，绿珠垂泪滴罗巾。侯门一入深如海，从此萧郎是路人。"很多人看到萧郎，便会望文生义以为是位姓萧的情郎，但实际上诗中萧郎并非姓萧，而姓崔，因为这首《赠去婢》是唐代诗人崔郊的传世之作，表达的是他在爱情绝望时最无奈的悲怆。这是一段真实的故事：

崔郊年轻时爱上了姑母的一个婢女，此女生得楚楚可人、貌美如花，且深谙音律，两人情深意笃，私订终身。后因姑母贪图钱财，便将婢女以四十万钱卖给显贵于顿。

崔郊得知这个消息，不胜悲戚，对婢女思念不已。他常常到于顿府的附近徘徊，企盼能够见到婢女一面，但是显贵之家门禁森严，岂能轻易得见？然而，皇天不负苦心人，那婢女终在寒食节那天出门了，刚好与站在柳树下的崔郊相遇。两人四目相对，旧情萌生，却只能像陌生人一样，无法互诉衷肠，无限伤感的崔郊于是写了这首《赠去婢》送给婢女。

想必于顿也是性情中人，读到此诗，颇为感动，慨然将婢女还与崔郊，令二人结为美满夫妻。崔郊题诗娶佳人，一时传为佳话。

崔郊本姓崔，那诗中应为"崔郎"，但为何要称为"萧郎"呢？若翻看《全唐诗》，便会发现，许多爱情诗中的女主人公所思慕的恋人都叫"萧郎"，唐以后的宋、清也有这种用法，而唐以前则未见这种用法。那么，"萧郎"一词为什么被当作"情郎"来用呢？

一种观点认为，萧郎指春秋时擅长吹箫的萧史。据汉代刘向《列仙传》中所说："萧史者，秦穆公时人也，善吹箫，能致孔雀、白鹤于庭。穆公有女字弄玉，好之。公遂以女妻焉。日教弄玉吹箫作凤鸣，居数年，吹似凤声，凤凰来止其屋。公为作凤台，夫妇止其上，不下数年，一日皆乘凤凰飞去。故秦人为作凤女祠于雍宫中，时有箫声而已。"后遂用"弄玉"泛指美女或仙女；用"箫史"借指情郎或佳偶，又称"萧郎"。

一种观点认为，"萧郎"原指梁武帝萧衍。《梁书·武帝纪上》："俭一见（萧衍），深相器异，谓庐江何宪曰：'此萧郎三十内当作侍中，出此则贵不可言。'"这个萧郎，就是梁武帝萧衍，南朝梁的建立者，风流多才，在历史上很有名气。后多以"萧郎"指代女子所爱恋的男子。

总之，无论是哪种观点，都证明了《赠去婢》中的萧郎不姓萧，都证明了萧郎实际上就是"情郎"的意思。

没有"昨日黄花"这一说

在一些体育报道中，总能发现"昨日黄花"一词，比如"谁能称霸，××队已是昨日黄花"，"老牌劲旅成昨日黄花，昔日辉煌恐难再"。明明字典上只有"明日黄花"，怎么变成"昨日黄花"了呢？

"黄花"就是菊花，而"明日黄花"，出自苏轼《九日次韵王巩》诗："相逢不用忙归去，明日黄花蝶也愁。"在这首诗中，他向朋友表示：既已相聚在一起，就不要急着回去，若等重阳节过后，金黄的菊花便将枯谢凋败，到那时候也没有什么可以玩赏的了。除此之外，苏东坡在《南乡子·重九涵辉楼呈徐君猷》中又用了一次："万事到头都是梦，休休。明日黄花蝶也愁。"发展到后来，人们就把"明日黄花"作为一个固定词组，用来比喻过时过期的事物。宋代胡继宗《书言故事·花木类》就称："过时之物，曰明日黄花。"

郭沫若先生在他的《〈沸羹集〉序》中写道："这里有些是应景的文章，早已有明日黄花之感。"再比如冰心的《寄小读者·二七》中也有过关于"再经过四次月圆，我又可在母亲怀里，便是小朋友也不必耐心地读我一月前，明日黄花的手书了"的话。

为什么会产生误解呢？原因可能是"昨日"能体现"过时"的含义，也符合我们日常生活的惯性思维。

但是，需要注意的是，"明日黄花"是苏东坡在特定的时间、特定的环境下写出的诗词，菊花是重阳节的时令花，而在重阳节赏菊，是我国民俗之一，若等重阳一过，赏菊花便成了过时之举。

苏轼在诗和词中反复咏叹"明日黄花蝶也愁"，实际上是在表达一种迟暮不遇的感叹，意思说自己已像重阳后的菊花。后人从这个名句中引申出来，以"明日黄花"比喻种种过时的人或事物。

了解了这些，我们就能更好地记住"明日黄花"了。